U0613928

中华古籍保护计划

ZHONG HUA GU JI BAO HU JI HUA CHENG GUO

·成 果·

册府千華

宁夏回族自治区珍贵古籍特展图录

宁夏回族自治区图书馆（宁夏回族自治区古籍保护中心） 编

国家图书馆出版社

图书在版编目（CIP）数据

册府千华：宁夏回族自治区珍贵古籍特展图录 / 宁夏回族自治区图书馆（宁夏回族自治区古籍保护中心）编. — 北京：国家图书馆出版社, 2023.3

ISBN 978-7-5013-7303-1

Ⅰ. ①册… Ⅱ. ①宁… Ⅲ. ①古籍—中国—图录 Ⅳ. ①G256.22-64

中国版本图书馆CIP数据核字（2021）第144278号

书　　名　册府千华——宁夏回族自治区珍贵古籍特展图录
著　　者　宁夏回族自治区图书馆（宁夏回族自治区古籍保护中心）　编
责任编辑　赵　嫄　乔　爽
封面设计　一瓢文化·邱特聪

出版发行　国家图书馆出版社（北京市西城区文津街7号　100034）
（原书目文献出版社　北京图书馆出版社）
010-66114536　63802249　nlcpress@nlc.cn（邮购）
网　　址　http://www.nlcpress.com
排　　版　爱图工作室
印　　装　北京雅图新世纪印刷科技有限公司
版次印次　2023年3月第1版　2023年3月第1次印刷

开　　本　889×1194　1/16
印　　张　15
书　　号　ISBN 978-7-5013-7303-1
定　　价　260.00元

编委会

序　言

宁夏回族自治区作为多民族聚居地区，历来是多元文化交流融合、和谐发展的典范，自古以来创造了丰富多彩的文化资源，是铸牢中华民族共同体意识的重要组成部分。古籍承载着中华优秀传统文化，如何保护好、传承好这些古籍，使之为公众服务，为社会发展进步提供智力支持和精神滋养，是古籍收藏机构的职责和义务。图书馆乃天下公器，人类精神之地标。馆藏文献记载着人类过往所涉猎之知识领域与探究之深度，具无言之强大力量。弘扬传统文化，展示珍贵馆藏，乃图书馆读者服务方式之一。

为认真贯彻落实习近平新时代中国特色社会主义思想和党的十九大精神，落实中共中央办公厅、国务院办公厅印发的《关于实施中华优秀传统文化传承发展工程的意见》要求，弘扬中华优秀传统文化，推进宁夏古籍保护事业持续发展，由国家图书馆（国家古籍保护中心）、宁夏回族自治区文化和旅游厅（原宁夏回族自治区文化厅）主办，宁夏回族自治区图书馆（宁夏回族自治区古籍保护中心）承办，宁夏回族自治区文物考古研究所、宁夏回族自治区博物馆、宁夏大学图书馆、宁夏社会科学院图书资料中心、固原市原州区图书馆、同心县文物管理所等 7 家古籍收藏单位协办的“册府千华——宁夏回族自治区珍贵古籍特展暨庆祝宁夏回族自治区图书馆成立 60 周年”系列活动于 2018 年 10 月 9 日至 11 月 9 日在宁夏回族自治区图书馆举办。此次展览汇集了 7 家收藏单位的 150 部版本价值较高、品相优良、校勘精美的珍贵古籍，以经史子集、西夏文献为基础，分为“修齐治平 儒典辉光”“以史为鉴 本固民安”“聚艺藏珍 传惠世人”“文学大观 百代风骚”“群书汇编 嘉惠学林”“塞上绝响 秘典重光”6 个单元，向观众展示以《御纂周易折中》《春秋公羊传》《春秋穀梁传》等为代表的儒家经典，以《史记抄》《宁夏府志》《朔方备乘》等为代表的史学名著，以《梦溪笔谈》《痘疹活幼心法》等为代表的诸家典籍，以《楚辞集注》《分类补注李太白诗》《苏文忠公全集》《唐宋八大家文抄》等为代表的古典文学著作，以《渊鉴类函》《古今逸史》《雅雨堂丛书》等为代表的群书汇编和以《吉祥遍至口合本续》《西夏文佛经长卷》等为代表的西夏文献。《朱子年谱》《苏文忠公全集》《汉石例》等入选《国家珍贵古籍名录》的12部珍品以及西夏文雕版实物均在此次特展中亮相。

“册府千华——宁夏回族自治区珍贵古籍特展”是宁夏地区历来展出古籍规模最大、范围最广、珍本最多、规格最高的一次古籍展览。展览期间，吸引了广大民众走近古籍，同时，也得到了全区各大媒体的广泛关注和报道，取得了良好的社会反响。在此，向给予此次展览大力支持及指导的国家古籍保护中心、宁夏回族自治区文化和旅游厅，以及提供展品支持的宁夏回族自治区文物考古研究所、宁夏大学图书馆等7家收藏单位表示衷心的感谢！同时，也向宁夏回族自治区古籍保护中心全体同人表示崇高的敬意！

然展览有时限，图录则可永流传。为了进一步打造并提升“册府千华”系列展览的品牌效应，国家古籍保护中心联合各承办单位，拟将展览成果整理出版，形成“册府千华”展览的永久性保护成果。出版特展图录无疑是让展览效果持续化流传与推广的有效途径。

得益于“册府千华——宁夏回族自治区珍贵古籍特展暨庆祝宁夏回族自治区图书馆成立60周年”系列活动的成功举办，图录的编纂才能由最初的设想至最终的呈现，其中也凝聚了展览及编纂等策划和参与者的诸多心力与付出。特别是核定书目信息、辨识藏书印、撰写内容简介、拍摄书影、组织材料等无不凝聚着众人之心血。同时，图录得以顺利出版，离不开国家图书馆出版社的大力协助，在此一并感谢！

由于编者水平有限，错误不周在所难免，尚祈方家批评指正！

本书编委会

2021年6月

宁夏回族自治区古籍保护现状简述

2007年，国务院办公厅发布《关于进一步加强古籍保护工作的意见》（国办发〔2007〕6号）并正式启动“中华古籍保护计划”。在党和国家及自治区政府的高度重视下，经自治区人民政府批准，2009年5月26日，宁夏回族自治区古籍保护中心在宁夏回族自治区图书馆挂牌成立。宁夏回族自治区古籍保护中心自成立以来就承担着全区古籍保护工作的统筹推进及业务指导工作。十余年来，宁夏回族自治区古籍保护中心在普查登记、整理出版、人才培养、宣传推广等方面，开展了一系列工作，取得了长足发展。现总结概述如下。

一、完成全区古籍普查，摸清古籍底数

宁夏回族自治区古籍保护中心自成立以来，积极履行职能，走访全区所有古籍收藏单位，开展全区范围内的古籍普查登记工作。所普查的古籍数据信息全部在全国古籍普查登记平台著录。经普查，宁夏地区现有古籍7125部90237册，分藏在21家收藏单位。有公共图书馆，如宁夏回族自治区图书馆、银川市图书馆、固原市原州区图书馆、吴忠市图书馆、石嘴山市图书馆、平罗县图书馆、西吉县图书馆等；有高校图书馆，如宁夏大学图书馆、宁夏医科大学图书馆、宁夏师范学院图书馆等；有文博单位，如宁夏回族自治区博物馆、宁夏回族自治区文物考古研究所等。2018年出版了《宁夏回族自治区图书馆古籍普查登记目录》，2020年出版了《宁夏回族自治区二十家收藏单位古籍普查登记目录》，两种目录的出版，标志着全区古籍普查登记工作初步完成，家底基本摸清。

二、珍贵古籍入选《国家珍贵古籍名录》

自全区古籍普查工作开展以来，宁夏回族自治区古籍保护中心先后6次将全区甄选的珍贵古籍上报国家古籍保护中心，经专家委员会评选，截至目

前共有12种古籍入选《国家珍贵古籍名录》。其中宁夏回族自治区文物考古研究所6种，宁夏回族自治区博物馆1种，宁夏大学图书馆3种，宁夏回族自治区图书馆2种，具体情况见下表。

宁夏回族自治区珍贵古籍入选《国家珍贵古籍名录》情况统计表

序号	题名卷数	版本	收藏单位	入选批次	名录号
1	吉祥遍至口合本续□□卷	西夏木活字印本	宁夏回族自治区文物考古研究所	第一批	02306
2	大方广佛华严经八十卷	元木活字印本	宁夏回族自治区博物馆	第一批	02321
3	朱子年谱四卷考异四卷附录二卷	清乾隆宝应王氏白田草堂刻本	宁夏回族自治区图书馆	第二批	03978
4	汉石例六卷	清道光十六年（1836）稿本	宁夏大学图书馆	第二批	04352
5	香南精舍金石契不分卷	清稿本	宁夏大学图书馆	第三批	08156
6	西夏文佛经长卷一卷	西夏写本	宁夏回族自治区文物考古研究所	第三批	09678
7	妙法莲华经集要义镜注□□卷	西夏泥活字印本	宁夏回族自治区文物考古研究所	第三批	09679
8	圆觉注之略疏第一上半	西夏泥活字印本	宁夏回族自治区文物考古研究所	第三批	09680
9	占察善恶业报经不分卷	西夏木活字印本	宁夏回族自治区文物考古研究所	第三批	09681
10	苏文忠公全集一百十卷年谱一卷	明嘉靖十三年（1534）江西布政司刻本	宁夏回族自治区图书馆	第四批	10634
11	金刚般若经集一卷	西夏刻本	宁夏回族自治区文物考古研究所	第四批	11230
12	河东先生集十五卷行状一卷	清乾隆六十年（1795）兰溪文印堂刻本	宁夏大学图书馆	第六批	12743

三、古籍存藏环境得到有效改善

随着宁夏古籍保护事业的发展，在宁夏回族自治区古籍保护中心及21家古籍收藏单位领导、同人的高度重视下，全区多家古籍收藏单位的古籍存藏条件得到了有效改善。其中宁夏回族自治区图书馆按照《图书馆古籍特藏书库基本要求》建设标准化古籍书库，配有恒温恒湿系统、空气净化装置及臭氧消毒机、火灾自动报警系统、自动灭火系统和自动防盗报警系统，为古籍配置了樟木书柜、密集书架及专用展柜。宁夏回族自治区博物馆、宁夏回族自治区文物考古研究所等文博单位实行分库管理，存放古籍的库房均达到相应标准。宁夏大学图书馆专门购置樟木书柜存放古籍，并将善本古籍与普通古籍分库存放保护。即使一些设施条件暂时不达标的收藏单位也是尽可能通过加强管理、防虫除尘、增加湿度、制作函套等方法改善古籍存藏环境。

四、古籍整理出版与研究打开局面

宁夏回族自治区古籍保护中心依托“中华古籍保护计划”项目，积极出版古籍普查登记及整理研究成果。宁夏回族自治区图书馆、宁夏大学、宁夏社会科学院、宁夏回族自治区文物考古研究所等纷纷开展整理工作，联合多家专业出版机构陆续推出了《（道光）隆德县续志（光绪）宁灵厅志草校注本》（2010年8月阳光出版社出版）、《宁夏回族自治区珍贵古籍名录图录》（2015年7月国家图书馆出版社出版）、《宁夏旧方志集成》（2015年12月学苑出版社出版）、《西夏文〈吉祥遍至口合本续〉整理研究》（2015年12月社会科学文献出版社出版）、《宁夏图书馆馆藏精品集萃》（2016年5月阳光出版社出版）等。一些研究成果如《〈朱子年谱〉上的焦循题记》《宁夏图书馆藏古籍朱克敏题记五则略论》《宁夏图书馆藏范氏题记〈兵书三种〉考略》等文章，揭示了馆藏古籍的内涵价值，相继发表在国内图书馆学核心期刊。2018年，国家社科基金重大项目“《朔方文库》编纂”首批成果由国家图书馆出版社出版，影印与宁夏相关的历史文献，为宁夏典藏珍稀文献的开发与利用提供了新的空间。

五、多渠道培养古籍保护专业人才

为加强古籍保护人才培养，宁夏回族自治区古籍保护中心积极探索多种形式培养古籍保护人才。一方面积极选派古籍保护骨干人员参加国家古籍保护中心举办的培训班，全区先后有100多人次参加相关业务培训，同时也积极组织全区古籍工作人员参加国家古籍保护中心举办的各种线上培训班，提高大家的专业水平；另一方面邀请专家来我区为全区古籍保护工作者进行业务培训，2018年10月9日至12日举办“宁夏回族自治区古籍保护管理人员培训班”，2021年7月26日至8月3日承办“第四期《中华古籍总目·分省卷》编纂研修班”，来自全国23个省市32家古籍收藏单位的55位古籍编目人员参加了此次培训班。

六、多形式宣传推广古籍保护及中华优秀传统文化

宁夏回族自治区古籍保护中心在全区范围内积极宣传古籍保护的重要性和必要性，通过给古籍收藏单位工作人员现场讲授，在宁夏回族自治区图书馆官方网站上发布古籍保护相关内容、馆藏古籍介绍，利用展柜在读者阅览区展示《中华再造善本》等，多途径、多媒体开展全区古籍保护与宣传工作。为响应“新时代对古籍进行创造性转化与创新性发展，让书写在古籍里的文字活起来”的号召，自2018年以来，宁夏回族自治区古籍保护中心通过展览、中华传统修复技艺读者体验和馆长、专家晒国宝等多种形式积极宣传推广中华优秀传统文化。举办了“册府千华——宁夏回族自治区珍贵古籍特展暨庆祝宁夏回族自治区图书馆成立60周年”系列活动；“文化和自然遗产日”之“古籍保护 你我同行——古籍修复技艺进校园”读者体验活动；“馆长、专家晒区内藏国家珍贵古籍”微视频活动；“4·23世界读书日”之“中国传统印刷技艺”线上直播线下体验活动等。通过一系列活动的开展让古籍走进大众视野，提高了社会大众对古籍的认识，增强了大众对传承和弘扬中华优秀传统文化的意识。

宁夏地区古籍保护工作在取得一定成绩的同时，还存在一些亟待解决的问题。主要表现在：一是地方配套政策等保障机制还不健全。自“中华古籍保护计划”开展以来，我区相关部门对古籍保护工作还缺乏足够重视，相关的配套政策还不健全。二是缺乏古籍保护专项经费。我区古籍保护工作开展以来，自治区财政并无配套经费支持，经费短缺严重阻碍了我区古籍保护事业的发展。三是古籍保护专业人才严重不足。专业人才不足仍是制约我区古籍保护事业发展的突出问题，特别是高水平古籍保护专业人才和少数民族古籍人才需要大力培养，专业人才业务素养亟待提高。宁夏地区古籍保护事业的发展任重而道远，但宁夏地区古籍工作者必将同心协力，砥砺前行。

宁夏回族自治区古籍保护中心

2021 年 8 月

凡　例

一、本书收录宁夏地区7家古籍收藏单位所藏的150部具有重要版本价值、学术价值及艺术价值的珍贵古籍。

二、本书按照“修齐治平 儒典辉光”“以史为鉴 本固民安”“聚艺藏珍 传惠世人”“文学大观 百代风骚”“群书汇编 嘉惠学林”“塞上绝响 秘典重光”6个单元进行编排，每一单元内古籍按《中华古籍总目分类款目组织规则》进行排序。

三、一部古籍一条款目，著录内容包括题名卷数、著者、版本、册数、存（缺）卷、收藏单位、行款、版式、尺寸及著者简介和内容介绍。

四、每种古籍配1—3帧书影，一般选择正文首卷卷端及能反映该书版本特点者。

目　录

修齐治平　儒典辉光

以史为鉴 本固民安

聚艺藏珍 传惠世人

文学大观 百代风骚

群书汇编 嘉惠学林

塞上绝响 秘典重光

修齐治平　儒典辉光

修齐治平
儒典辉光

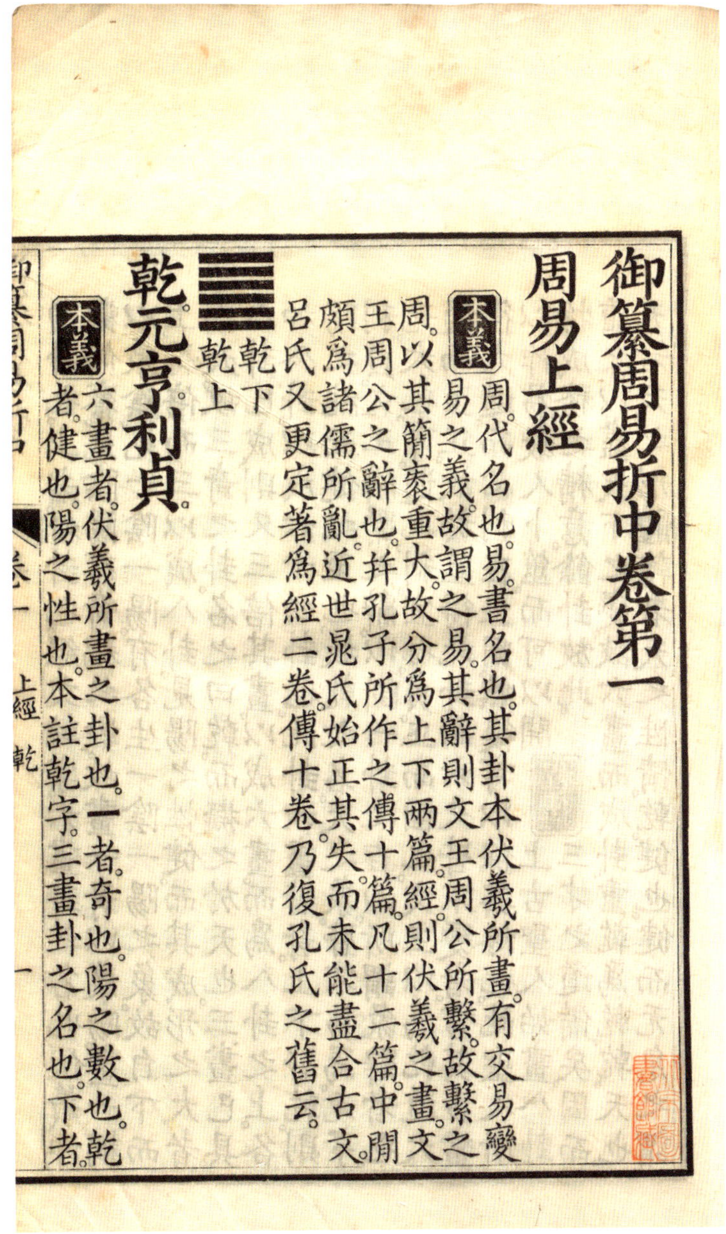
御纂周易折中卷第一
周易上經
本義 周代名也易書名也其卦本伏羲所畫有交易變易之義故謂之易其辭則文王周公所繫故繫之周以其簡袠重大故分為上下兩篇經則伏羲之畫文王周公之辭也并孔子所作之傳十篇凡十二篇中閒頗爲諸儒所亂近世晁氏始正其失而未能盡合古文呂氏又更定著爲經二卷傳十卷乃復孔氏之舊云
乾下乾上
乾元亨利貞
本義 六畫者伏羲所畫之卦也一者奇也陽之數也乾者健也陽之性也本註乾字三畫卦之名也下者

御纂周易折中二十二卷首一卷

（清）李光地等撰　清康熙五十四年（1715）内府刻御纂七经本　十册　宁夏回族自治区图书馆藏

半叶八行十八字，小字双行二十二字，白口，单黑鱼尾，四周双边，版框22.1厘米×16.1厘米，开本29.4厘米×19.6厘米。

李光地（1642—1718），字晋卿，号厚庵，又号榕村，福建安溪人。康熙进士。是书系李光地奉清圣祖玄烨之命编纂而成，遍采诸家易说之大成，以“集说”“按语”“总论”等形式“折中”众家之说，加以考订，并提出新的见解。馆藏是书版刻精良，纸墨俱佳，钤有“稽古右文之章”“国子监印”“体元主人”等印。

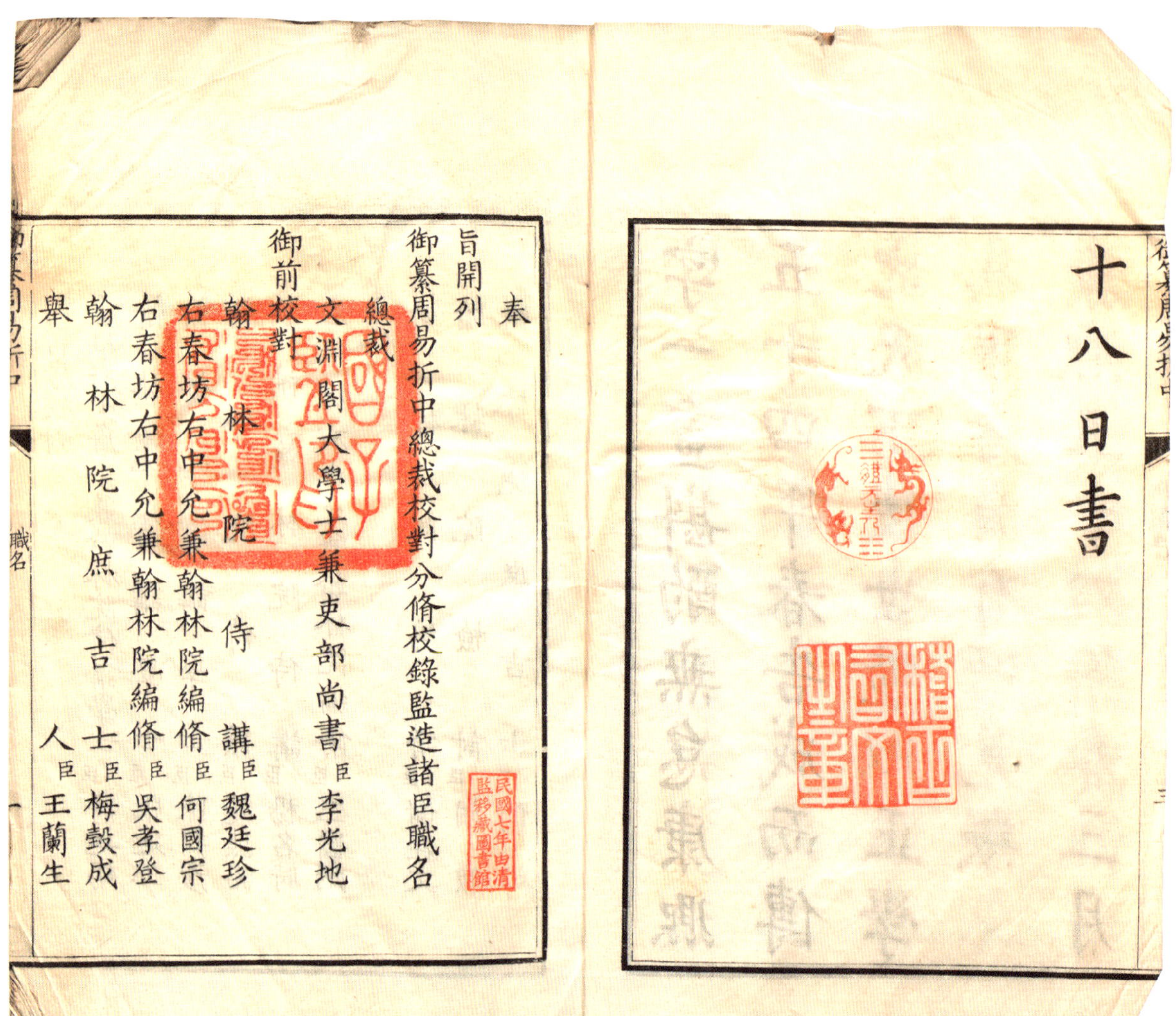
十八日書

奉
旨開列
御纂周易折中總裁校對分脩校錄監造諸臣職名
總裁 文淵閣大學士兼吏部尚書臣李光地
御前校對
翰林院侍講臣魏廷珍
右春坊右中允兼翰林院編修臣何國宗
右春坊右中允兼翰林院編修臣吳孝登
翰林院庶吉士臣梅瑴成
舉人臣王蘭生

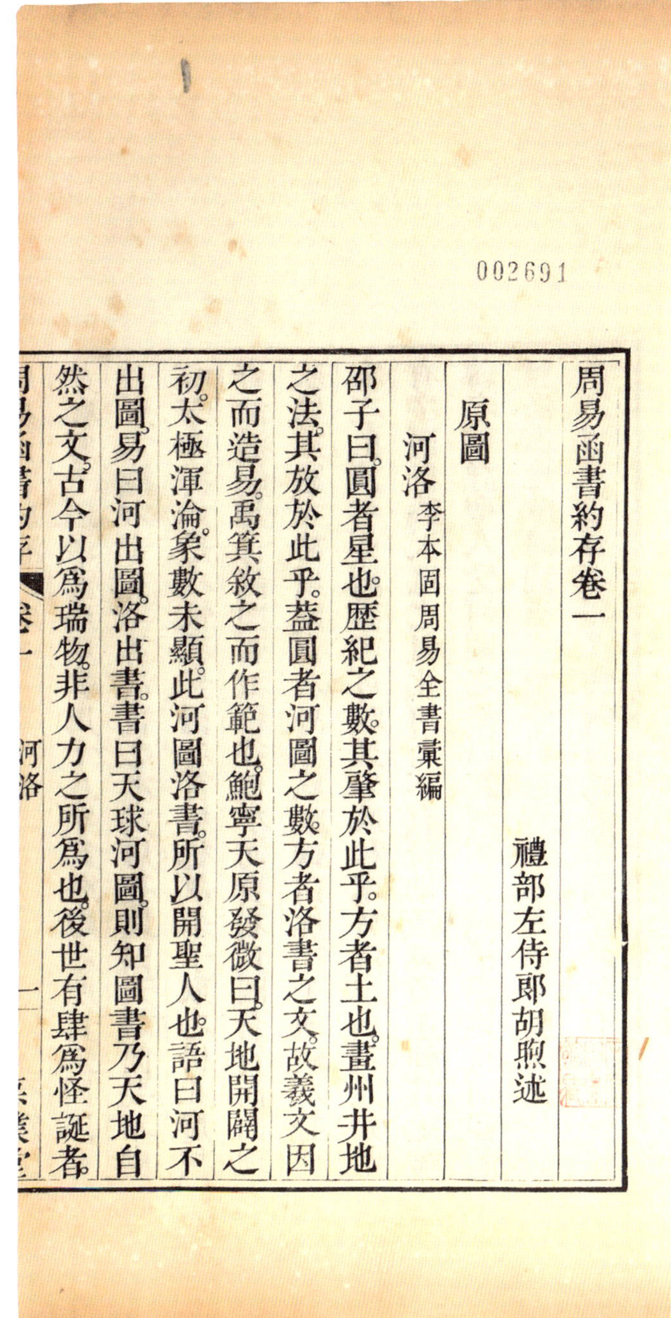

周易函書約存卷一

禮部左侍郎胡煦述

原圖

河洛 李本固周易全書彙編

邵子曰圓者星也歷紀之數其肇於此乎方者土也畫州井地之法其放於此乎蓋圓者河圖之數方者洛書之文故羲文因之而造易禹箕敘之而作範也鮑寧天原發微曰天地開闢之初太極渾淪象數未顯此河圖洛書所以開聖人也語曰河不出圖易曰河出圖洛出書書曰天球河圖則知圖書乃天地自然之文古今以爲瑞物非人力之所爲也後世有肆爲怪誕者

周易函書約存 卷一 河洛 一

周易函书约存十八卷约注十八卷别集十六卷

（清）胡煦撰　清乾隆胡氏葆璞堂刻本　二十六册　缺约注卷十六至十八　宁夏回族自治区固原市原州区图书馆藏

半叶十行二十四字，白口，单黑鱼尾，四周双边，版框 19.1 厘米×14.0 厘米，开本 28.8 厘米×17.8 厘米。

胡煦（1655—1736），字沧晓，号紫弦，河南光山人。康熙进士。是书汇集了胡煦对《周易》“象”的种种看法和见解，包括“象”的含义、特点以及观“象”的方法等。

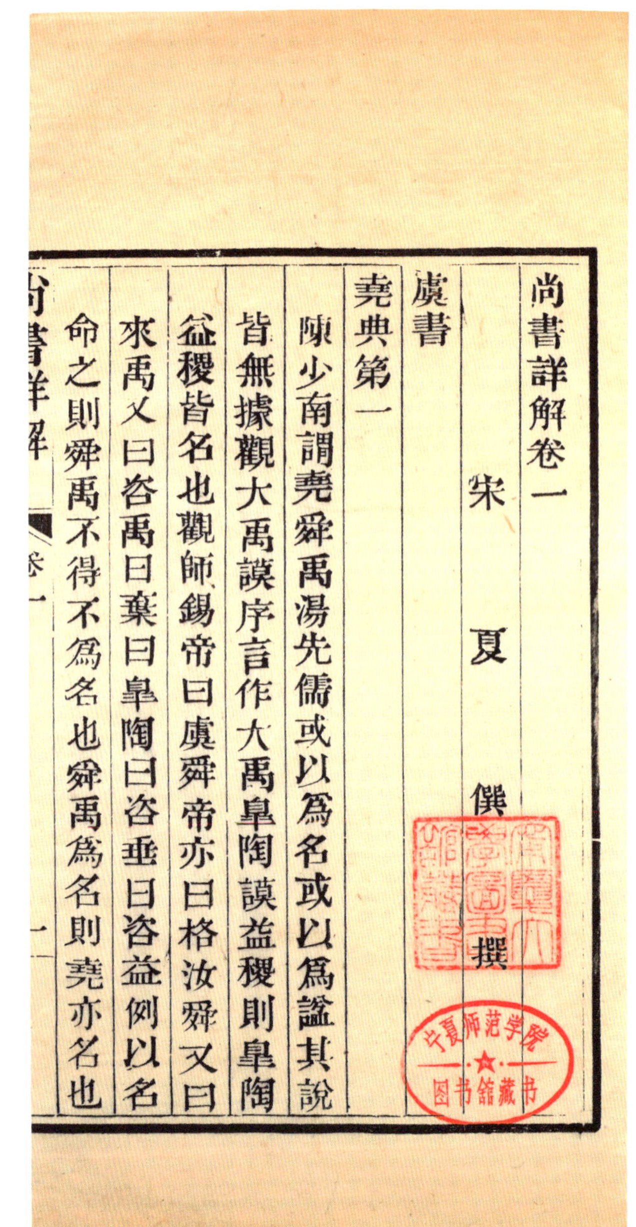
尚書詳解卷一

宋　夏　僎　撰

虞書

堯典第一

陳少南謂堯舜禹湯先儒或以爲名或以爲謚其說皆無據觀大禹謨序言作大禹臯陶謨益稷則臯陶益稷皆名也觀師錫帝曰虞舜帝亦曰格汝舜又曰來禹又曰咨禹曰棄曰臯陶曰咨垂曰咨益例以名命之則舜禹不得不爲名也舜禹爲名則堯亦名也

尚書詳解　卷一　一

尚书详解二十六卷首一卷

（宋）夏僎撰　清乾隆三十九年（1774）木活字印武英殿聚珍版书本　二十四册　宁夏大学图书馆藏

半叶九行二十一字，小字双行同，白口，单黑鱼尾，四周双边，版框 19.2 厘米×12.9 厘米，开本 26.9 厘米×16.5 厘米。

夏僎（生卒年不详），字元肃，号柯山，浙江龙游人。淳熙进士。《尚书》作为儒家经典之一，是我国最早的一部文献资料汇编，历来为其作传作注者甚多。夏僎集孔安国、孔颖达、苏轼、陈鹏飞、林之奇、程颐、张九成等诸儒之说，取其精华要旨，编成《尚书详解》一书，不乏个人见解及考辨心得，与蔡沈《书集传》同为宋代尚书学的代表著述。

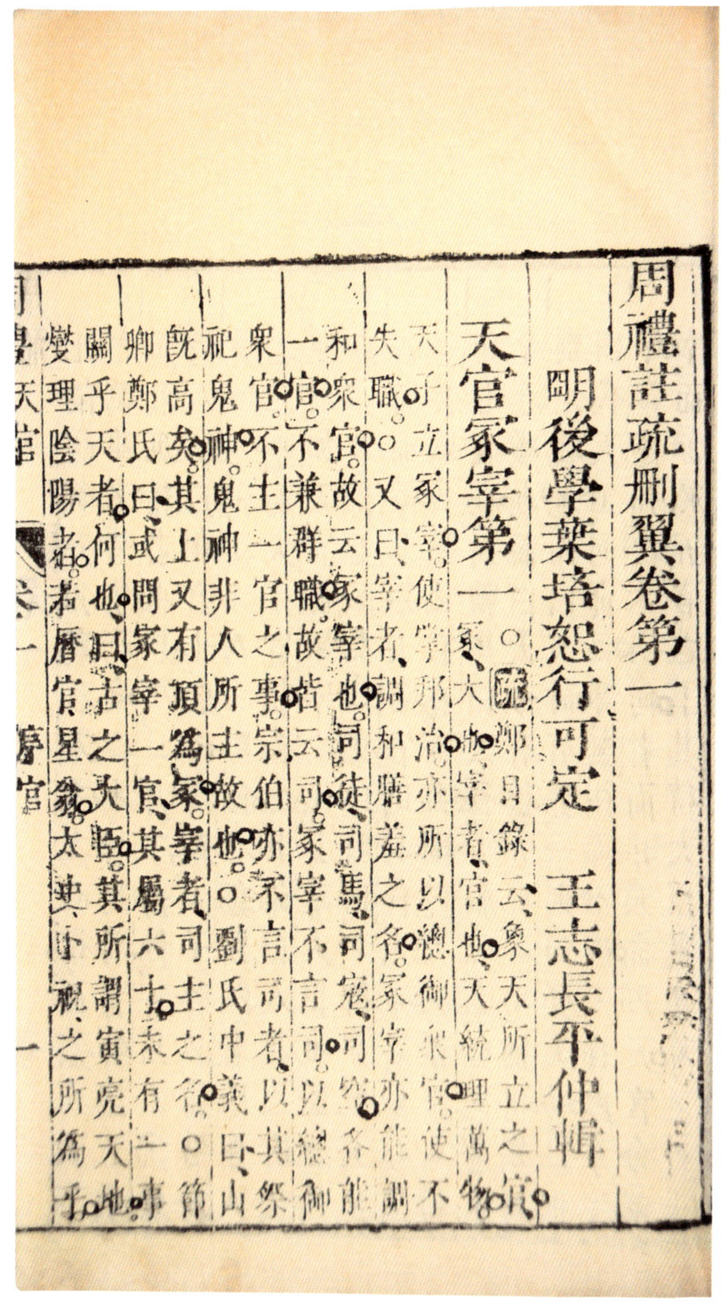

周礼注疏删翼三十卷

（明）叶培恕定　（明）王志长辑　明崇祯天德堂刻本　十六册　宁夏回族自治区图书馆藏

半叶八行十九字，小字双行同，白口，单黑鱼尾，左右双边，版框 19.0 厘米 × 14.0 厘米，开本 25.2 厘米 × 15.1 厘米。

叶培恕（生卒年不详），字行可，浙江嘉善人。崇祯进士。王志长（生卒年不详），字平仲，江苏昆山人。是书对郑注、贾疏进行删节，兼录宋、元、明后儒议论，除了引用诸家关于《周礼》的言论外，著者还用按语的形式提出自己的见解。馆藏是书钤有“致和堂藏书”印，并有墨笔批校多处。

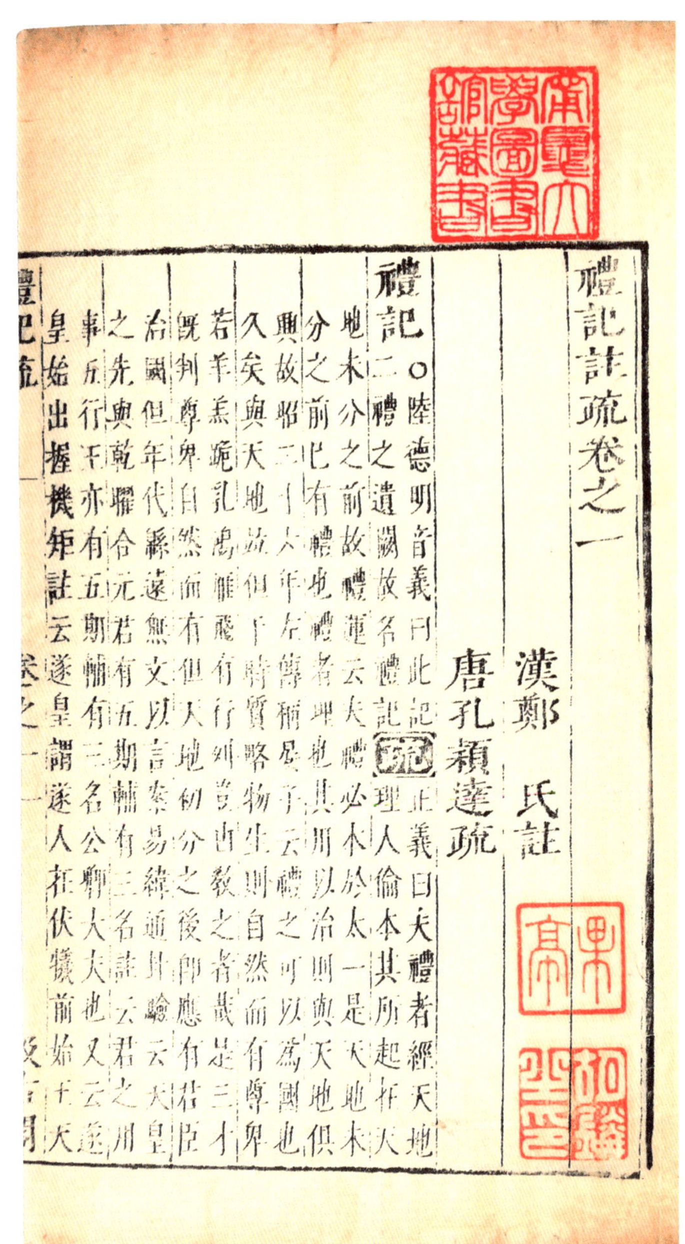
禮記註疏卷之一
漢鄭 氏註
唐孔穎達疏
禮記○陸德明音義曰此記二禮之遺闕故名禮記疏正義曰夫禮者經天地理人倫本其所起在天
地未分之前故禮運云夫禮必本於太一是天地未
分之前已有禮也禮者理也其用以治則與天地俱
興故昭二十六年左傳稱晏子云禮之可以為國也
久矣與天地並但于時質略物生則自然而有尊卑
若羊羔跪乳鴻雁飛有行列豈由教之者哉是三才
既判尊卑自然而有但天地初分之後即應有君臣
治國但年代綿遠無文以言案易緯通卦驗云天皇
之先與乾曜合元君有五期輔有三名注云君之用
事五行王亦有五期輔有三名公卿大夫也又云遂
皇始出握機矩注云遂皇謂遂人在伏犧前始王天
禮記疏卷之一 一 汲古閣

礼记注疏六十三卷

（汉）郑玄注　（唐）孔颖达疏　明崇祯毛氏汲古阁刻十三经注疏本　二十册　宁夏大学图书馆藏

半叶九行二十一字，小字双行同，白口，无鱼尾，左右双边，版框 17.8 厘米 ×12.7 厘米，开本 23.7 厘米 ×15.2 厘米。

郑玄（127—200），字康成，北海高密（今属山东）人。孔颖达（574—648），字冲远，冀州衡水（今属河北）人。汲古阁本《十三经注疏》集众版本之大成，自行世以来很长一段时间都是学习“十三经”的通行本。馆藏是书钤有“胡鏻之印”“果亭”“卧云深处书画记”“乐成”等印。

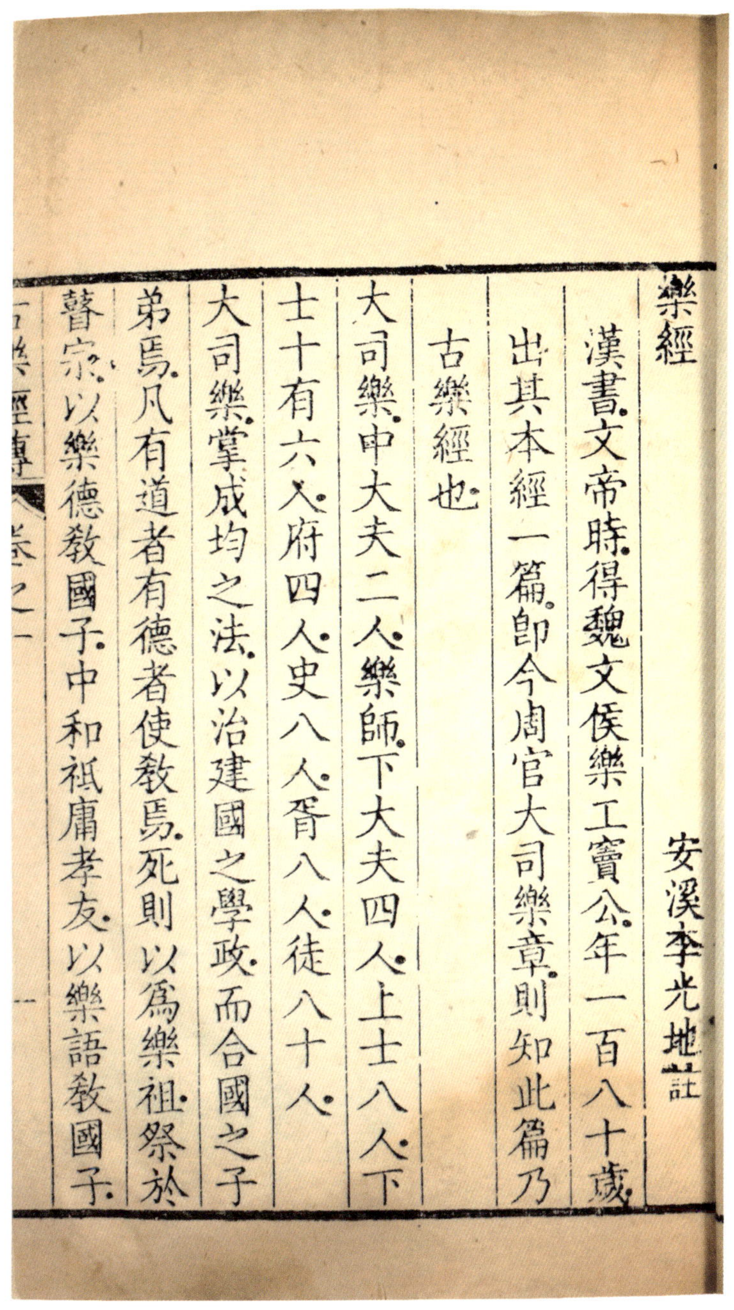
樂經　安溪李光地註

漢書文帝時得魏文侯樂工竇公年一百八十歲出其本經一篇即今周官大司樂章則知此篇乃古樂經也

大司樂中大夫二人樂師下大夫四人上士八人下士十有六人府四人史八人胥八人徒八十人

大司樂掌成均之法以治建國之學政而合國之子弟焉凡有道者有德者使教焉死則以爲樂祖祭於瞽宗以樂德教國子中和祇庸孝友以樂語教國子

古樂經傳　卷之一　一

古乐经传五卷

（清）李光地注　清教忠堂刻本　四册　宁夏大学图书馆藏

半叶九行二十字，白口，单黑鱼尾，左右双边，版框 17.5 厘米×13.9 厘米，开本 23.7 厘米×15.2 厘米。

李光地简介见《御纂周易折中二十二卷首一卷》提要。是书系对古乐书进行辑录、注解的乐论著作，凡五卷，卷一乐经，卷二乐记，卷三附乐经，卷四附乐记之声律篇，卷五附乐记之乐教篇、乐用篇。此书辑佚的内容，基本涵盖了先秦以及秦汉时期乐论文献，汇集乐教、乐制等记载。馆藏是书钤有“澄心堂朱”印。

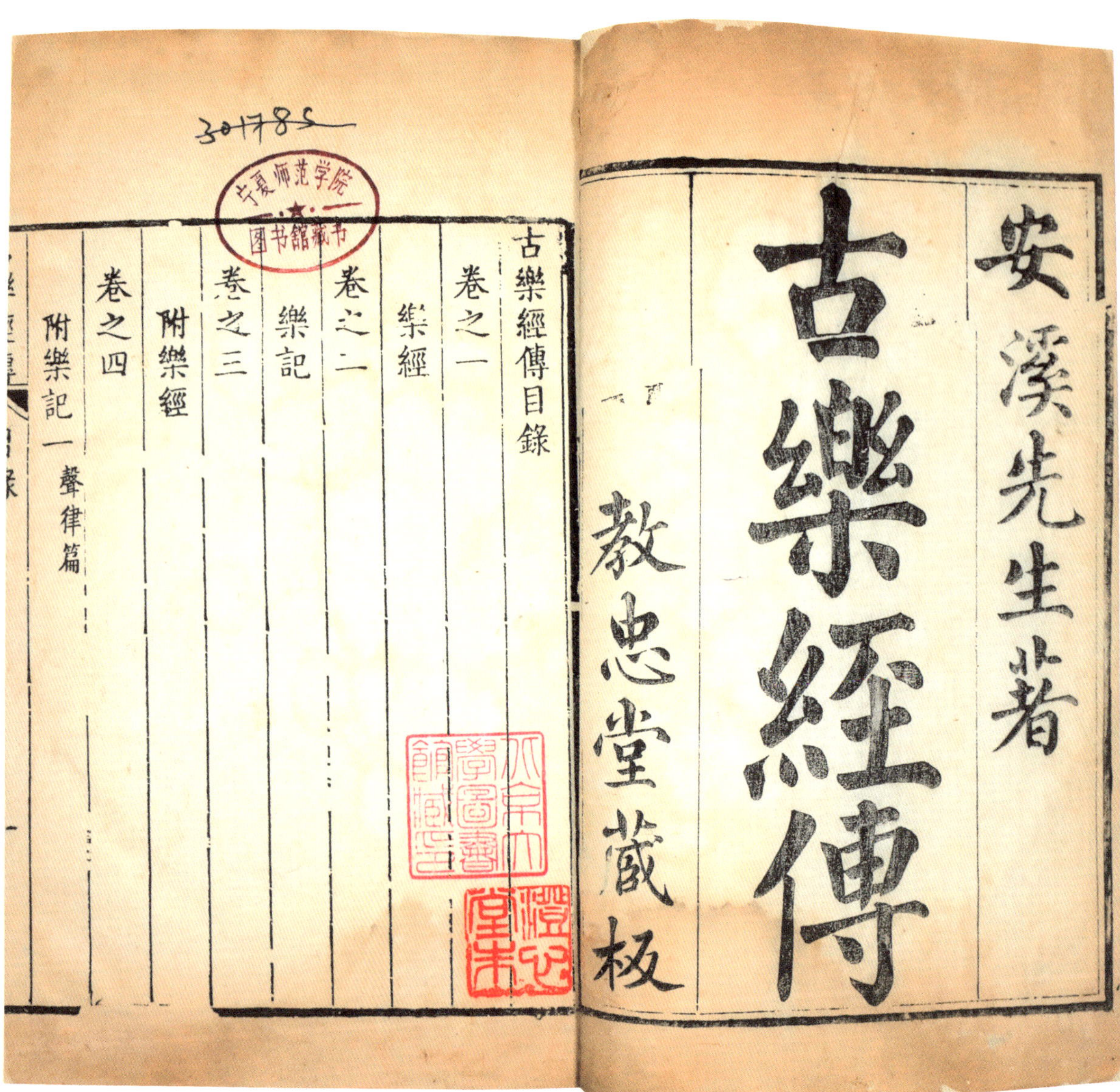
安溪先生著
古樂經傳
教忠堂藏板

古樂經傳目錄
卷之一
樂經
卷之二
樂記
卷之三
附樂經
卷之四
附樂記一 聲律篇

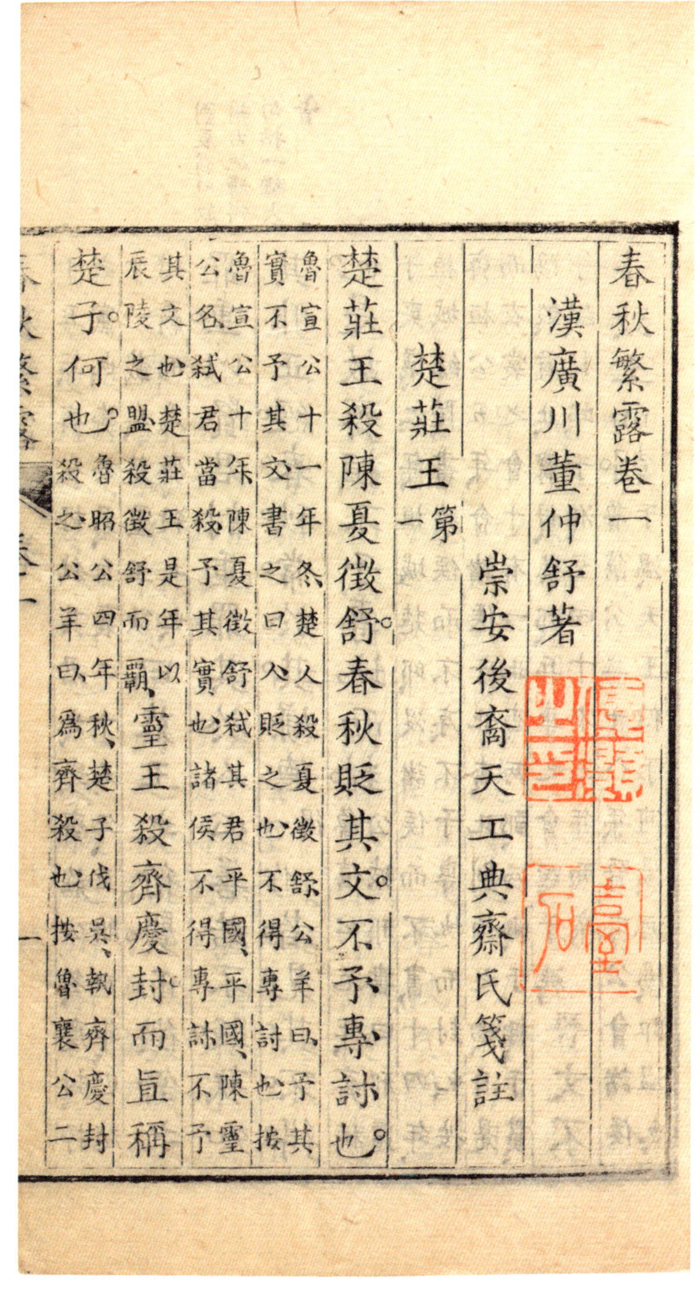

春秋繁露卷一

漢廣川董仲舒著

崇安後裔天工典齋氏箋註

楚莊王第一

楚莊王殺陳夏徵舒。春秋貶其文。不予專討也。魯宣公十一年冬楚人殺夏徵舒公羊曰予其實不予其交書之曰人貶之也不得專討也按魯宣公十年陳夏徵舒弒其君平國、平國、陳靈公名弒君當殺予其實也諸侯不得專討不予其文也楚莊王是年以辰陵之盟殺徵舒而覇。靈王殺齊慶封而直稱楚子。何也。魯昭公四年秋、楚子伐吳、執齊慶封殺之公羊曰爲齊誅也按魯襄公二

春秋繁露十七卷附录一卷

（汉）董仲舒撰　（清）董天工笺注　清乾隆二十六年（1761）觐光楼刻本　四册　宁夏回族自治区图书馆藏

半叶九行十八字，小字双行同，白口，单黑鱼尾，四周双边，版框 20.4 厘米 ×13.7 厘米，开本 25.8 厘米 ×16.9 厘米。

董仲舒（前 179—前 104），广川（今河北景县）人。董天工（1703—1771），字材六，号典斋，崇安（今福建武夷山）人。是书主要阐述了“春秋大一统”“天人感应”“三纲五常”等理论。馆藏是书钤有“傅灏之印”“台石”“放怀高寄”等印。

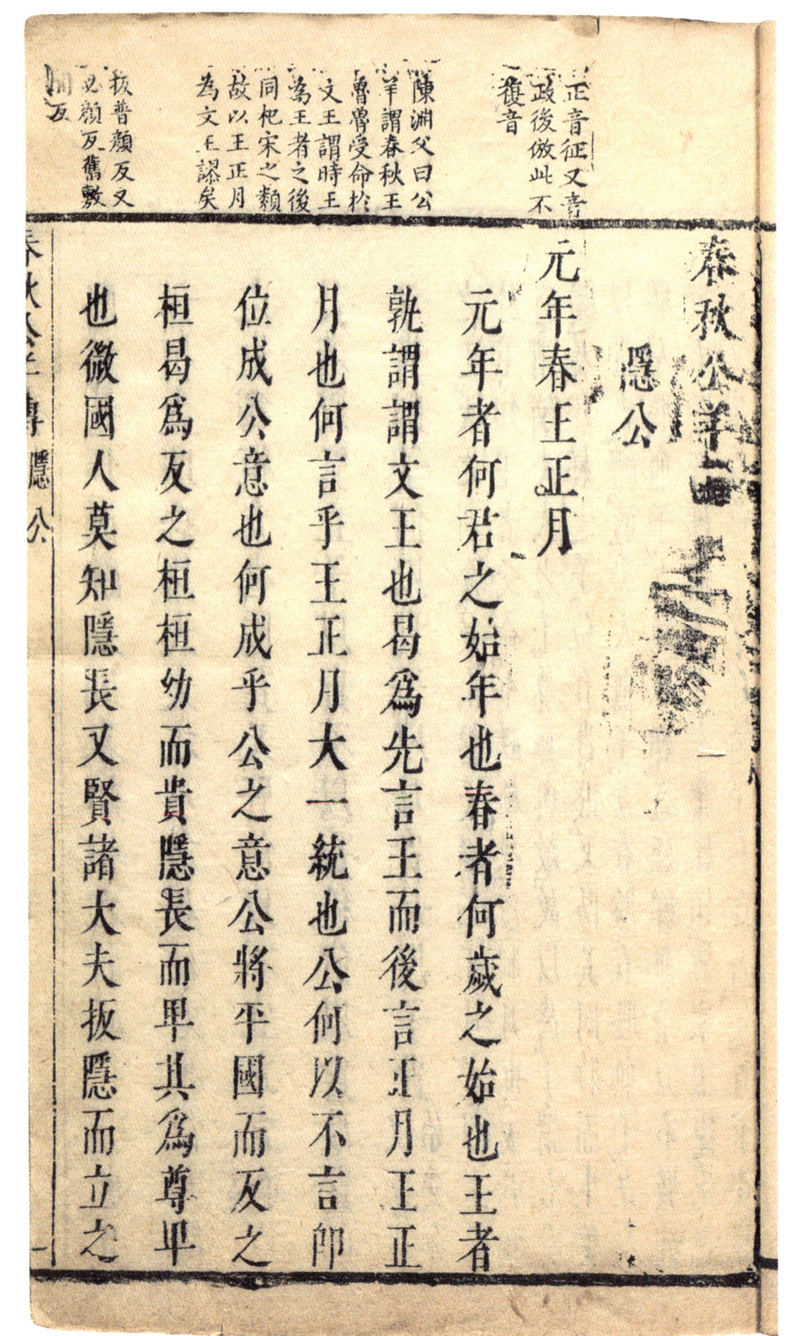
正音征又音政後倣此不復音　陳洲父曰公羊謂春秋王魯魯受命於文王謂時王爲王者之後同杞宋之類故以王正月爲文王謬矣　扳普顏反又必顏反舊敷閒反

春秋公羊一

隱公

元年春王正月

元年者何君之始年也春者何歲之始也王者孰謂謂文王也曷爲先言王而後言正月王正月也何言乎王正月大一統也公何以不言卽位成公意也何成乎公之意公將平國而反之桓曷爲反之桓桓幼而貴隱長而卑其爲尊卑也微國人莫知隱長又賢諸大夫扳隱而立之

春秋公羊傳　隱公　一

春秋公羊传十二卷春秋穀梁传十二卷

（汉）何休注　（明）闵齐伋辑　明文林阁唐锦池刻本　八册　宁夏回族自治区图书馆藏

半叶九行十九字，小字双行同，白口，无鱼尾，四周单边，版框 21.3 厘米 ×15.3 厘米，开本 26.4 厘米 ×16.2 厘米。

何休（129—182），字邵公，任城樊（今山东济宁）人。闵齐伋（1575—1656 后），字及五，号遇五，乌程（今浙江湖州）人。《春秋公羊传》《春秋穀梁传》皆为解释《春秋》的著作，与《春秋左氏传》并称“春秋三传”。

春秋穀梁傳

隱公

元年春王正月

雖無事必舉正月謹始也公何以不言即位成公志也焉成之言君之不取爲公也君之不取爲公何也將以讓桓也讓桓正乎曰不正春秋成人之美不成人之惡隱不正而成之何也將以惡桓也其惡桓何也隱將讓而桓弒之則桓惡矣桓弒而隱讓則隱善矣善則其不正焉何

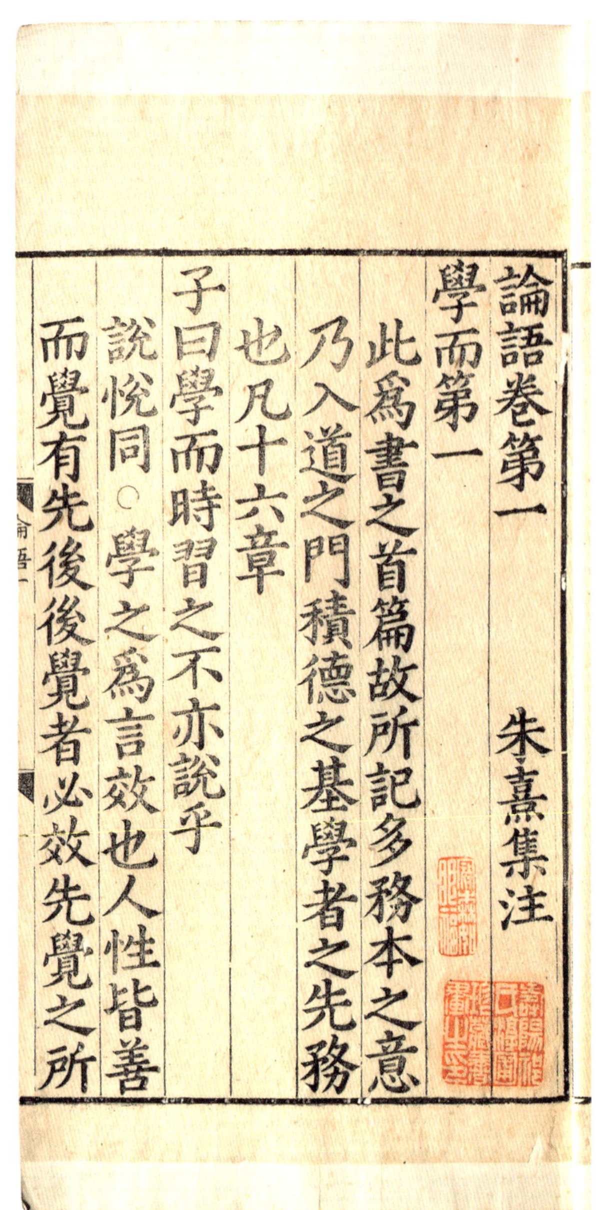

論語卷第一　朱熹集注

學而第一

此爲書之首篇故所記多務本之意乃入道之門積德之基學者之先務也凡十六章

子曰學而時習之不亦説乎

説悅同○學之爲言效也人性皆善而覺有先後後覺者必效先覺之所

论语十卷

（宋）朱熹集注　清康熙内府刻四书章句集注本　五册　存卷一至五　宁夏回族自治区图书馆藏

半叶八行十五字，小字双行同，白口，双顺黑鱼尾，左右双边，版框 24.6 厘米 ×16.7 厘米，开本 34.6 厘米 ×20.0 厘米。

朱熹（1130—1200），字元晦，一字仲晦，号晦庵，祖籍徽州婺源（今属江西），生于南剑州尤溪（今属福建）。绍兴进士。《论语》是记录孔子及其弟子言行的语录体著作。朱熹集《论语》《孟子》《大学》《中庸》，作《四书章句集注》，成为“四书”最重要的注本。馆藏是书有寇森如题“殿本论语”字样，钤有“寿阳祁氏淳圃珍藏书画之印”“寇森如眼福”等印。

論語序說

史記世家曰孔子名丘字仲尼其先宋人父叔梁紇母顏氏以魯襄公二十二年庚戌之歲十一月庚子生孔子於魯昌平鄉陬邑爲兒嬉戲常陳俎豆設禮容及長爲委吏料量平委吏本作季氏史索隱云一本作委吏與孟子合今從之爲司職吏畜蕃息職見周禮牛人讀爲樴義與杙同蓋繫養犧牲之所此官

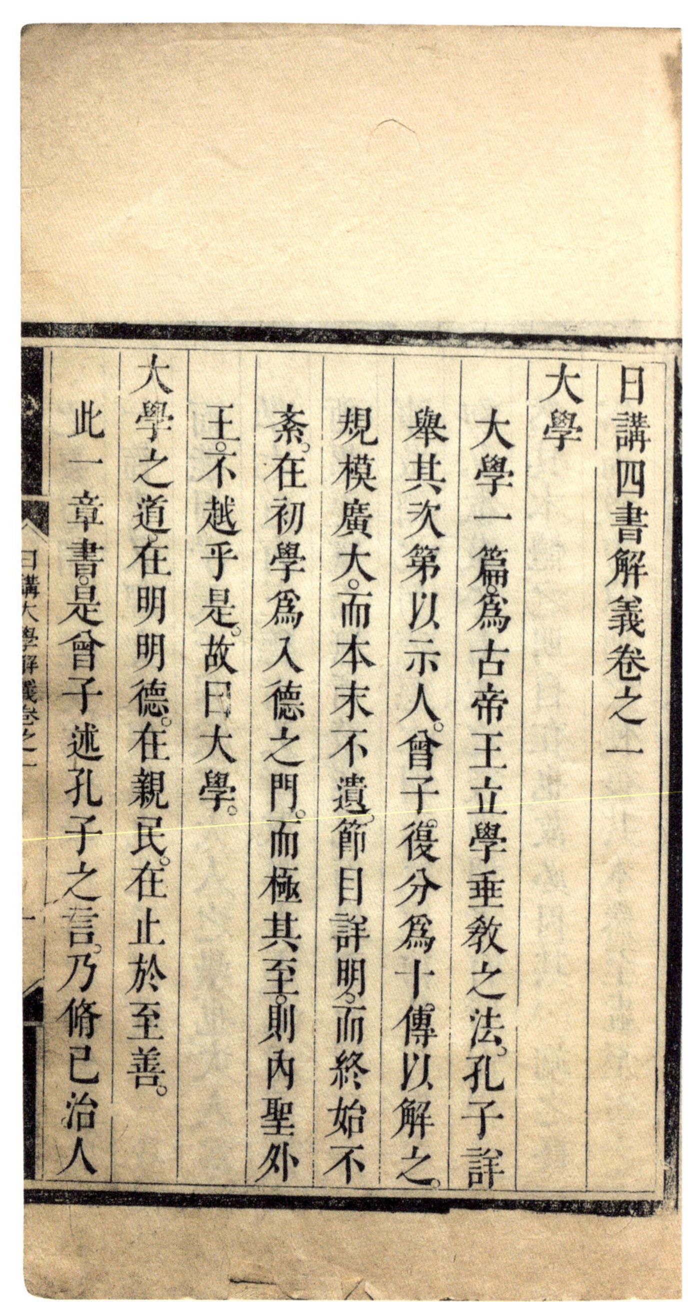
日講四書解義卷之一

大學

大學一篇爲古帝王立學垂教之法。孔子詳舉其次第以示人。曾子復分爲十傳以解之。規模廣大。而本末不遺。節目詳明。而終始不紊。在初學爲入德之門。而極其至。則內聖外王。不越乎是。故曰大學。

大學之道在明明德。在親民。在止於至善。

此一章書是曾子述孔子之言乃脩己治人

日講大學解義卷之一

日讲四书解义二十六卷

（清）喇沙里　（清）陈廷敬等撰　清康熙十六年（1677）刻本　二十六册　宁夏回族自治区图书馆藏

半叶九行十八字，黑口，双对黑鱼尾，四周双边，版框 18.0 厘米×14.3 厘米，开本 27.2 厘米×17.2 厘米。

喇沙里（生卒年不详），满洲人。陈廷敬（1639—1712），字子端，号说岩，泽州（今山西晋城）人。顺治进士。是书为喇沙里和陈廷敬等奉清圣祖玄烨之命，将每日所讲“四书”的讲义编纂刊刻而成，经文顶格，训解文字另起行低一字。馆藏是书有朱笔圈点。

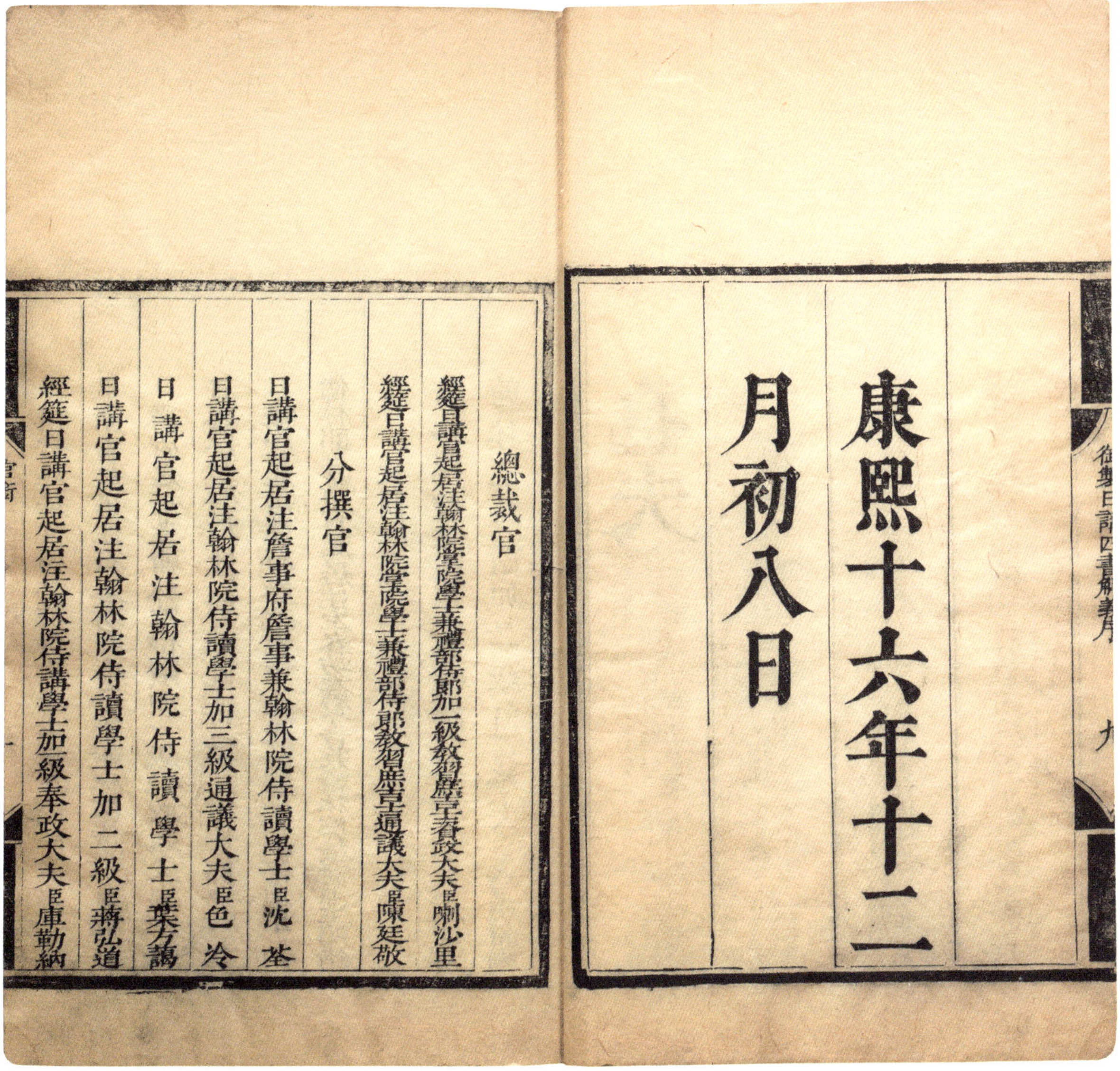

康熙十六年十二月初八日

總裁官

經筵日講官起居注翰林院掌院學士兼禮部侍郎加一級教習庶吉士資政大夫臣喇沙里

經筵日講官起居注翰林院掌院學士兼禮部侍郎教習庶吉士通議大夫臣陳廷敬

分撰官

日講官起居注詹事府詹事兼翰林院侍讀學士臣沈荃

日講官起居注翰林院侍讀學士加三級通議大夫臣色冷

日講官起居注翰林院侍讀學士臣葉方藹

日講官起居注翰林院侍讀學士加二級臣蔣弘道

經筵日講官起居注翰林院侍講學士加一級奉政大夫臣庫勒納

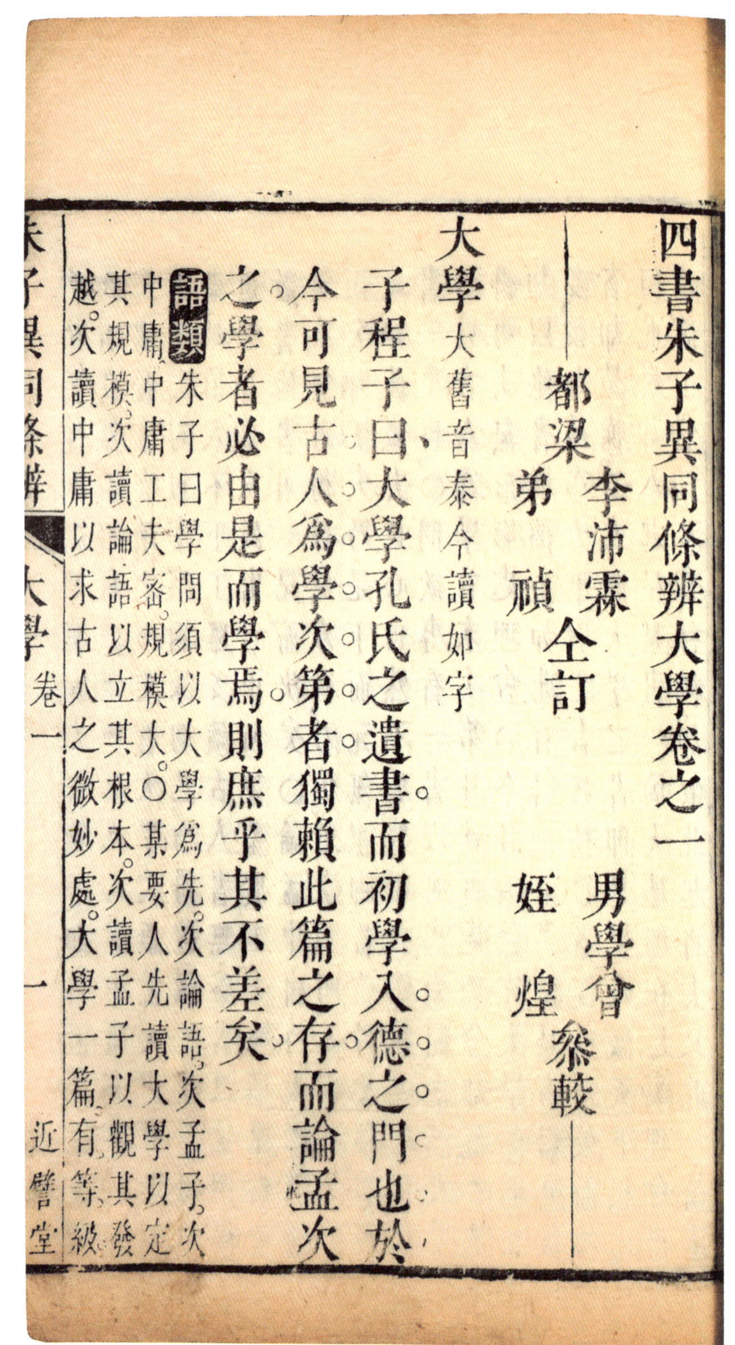

四書朱子異同條辨大學卷之一

都梁 李沛霖 弟 禎 仝訂　男 學曾 姪 煌 叅較

大學大舊音泰今讀如字

子程子曰大學孔氏之遺書而初學入德之門也於今可見古人爲學次第者獨賴此篇之存而論孟次之學者必由是而學焉則庶乎其不差矣

語類 朱子曰學問須以大學爲先次論語次孟子次中庸中庸工夫密規模大○某要人先讀大學以定其規模次讀論語以立其根本次讀孟子以觀其發越次讀中庸以求古人之微妙處大學一篇有等級

朱子異同條辨 大學 卷一 一 近譬堂

四书朱子异同条辨四十卷

（清）李沛霖　（清）李祯订　清康熙四十四年（1705）近譬堂刻本　三十六册　宁夏大学图书馆藏

半叶九行二十一字，小字双行同，白口，单黑鱼尾，左右双边，版框 21.1 厘米 ×14.4 厘米，开本 26.4 厘米 ×16.4 厘米。

李沛霖（生卒年不详），字岱云，都梁（今湖南武冈）人。李祯（生卒年不详），为沛霖弟。是书参照《四书章句集注》《四书或问》等书，于经文之下，一句一辨，力求追源溯流。

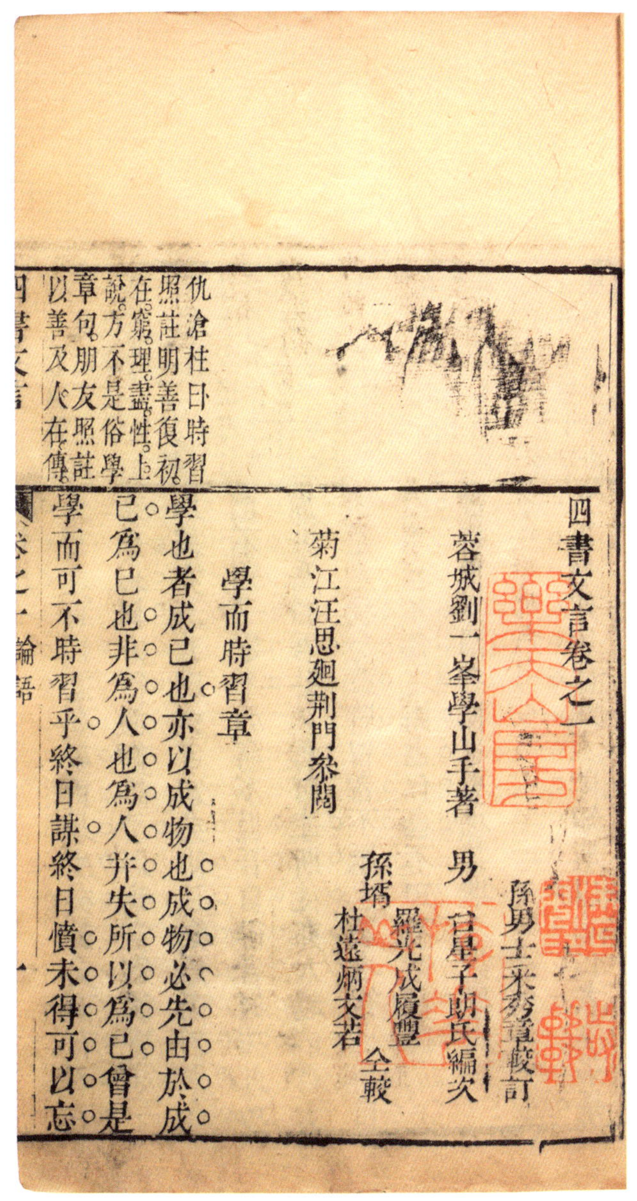

仇滄柱曰時習照註明善復初在窮理盡性上說方不是俗學章句朋友照註以善及人在傳

四書文言卷之一

蓉城劉一峯學山手著　男　台星子朗氏編次　孫男士采秀章較訂

菊江汪思廻荆門參閱　孫墉　羅光戍履豐　杜遠[illegible]文若　仝較

學而時習章

學也者成已也亦以成物也成物必先由於成已爲已也非爲人也爲人并失所以爲已曾是學而可不時習乎終日誦終日憤未得可以忘

四書文言　卷之一　論語

四书文言二十卷

（清）刘一峰撰　（清）刘台星编　（清）刘士采校订　清乾隆二十八年至嘉庆十七年（1763—1812）间刻本　六册　宁夏回族自治区图书馆藏

半叶十行十八字，白口，单黑鱼尾，左右双边，版框 19.2 厘米 ×13.7 厘米，开本 26.1 厘米 ×15.6 厘米。

刘一峰（生卒年不详），字学山，安徽青阳人。刘台星（生卒年不详），字子朗，刘一峰之子。刘士采（生卒年不详），刘一峰之孙。是书主要摘取“四书”之精华，每一章作一篇，节次分明，精义迭出。馆藏是书钤有“师造化”“乾隆年生嘉庆秀才道光优贡咸丰教官”“臣克敏印”“游华山人”“乐天山房”“玉山山人”“敏印”“朱克敏印”等印，从诸印可知为清朱克敏旧藏，并有其墨笔题记四则。

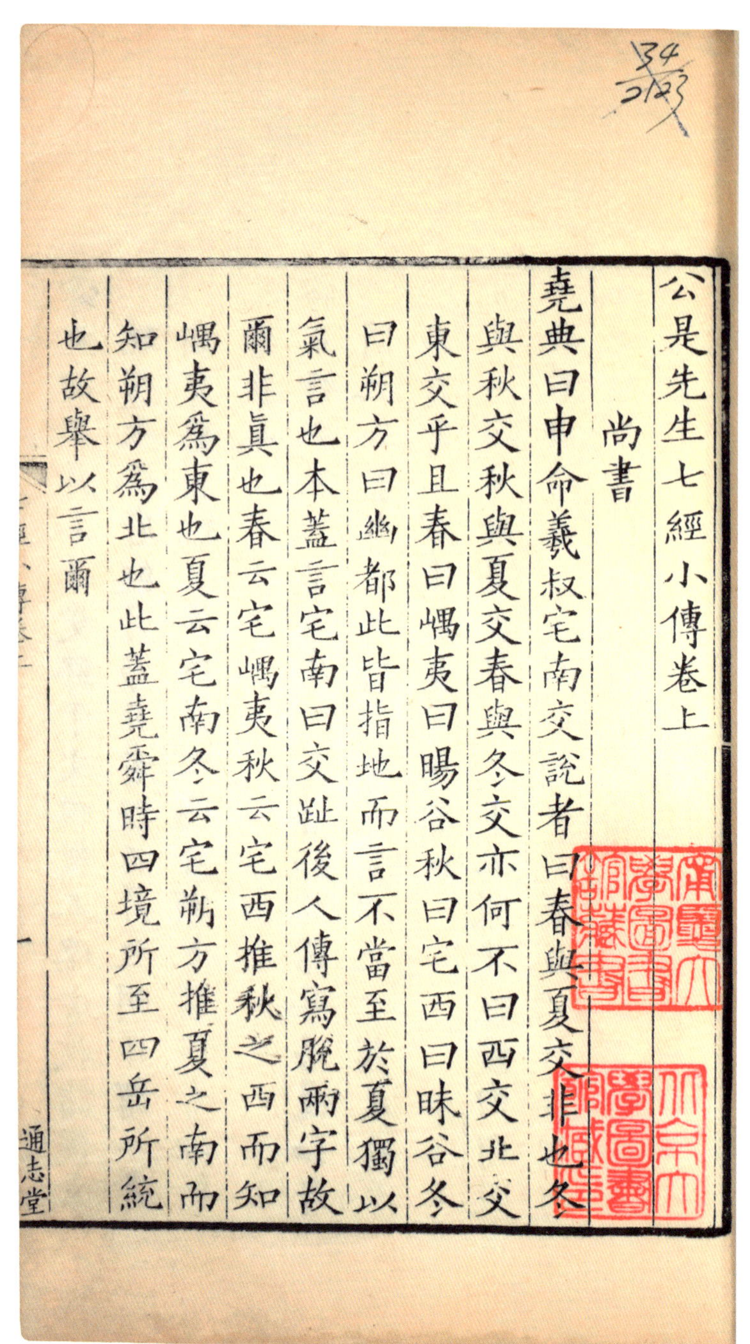

公是先生七經小傳卷上

尚書

堯典曰申命羲叔宅南交説者曰春與夏交非也冬與秋交秋與夏交春與冬交亦何不曰西交北交東交乎且春曰嵎夷曰暘谷秋曰宅西曰昧谷冬曰朔方曰幽都此皆指地而言不當至於夏獨以氣言也本蓋言宅南曰交趾後人傳寫脱兩字故爾非眞也春云宅嵎夷秋云宅西推秋之西而知嵎夷爲東也夏云宅南冬云宅朔方推夏之南而知朔方爲北也此蓋堯舜時四境所至四岳所統也故舉以言爾

通志堂

公是先生七经小传三卷

（宋）刘敞撰　清康熙通志堂刻本　一册　宁夏大学图书馆藏

半叶十一行二十字，小字双行不等，白口，单黑鱼尾，左右双边，版框 20.0 厘米 ×15.1 厘米，开本 27.2 厘米 ×17.7 厘米。

刘敞（1019—1068），字原父，世称公是先生，临江新喻（今江西新余）人。庆历进士。是书杂论经义之语，卷上为《尚书》《毛诗》，卷中为《周礼》《仪礼》《礼记》《公羊》，卷下为《论语》。

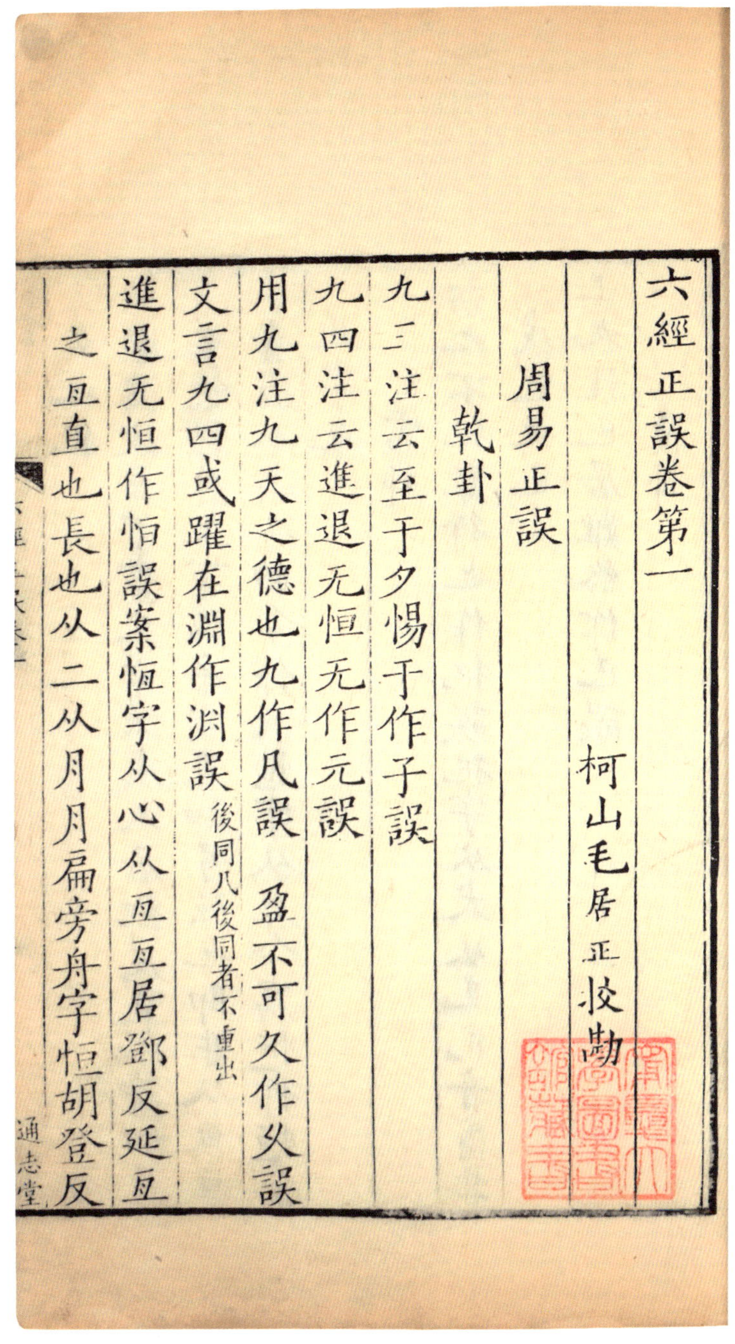

六經正誤卷第一　　　柯山毛居正校勘

周易正誤

乾卦

九三注云至于夕惕于作子誤

九四注云進退无恒无作元誤

用九注九天之德也九作凡誤　盈不可久作夂誤

文言九四或躍在淵作渕誤後同凡後同者不重出

進退无恒作恒誤案恒字从心从亘亘居鄧反延亘

之亘直也長也从二从月月扁旁舟字恒胡登反

通志堂

六经正误六卷

（宋）毛居正撰　清康熙通志堂刻本　二册　宁夏大学图书馆藏

半叶十行二十字，小字双行不等，白口，单黑鱼尾，左右双边，版框 19.7 厘米 × 15.0 厘米，开本 27.2 厘米 × 17.7 厘米。

毛居正（生卒年不详），字义甫，一作谊父，号柯山，浙江江山人。绍兴进士。毛居正少承家学，研习六经，撰成《六经正误》。是书校勘诸本异同，订正其传写过程中之讹谬，与张淳《仪礼识误》同为宋人校勘儒家经典的代表作。

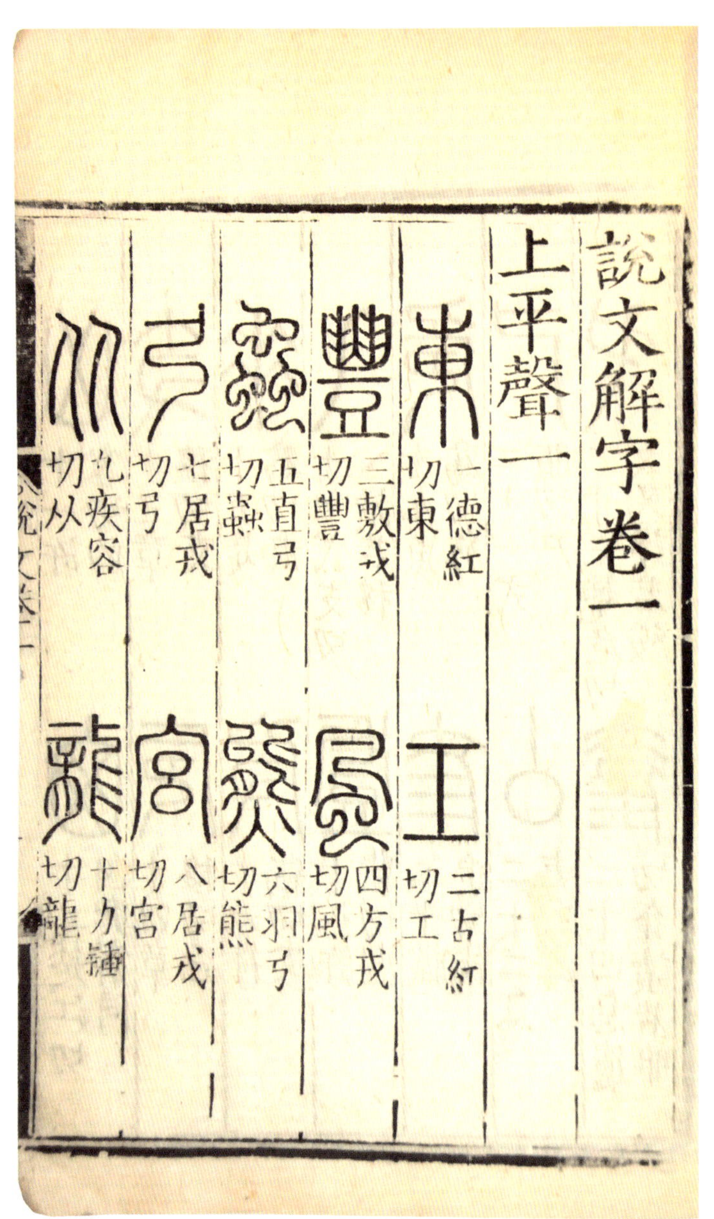
說文解字卷一
上平聲一
東 一德紅切東　工 二古紅切工
豐 三敷戎切豐　風 四方戎切風
𩙯 五直弓切𩙯　熊 六羽弓切熊
弓 七居戎切弓　宮 八居戎切宮
从 九疾容切从　龍 十力鍾切龍

说文解字十二卷

（汉）许慎撰　（宋）李焘编　明万历二十六年（1598）陈大科刻本　六册　宁夏回族自治区图书馆藏

半叶七行十四字，小字双行二十字，黑口，双对黑鱼尾，四周双边，版框 24.5 厘米 ×17.6 厘米，开本 30.0 厘米 ×20.5 厘米。

许慎（约 58—约 147），字叔重，汝南召陵（今河南漯河）人。李焘（1115—1184），字仁甫，号巽岩，眉州丹棱（今属四川）人。绍兴进士。《说文解字》是我国第一部系统分析汉字字形和考究字源的字书，首次对“六书”做出了具体的解释。原文以小篆书写，共分 540 个部首，收字 9353 个。此书沿用李焘所编《说文解字五音韵谱》，陈大科误以为许慎《说文》原本，故削去“五音韵谱”四字。

说文解字十五卷

（汉）许慎撰　（宋）徐铉等校定　清初毛氏汲古阁刻本　八册　宁夏回族自治区图书馆藏

半叶七行字数不等，小字双行不等，白口，单黑鱼尾，左右双边，版框 20.2 厘米 ×15.8 厘米，开本 29.1 厘米 ×17.7 厘米。

许慎简介见《说文解字十二卷》提要。徐铉（917—992），字鼎臣，广陵（今江苏扬州）人。毛氏汲古阁本恢复了《说文》旧第，始一终亥。

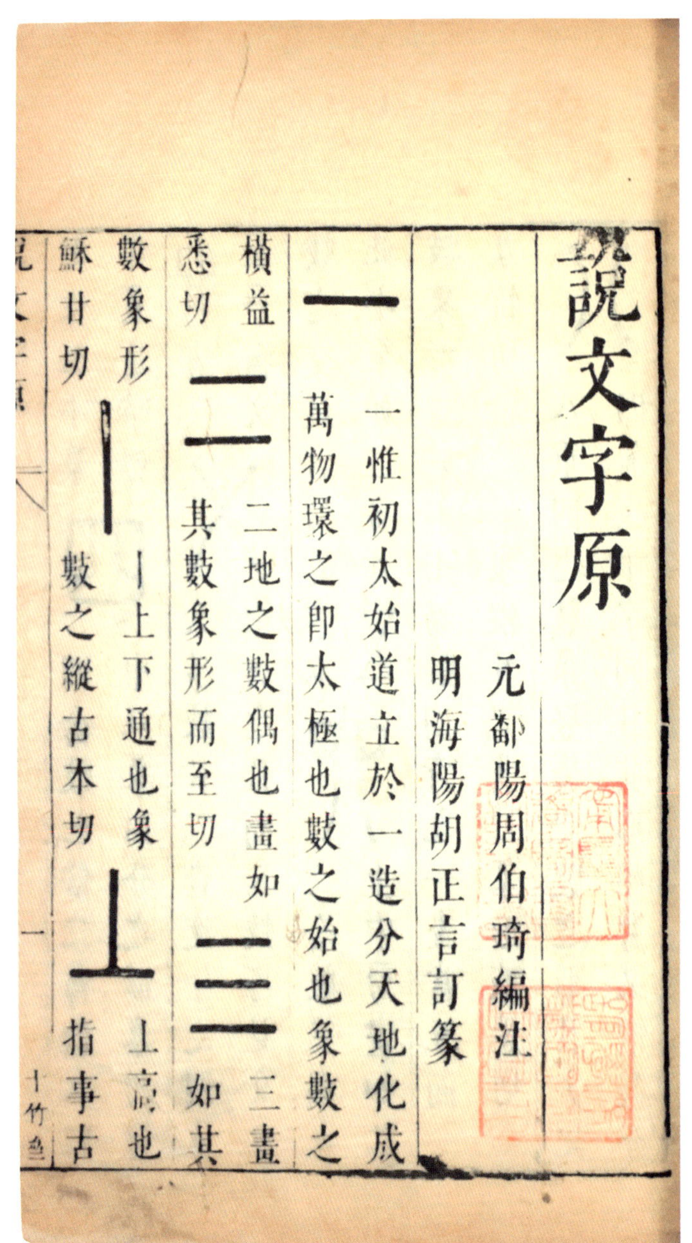
說文字原
元鄱陽周伯琦編注
明海陽胡正言訂篆
一　一惟初太始道立於一造分天地化成萬物環之即太極也數之始也象數之横益悉切
二　二地之數偶也畫如其數象形而至切
三　三畫如其數象形穌甘切
丨　丨上下通也象數之縱古本切
丄　丄高也指事古
說文字原　一　十竹齋

说文字原一卷六书正讹五卷

（元）周伯琦撰　（明）胡正言订篆　明崇祯七年（1634）胡正言十竹斋刻本　六册　宁夏大学图书馆藏

半叶五行十二字，小字双行十八字，白口，单白鱼尾，四周单边，版框 20.0 厘米 ×14.2 厘米，开本 26.0 厘米 ×16.7 厘米。

周伯琦（1298—1369），字伯温，号玉雪坡真逸，饶州鄱阳（今属江西）人。胡正言（生卒年不详），字曰从，室名十竹斋，安徽休宁人。《说文字原》为专研《说文解字》部首之作，共分 12 章，流传颇广。《六书正讹》共收 2000 余字，均为“字书之常用而疑似者”，“以刊传写之谬”。

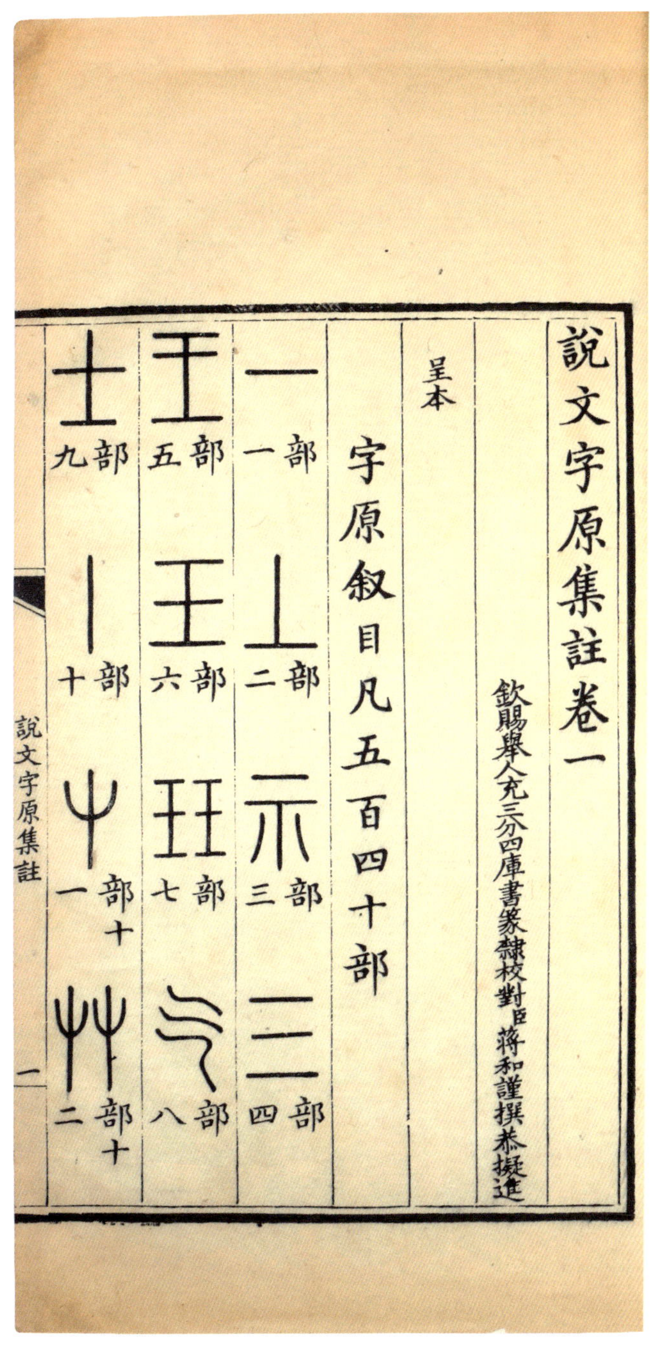

說文字原集註卷一

欽賜舉人充三分四庫書篆隸校對臣蔣和謹撰恭擬進

呈本

字原叙目凡五百四十部

一 部一　丄 部二　示 部三　三 部四

王 部五　玉 部六　玨 部七　气 部八

士 部九　丨 部十　屮 部十一　艸 部十二

說文字原集註　一

说文字原集注十六卷表一卷表说一卷

（清）蒋和撰　清乾隆五十三年（1788）刻本　八册　宁夏大学图书馆藏

半叶七行字数不等，白口，单黑鱼尾，四周双边，版框 19.8 厘米 ×13.8 厘米，开本 28.6 厘米 ×17.9 厘米。

蒋和（生卒年不详），号醉峰，自称江南小拙，江苏金坛人。是书凡十六卷，卷一为 540 部叙目，后十五卷按《说文解字》部序汇辑各家对《说文解字》部首的释义，后附《说文字原表》及《表说》各一卷。馆藏是书钤有“江南小蒋”“拙老人孙”等印。

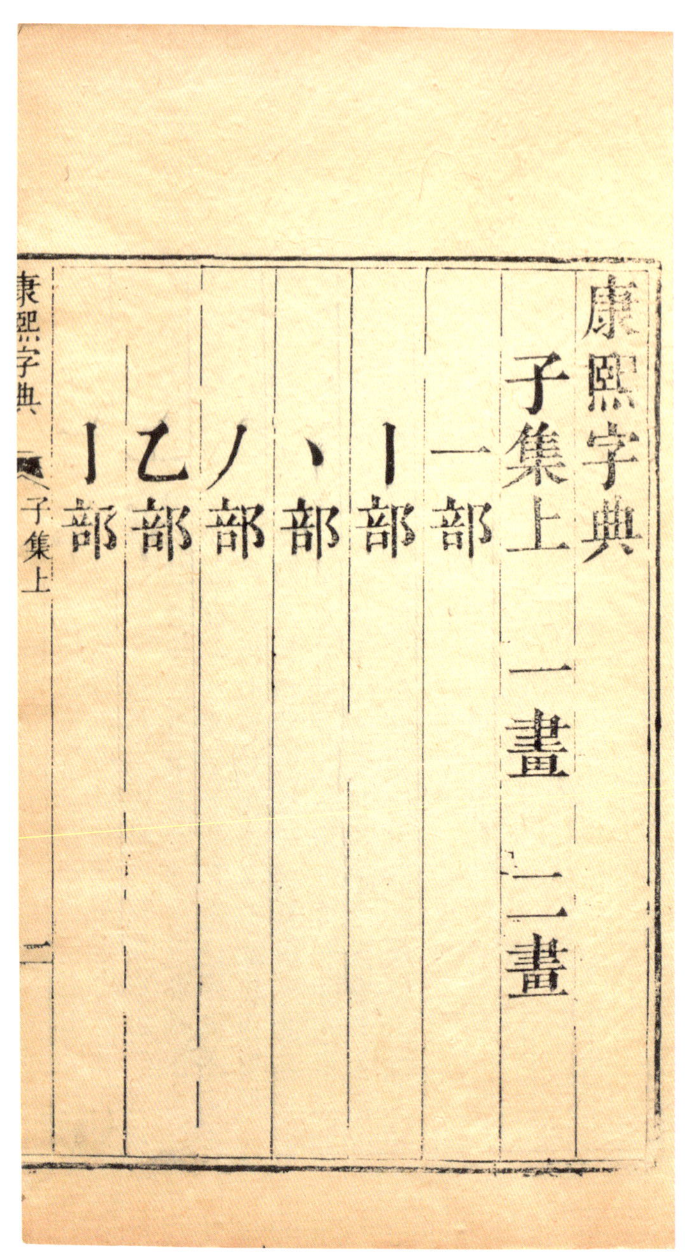
康熙字典
子集上　一畫　二畫
一部
丨部
丶部
丿部
乙部
亅部
康熙字典　子集上　一

康熙字典十二集三十六卷凡例一卷总目一卷检字一卷辨似一卷等韵一卷补遗一卷备考一卷

（清）张玉书等纂　清康熙五十五年（1716）刻本　四十册　宁夏回族自治区图书馆藏

半叶八行十二字，小字双行二十四字，白口，单黑鱼尾，四周双边，版框 19.2 厘米×14.0 厘米，开本 25.8 厘米×16.6 厘米。

张玉书（1642—1711），字素存，号润甫，江南丹徒（今江苏镇江）人。顺治进士。是书为张玉书、陈廷敬等多位学者历时六年编纂而成，分为十二集，以十二地支标识，每集又分为上、中、下三卷，共收录汉字 47035 个。《康熙字典》是我国第一部以“字典”命名的字书。

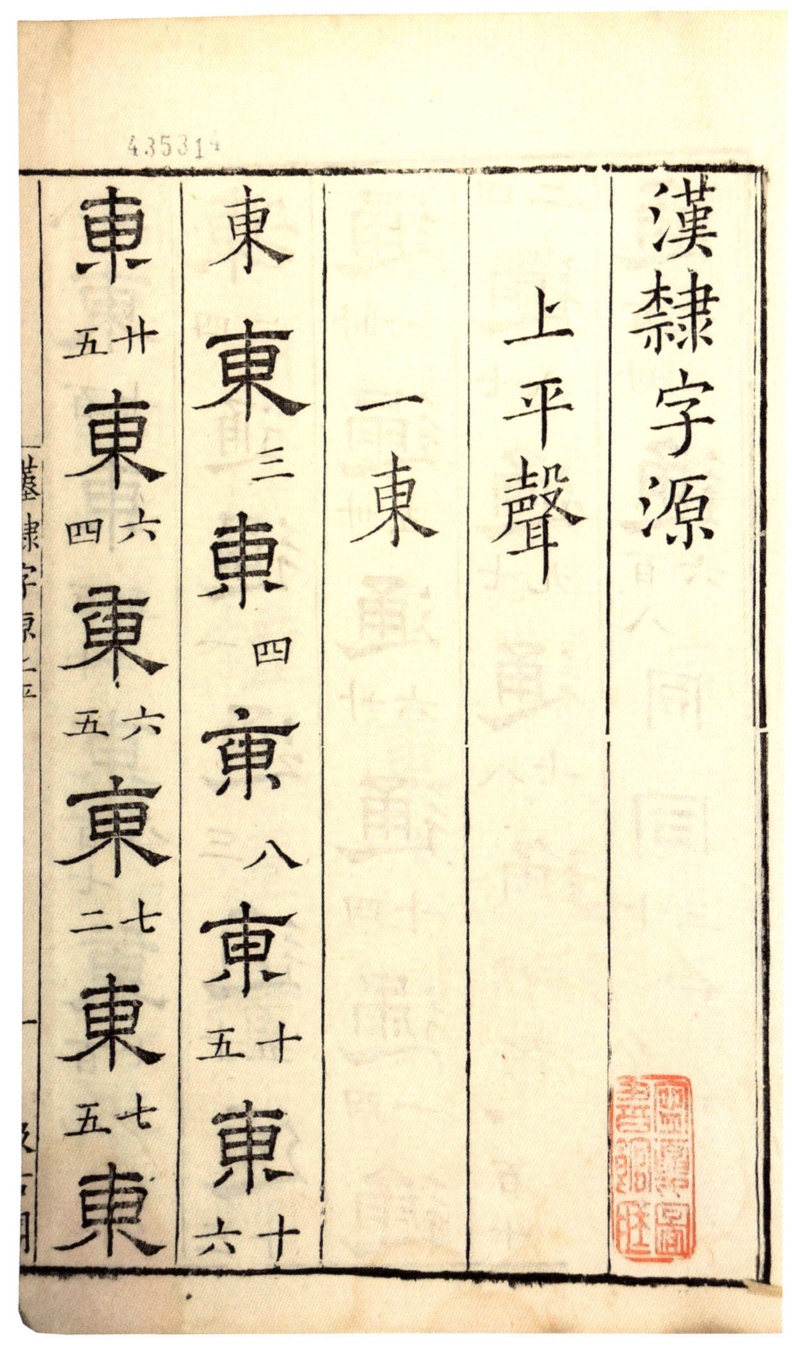

汉隶字源五卷碑目一卷附字一卷

（宋）娄机撰　明末毛氏汲古阁刻本　六册　宁夏回族自治区图书馆藏

半叶五行字数不等，小字双行十七字，白口，无鱼尾，左右双边，版框23.9厘米×16.8厘米，开本28.6厘米×18.6厘米。

娄机（1133—1211），字彦发，嘉兴（今属浙江）人。乾道进士。《汉隶字源》中的文字以206韵编排，每字以楷书标目，隶书排比其下，列明出处，间做字形考辨，以考释汉隶字体之源。南宋洪迈在序中评论此书曰：“其考赜甚精，其立说甚当，其沾丐后学甚笃。”

以史为鉴 本固民安

以史为鉴
本固民安

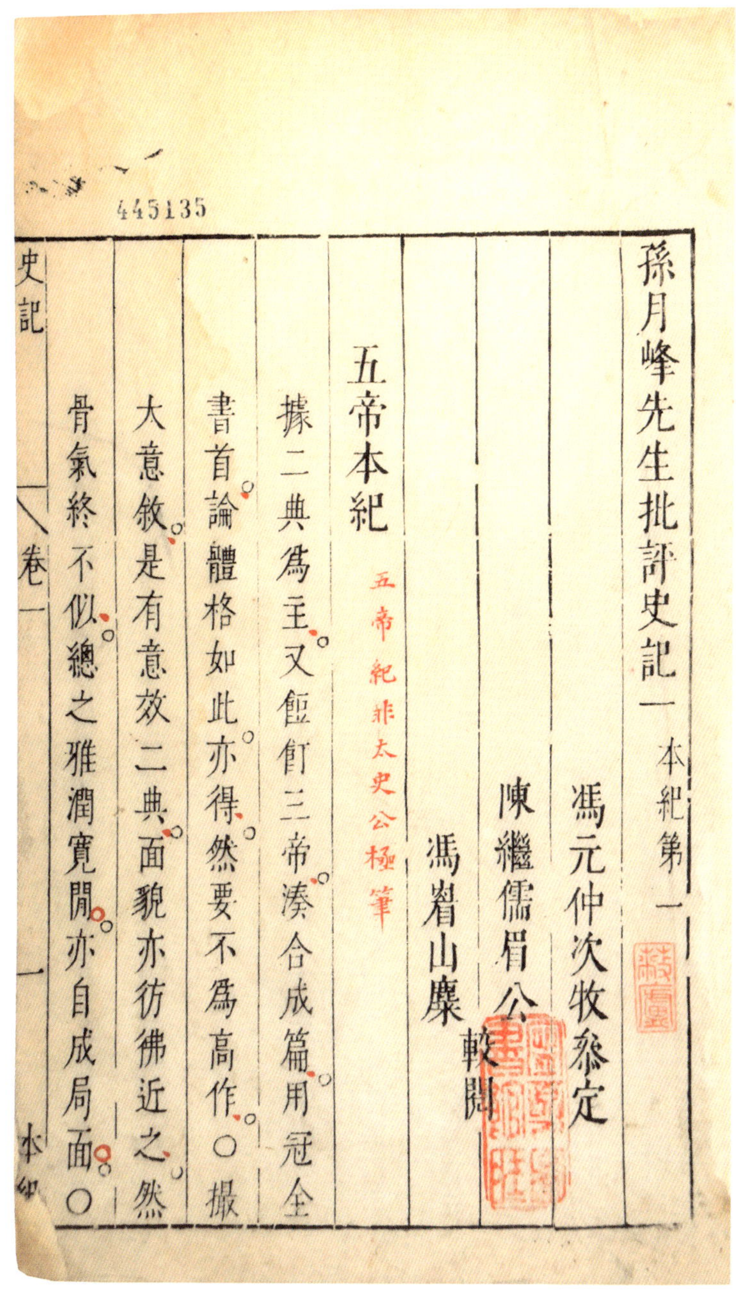

孙月峰先生批评史记一百三十七卷褚先生附余一卷

（明）孙鑛评　（明）冯元仲参定　明崇祯九年（1636）刻本　二十册　宁夏回族自治区图书馆藏

半叶九行二十字，白口，单白鱼尾，四周单边，版框 20.3 厘米 ×14.4 厘米，开本 26.1 厘米 ×16.7 厘米。

孙鑛（1542—1613），字文融，号月峰，浙江余姚人。万历进士。冯元仲（1579—1660），字次牧，浙江慈溪人。是书按《史记》的篇序排列，逐篇点评，内容涉及风格特征、主旨、史料来源辨析等。馆藏是书钤有“蔽庐”“元”等印，并有朱笔圈点及批校多处。

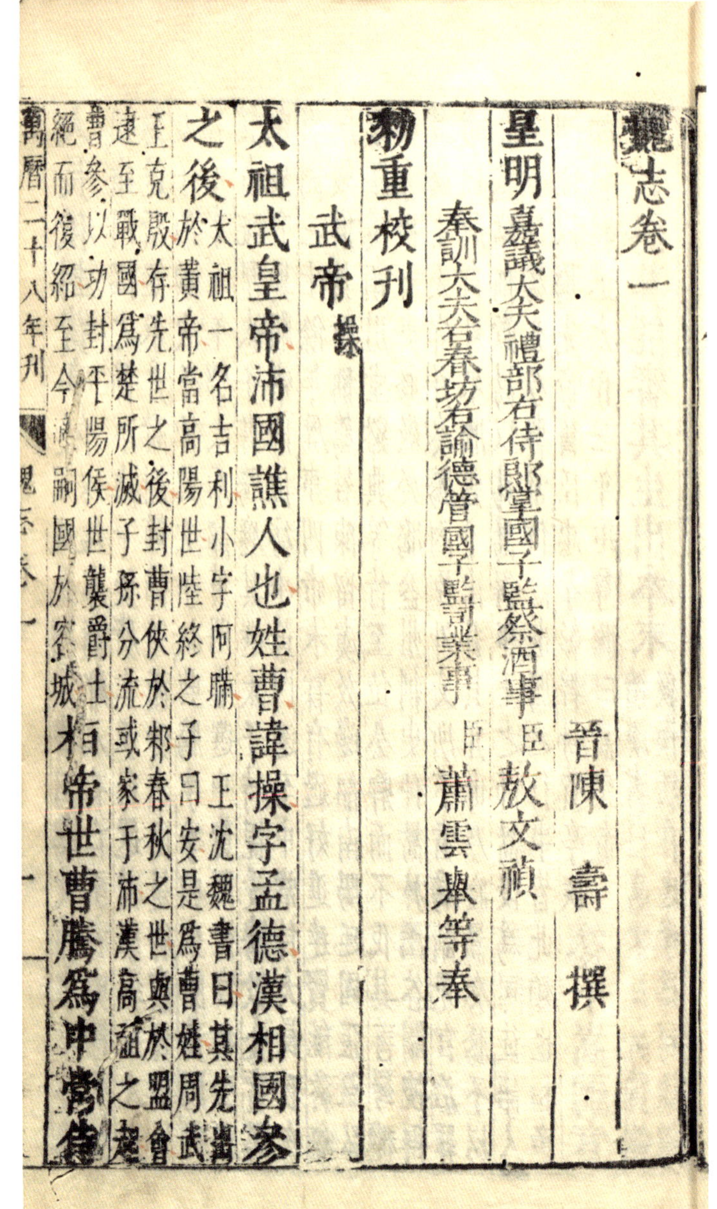

魏志卷一

晉　陳壽　撰

皇明嘉議大夫禮部右侍郎掌國子監祭酒事臣敖文禎

奉訓大夫右春坊右諭德管國子監司業事臣蕭雲舉等奉

敕重校刊

武帝操

太祖武皇帝沛國譙人也姓曹諱操字孟德漢相國參之後太祖一名吉利小字阿瞞王沈魏書曰其先出於黃帝當高陽世陸終之子曰安是爲曹姓周武王克殷存先世之後封曹俠於邾春秋之世與於盟會逮至戰國爲楚所滅子孫分流或家于沛漢高祖之起曹參以功封平陽侯世襲爵土絕而復紹至今適嗣國於容城桓帝世曹騰爲中常侍

萬曆二十八年刊　魏志卷一　一

三国志六十五卷

（晋）陈寿撰　（南朝宋）裴松之注　明万历二十八年（1600）北京国子监刻本　十六册　缺卷九至十二　宁夏回族自治区图书馆藏

半叶十行二十一字，小字双行同，白口，单黑鱼尾，左右双边，版框 21.6 厘米 ×15.4 厘米，开本 25.7 厘米 ×17.2 厘米。

陈寿（233—297），字承祚，巴西安汉（今四川南充）人。裴松之（372—451），字世期，河东闻喜（今属山西）人。是书凡六十五卷，其中《魏书》三十卷、《蜀书》十五卷、《吴书》二十卷。详细记载了从魏文帝黄初元年到晋武帝太康元年（220—280）的历史，是一部记录魏、蜀、吴三国兴亡过程的纪传体国别史书。此为北监本二十一史之一种。

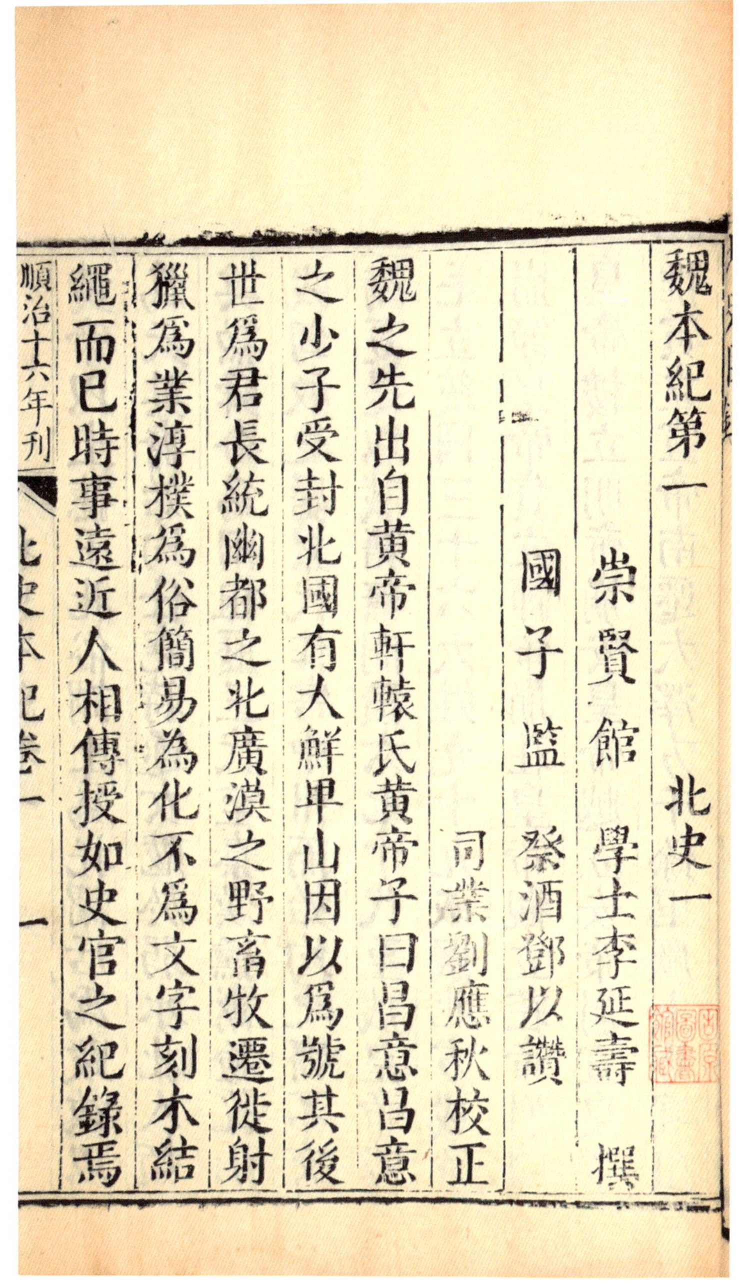
魏本紀第一　北史一

崇賢館　學士李延壽　撰

國子監　祭酒鄧以讚

司業劉應秋校正

魏之先出自黃帝軒轅氏黃帝子曰昌意昌意之少子受封北國有大鮮卑山因以爲號其後世爲君長統幽都之北廣漠之野畜牧遷徙射獵爲業淳樸爲俗簡易爲化不爲文字刻木結繩而已時事遠近人相傳授如史官之紀錄焉

順治十六年刊　北史本紀卷一　一

北史一百卷

（唐）李延寿撰　明万历十九年至二十一年（1591—1593）南京国子监刻明清递修本　二十册　缺卷三十二至六十五　宁夏回族自治区固原市原州区图书馆藏

半叶九行十八字，白口，单黑鱼尾，四周双边，版框 20.4 厘米 ×14.9 厘米，开本 25.7 厘米 ×16.2 厘米。

李延寿（生卒年不详），字遐龄，祖籍陇西（今甘肃临洮），世居相州（今河南安阳）。是书包含魏本纪五卷、齐本纪三卷、周本纪二卷、隋本纪二卷、列传八十八卷，共一百卷，记述北朝的北魏、西魏、东魏、北周、北齐及隋 233 年间史实。此为南监本二十一史之一种。

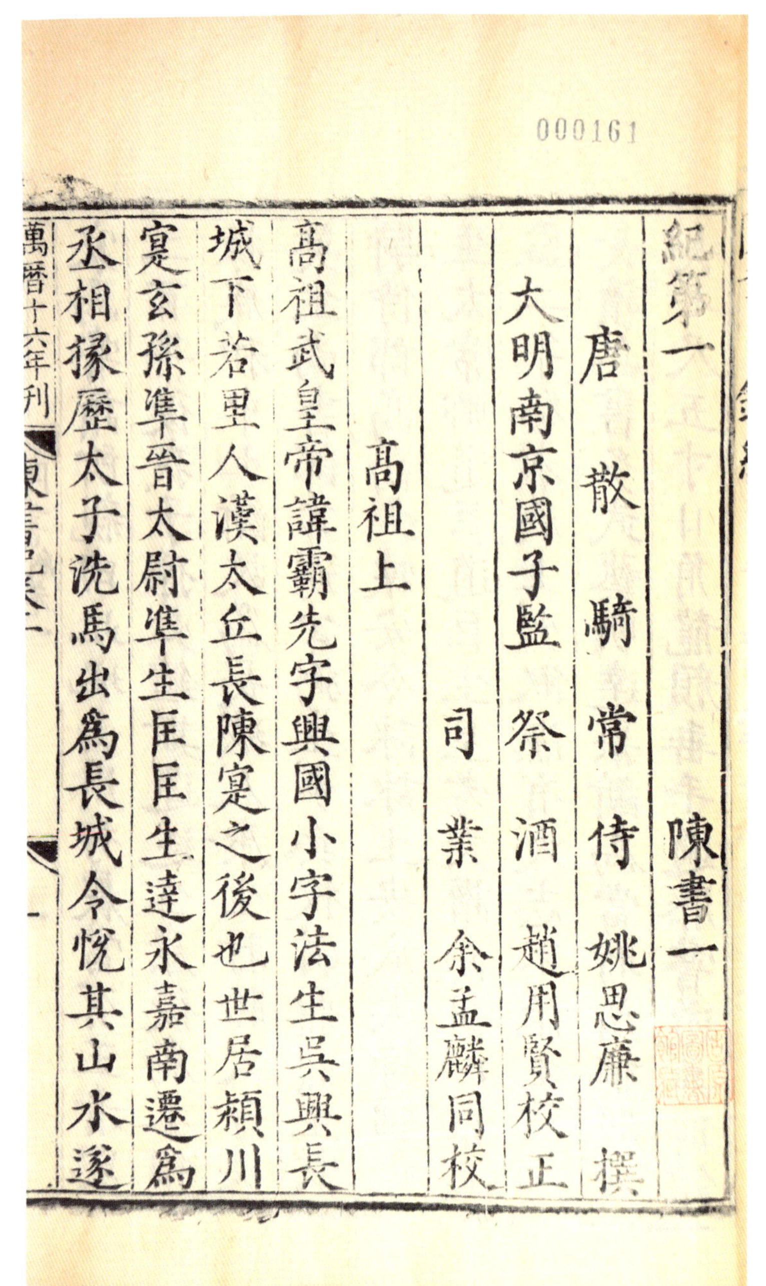
000161

紀第一　陳書一

唐　散騎常侍　姚思廉　撰

大明南京國子監　祭酒　趙用賢校正

司業　余孟麟同校

高祖上

高祖武皇帝諱霸先字興國小字法生吳興長城下若里人漢太丘長陳寔之後也世居頴川寔玄孫準晉太尉準生匡匡生達永嘉南遷為丞相掾歷太子洗馬出為長城令悅其山水遂

萬曆十六年刊　陳書卷一

陈书三十六卷

（唐）姚思廉撰　明万历十六年（1588）南京国子监刻明清递修本　四册　宁夏回族自治区固原市原州区图书馆藏

半叶九行十八字，白口，双顺黑鱼尾，四周双边，版框 20.3 厘米×14.9 厘米，开本 25.8 厘米×16.2 厘米。

姚思廉（557—637），名简，以字行，吴兴（今浙江湖州）人，迁居雍州万年（今陕西西安）。是书凡三十六卷，其中本纪六卷、列传三十卷。记载自陈武帝陈霸先即位至陈后主陈叔宝亡国前后 33 年间史实。此为南监本二十一史之一种。

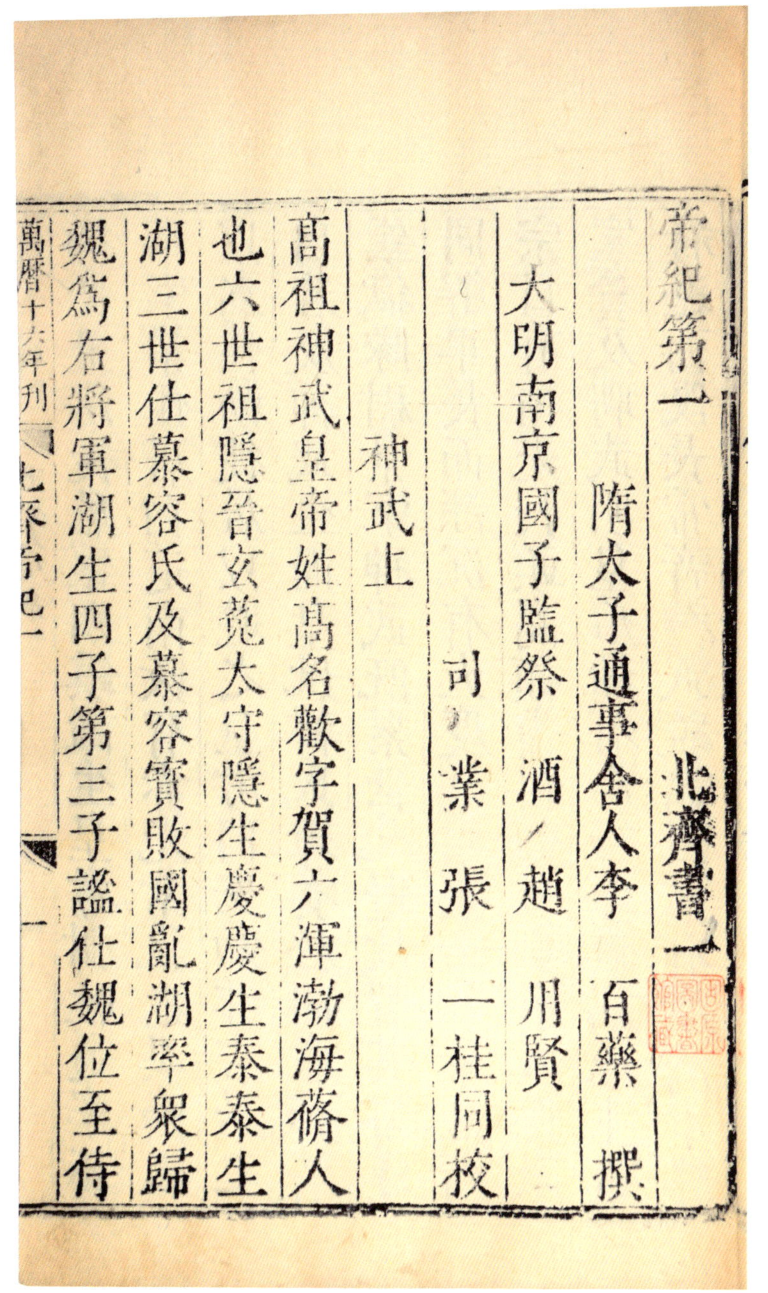

帝紀第一　北齊書一

隋太子通事舍人李百藥撰

大明南京國子監祭酒趙用賢

司業張一桂同校

神武上

高祖神武皇帝姓高名歡字賀六渾渤海蓨人也六世祖隱晉玄菟太守隱生慶慶生泰泰生湖三世仕慕容氏及慕容寶敗國亂湖率衆歸魏爲右將軍湖生四子第三子謐仕魏位至侍

萬曆十六年刊　北齊帝紀一　一

北齐书五十卷

（唐）李百药撰　明万历十六年（1588）南京国子监刻明清递修本　八册　宁夏回族自治区固原市原州区图书馆藏

半叶九行十八字，白口，双顺黑鱼尾，四周双边，版框 20.6 厘米×15.0 厘米，开本 25.7 厘米×16.4 厘米。

李百药（565—648），字重规，定州安平（今属河北）人。是书凡五十卷，其中帝纪八卷、列传四十二卷。记载上起北魏分裂前十年左右，下迄北齐亡国，前后 50 余年史实，而以记述北齐历史为主。此为南监本二十一史之一种。

元史類編卷之一

世紀一　仁和邵遠平戒山學　南沙席世臣郢客氏校刊

太祖皇帝諱鐵木真姓奇渥溫氏蒙古部人其先世有曰脫奔咩哩犍妻曰阿蘭果火夜寢帳中夢白光自天而下化金色神人趨臥榻遂驚覺有娠生子曰孛端叉兒（大方通鑑云阿蘭夜寢腹有光明照其腹一乳三子長曰孛完合答吉次曰孛合撒赤孛端叉兒其季也）狀貌奇異沉默寡言家人謂之癡阿蘭獨曰此兒非癡後世子孫當有大貴者歷四世曰海都家爲押剌伊兒部所破止海都存其季父納真率八剌忽怯谷諸民共立爲君長海都既立轉攻押剌伊兒部役屬之形勢寖大列營帳于八剌合黑河上跨河爲梁以便往來由是隣部歸者漸衆其後子孫蕃衍各自爲族曰哈答吉曰散只兒曰吉狎又謂之札即剌氏彼此不相統屬傳五世

元史類編　卷一世紀一　一　掃葉山房

元史类编四十二卷

（清）邵远平撰　清乾隆六十年（1795）南沙席氏扫叶山房刻本　十二册　宁夏回族自治区图书馆藏

半叶十二行二十五字，小字双行三十七字，白口，单黑鱼尾，左右双边，版框 21.4 厘米×15.1 厘米，开本 28.3 厘米×17.5 厘米。

邵远平（生卒年不详），初名吴远，字吕璜，仁和（今浙江杭州）人。康熙进士。《元史类编》又名《续弘简录》，是书体例类似于纪传体，与《通志》相近，仅有纪、传而无表、志。书中仿《唐六典》与《通典》格式，采用夹行小注，或补缺略，或辨异同。全书以《元史》为基础加以改写，还利用了《元典章》及其他史料，对《元史》作了一些补充和考订。馆藏是书钤有“黄有泽藏书”“花国文章”等印。

明史稾　本紀第一

光祿大夫　經筵講官明史總裁戸部尚書加七級臣王鴻緒奉

敕編撰

太祖一

太祖開天行道肇紀立極大聖至神仁文義武俊德成功高
皇帝諱元璋字國瑞姓朱氏濠州鍾離人先世家沛後徙句
容里名朱巷高祖伯六是爲德祖曾祖四九是爲懿祖祖初
一是爲熙祖父世珍是爲仁祖宋季熙祖始徙居泗州元時
仁祖再徙鍾離之東鄉母淳皇后陳氏生四子太祖其季也
前一夕后夢神饋白藥一丸置掌中有光吞之寤猶聞香氣
及產紅光滿室自是夜數有光鄰里望見驚以爲火輒奔救

橫雲山人集　史稾　一　敬慎堂

明史稿三百十卷目录三卷

（清）王鸿绪等纂　清敬慎堂刻本　八十册　宁夏回族自治区图书馆藏

半叶十一行二十三字，小字双行同，白口，单黑鱼尾，左右双边，版框19.9厘米×14.6厘米，开本28.0厘米×17.5厘米。

王鸿绪（1645—1723），字季友，号俨斋，又号横云山人，华亭（今上海松江）人。康熙进士。是书为记述明代历史的纪传体史书，又称《横云山人明史稿》，成书早于《明史》，凡三百十卷，包括本纪十九卷、志七十七卷、表九卷、列传二百五卷。

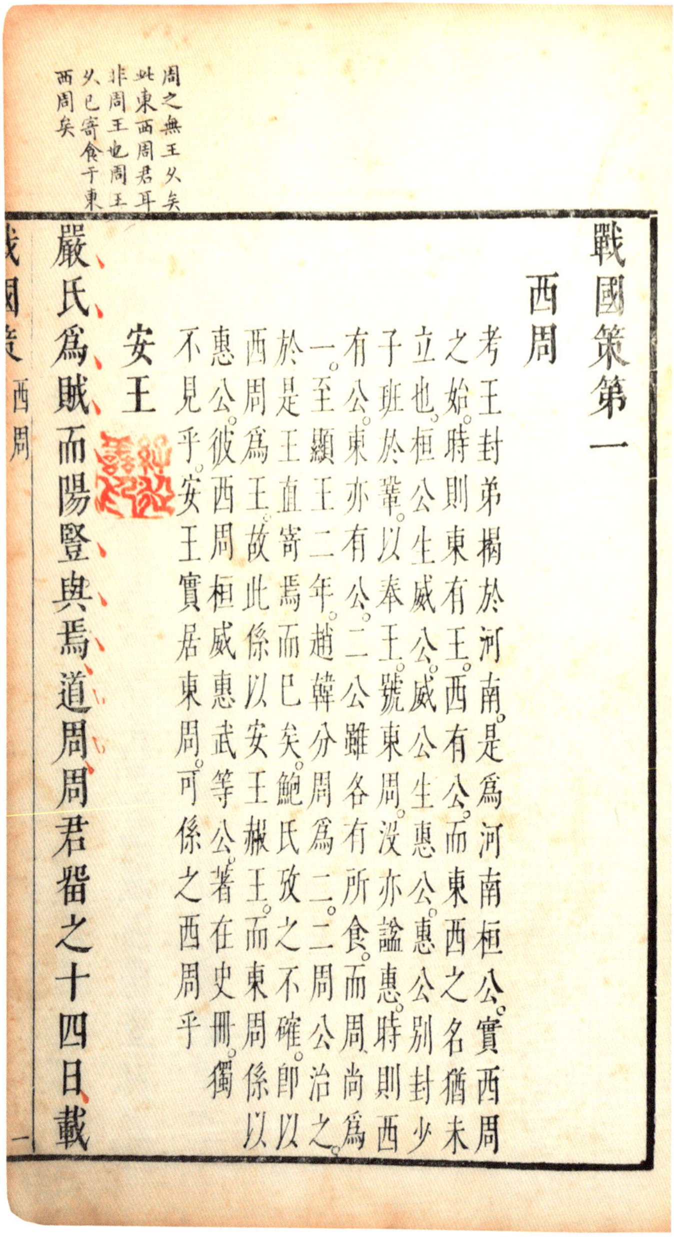

周之無王久矣此東西周君耳非周王也周王久已寄食于東西周矣

戰國策第一

西周

考王封弟揭於河南。是爲河南桓公。實西周之始。時則東有王。西有公。而東西之名猶未立也。桓公生威公。威公生惠公。惠公別封少子班於鞏。以奉王。號東周。沒亦謚惠。時則西有公。東亦有公。二公雖各有所食。而周尚爲一。至顯王二年。趙韓分周爲二。二周公治之。於是王直寄焉而已矣。鮑氏攷之不確。即以西周爲王。故此係以安王赧王。而東周係以惠公。彼西周桓威惠武等公。著在史冊。獨不見乎。安王實居東周。可係之西周乎

安王

嚴氏爲賊而陽豎與焉道周周君留之十四日載

戰國策　西周　一

战国策十二卷今本目录一卷

（汉）刘向编　（明）闵齐伋裁注　明万历四十八年（1620）闵齐伋刻三色套印本　八册　宁夏回族自治区图书馆藏

半叶九行十九字，小字双行同，白口，无鱼尾，四周单边，版框 21.1 厘米 ×15.3 厘米，开本 27.2 厘米 ×17.7 厘米。

刘向（约前 77—前 6），字子政，沛（今江苏沛县）人。闵齐伋简介见《春秋公羊传十二卷》《春秋穀梁传十二卷》提要。《战国策》记事上起战国初期，下迄秦灭六国，主要记载当时谋臣、策士游说各国或互相辩论时所提出的政治主张和斗争策略。馆藏是书钤有“闵齐伋印”“齐”“伋”“孙从善印”等印。

篇法稍具

徵甲與粟於周凡五出而不厭

仲元作中中古仲字省

謂古文從省是原不必改

攻之一本收之

楚病告楚病[illegible]得圓

與元作及

代曰何患焉代能爲君令韓不徵甲與粟於周又能爲君得高都周君大悅曰子苟能寡人請以國聽蘇代遂往見韓相國公仲曰公不聞楚計乎昭應謂楚王曰韓氏罷於兵倉廩空無以守城吾攻之以饑不過一月必拔之今圍雍氏五月不能拔是楚病也楚王始不信昭應之計矣今公乃徵甲與粟於周此告楚病也昭應聞此必勸楚王益兵守雍氏雍氏必拔公仲曰善然吾使者已行矣代曰公何不以高都與周公仲怒曰吾無徵甲與粟

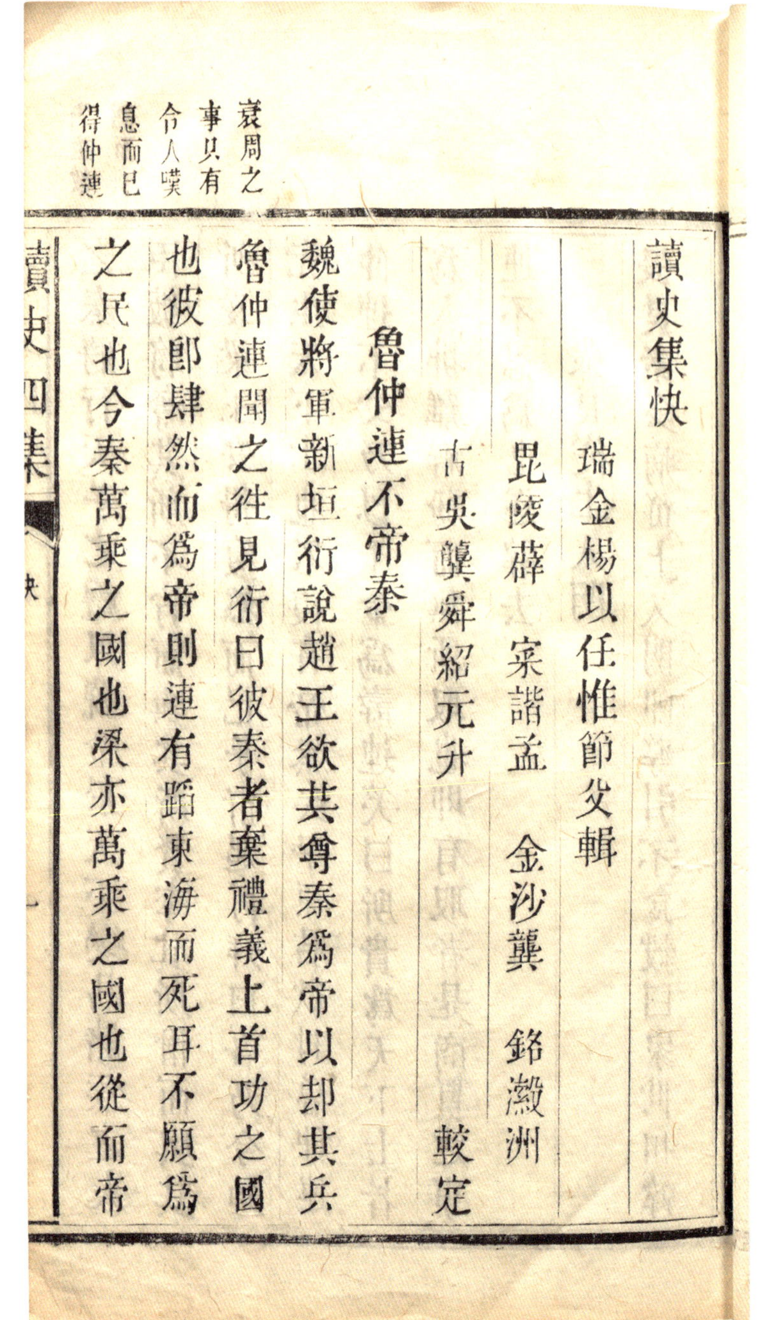

讀史集快

瑞金楊以任惟節父輯

毘陵薛寀諧孟　金沙龔　銘瀲洲

古吳龔舜紹元升　較定

魯仲連不帝秦

魏使將軍新垣衍說趙王欲共尊秦爲帝以却其兵魯仲連聞之往見衍曰彼秦者棄禮義上首功之國也彼即肆然而爲帝則連有蹈東海而死耳不願爲之民也今秦萬乘之國也梁亦萬乘之國也從而帝

衰周之事只有令人嘆息而已得仲連

讀史四集　快　一

读史四集四卷

（明）杨以任辑　清乾隆四十二年（1777）木活字印本　四册　宁夏回族自治区图书馆藏

半叶九行二十字，白口，单黑鱼尾，四周双边，版框 20.8 厘米 ×14.7 厘米，开本 24.9 厘米 ×16.2 厘米。

杨以任（1600—1634），字惟节，号澹馀，江西瑞金人。崇祯进士。是书收录了《明史》以前史书中事迹之可快、可恨、有胆、有识者，将其分为快、恨、胆、识四集，所选故事妙趣横生，便于传播和普及历史知识。

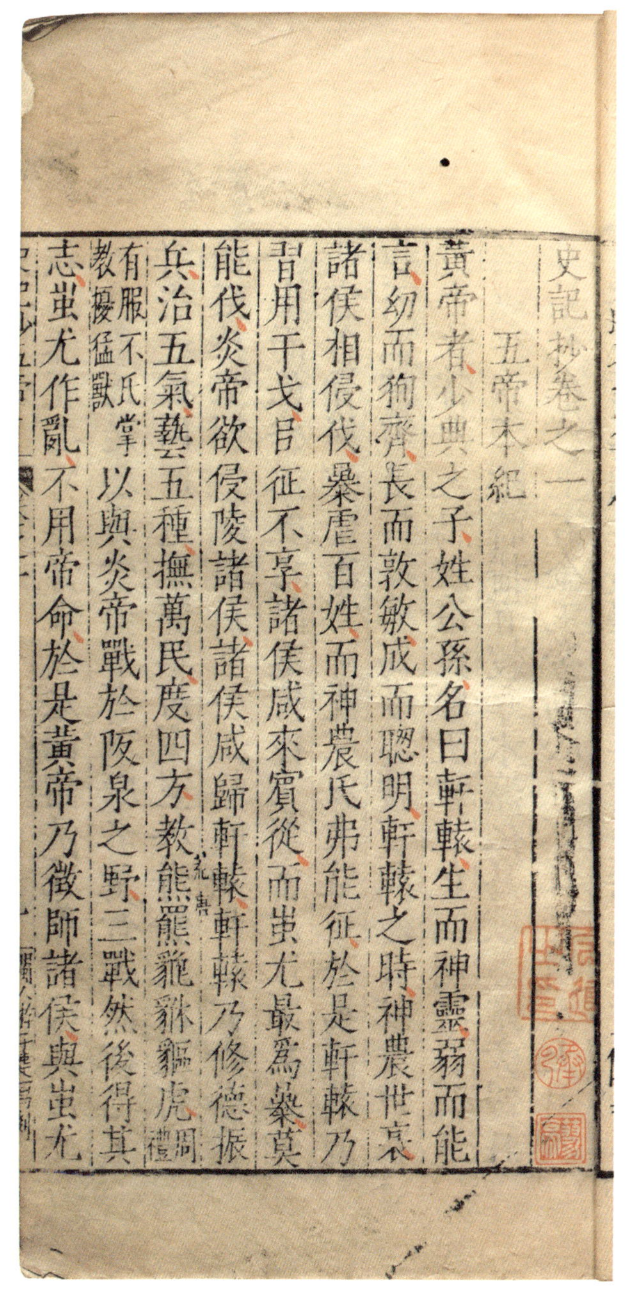
史記抄卷之一
五帝本紀
黄帝者少典之子姓公孫名曰軒轅生而神靈弱而能言幼而徇齊長而敦敏成而聰明軒轅之時神農世衰諸侯相侵伐暴虐百姓而神農氏弗能征於是軒轅乃習用干戈以征不享諸侯咸來賓從而蚩尤最爲暴莫能伐炎帝欲侵陵諸侯諸侯咸歸軒轅軒轅乃修德振兵治五氣藝五種撫萬民度四方教熊羆貔貅貙虎周禮有服不氏掌教擾猛獸以與炎帝戰於阪泉之野三戰然後得其志蚩尤作亂不用帝命於是黄帝乃徵師諸侯與蚩尤

史记抄九十一卷首一卷

（明）茅坤编　明万历三年（1575）茅坤家刻本　六册　宁夏回族自治区图书馆藏

半叶十行二十一字，小字双行同，白口，单黑鱼尾，四周单边，版框 19.9 厘米×12.6 厘米，开本 26.8 厘米×14.6 厘米。

茅坤（1512—1601），字顺甫，号鹿门，归安（今浙江湖州）人。嘉靖进士。是书正文凡九十一卷，包括本纪七卷、书八卷、表一卷、世家十六卷、列传五十八卷、太史公自叙一卷，为茅坤多年研读《史记》之思考和体悟。馆藏是书钤有“包进之印”“承云”“蓼亭”等印，并有朱墨笔圈点及批校多处。

有土德之瑞故號黃帝黃帝二十五子其得姓者十四人黃帝居軒轅之丘而娶於西陵之女是爲嫘祖嫘祖爲黃帝正妃生二子其後皆有天下其一曰玄囂是爲青陽青陽降居江水其二曰昌意昌意降居若水昌意娶蜀山氏女曰昌僕生高陽高陽有聖德焉黃帝崩葬橋山其孫昌意之子高陽立是爲帝顓頊也

太史公曰學者多稱五帝尚矣然尚書獨載堯以來而百家言黃帝其文不雅馴薦紳先生難言之孔子所傳宰予問五帝德及帝繫姓儒者或不傳余嘗西至空峒北過涿鹿東漸於海南浮江淮矣至長老皆各往往稱黃帝堯舜之處風教固殊焉總之不離古文者近是余觀春秋國語其發明五帝德帝繫姓

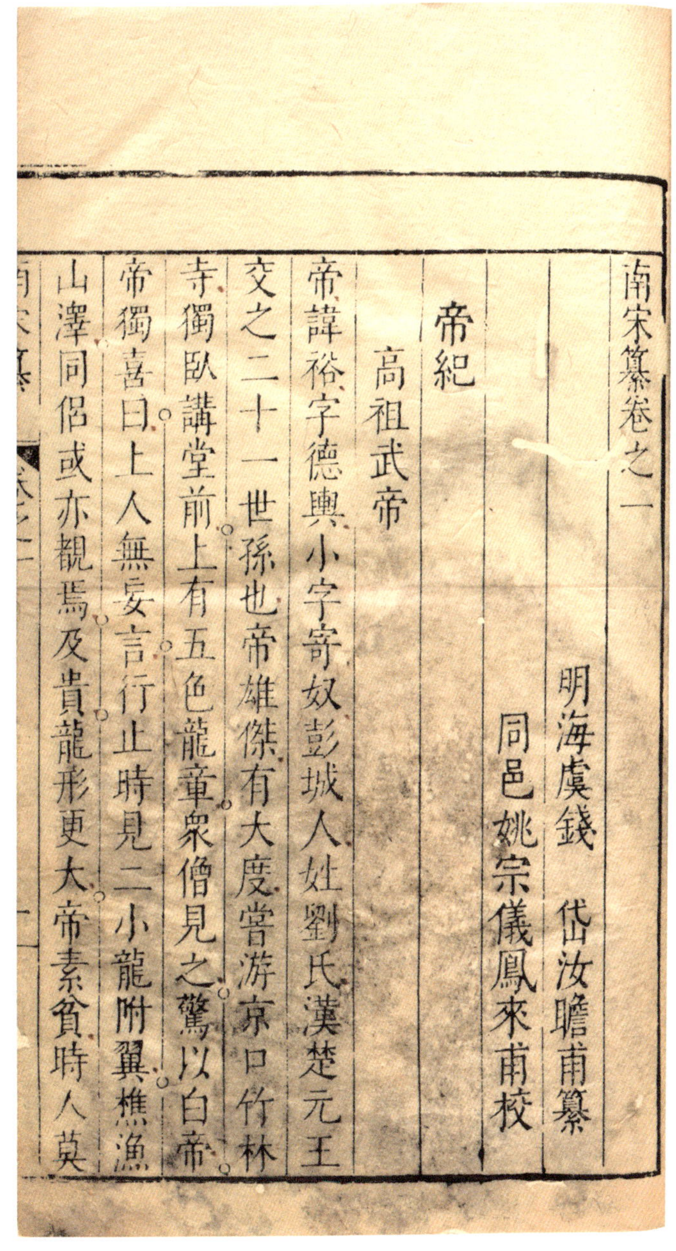
南宋纂卷之一

明海虞錢　岱汝瞻甫纂

同邑姚宗儀鳳來甫校

帝紀

高祖武帝

帝諱裕字德輿小字寄奴彭城人姓劉氏漢楚元王交之二十一世孫也帝雄傑有大度甞游京口竹林寺獨臥講堂前上有五色龍章衆僧見之驚以白帝帝獨喜曰上人無妄言行止時見二小龍附翼樵漁山澤同侶或亦覩焉及貴龍形更大帝素貧時人莫

两晋南北史合纂四十卷

（明）钱岱纂　（明）姚宗仪校　明万历刻本　二十四册　缺晋书纂卷一至十六　宁夏回族自治区图书馆藏

半叶十行二十字，白口，单黑鱼尾，四周单边，版框 21.5 厘米 ×14.4 厘米，开本 26.3 厘米 ×16.5 厘米。

钱岱（1541—1622），字汝瞻，号秀峰，江苏常熟人。隆庆进士。姚宗仪（生卒年不详），字凤来，江苏常熟人。是书凡四十卷，其中《晋书纂》十六卷、《南宋纂》四卷、《南齐纂》三卷、《南梁纂》四卷、《南陈纂》一卷、《北魏纂》五卷、《北齐纂》三卷、《北周纂》二卷、《隋纂》二卷。

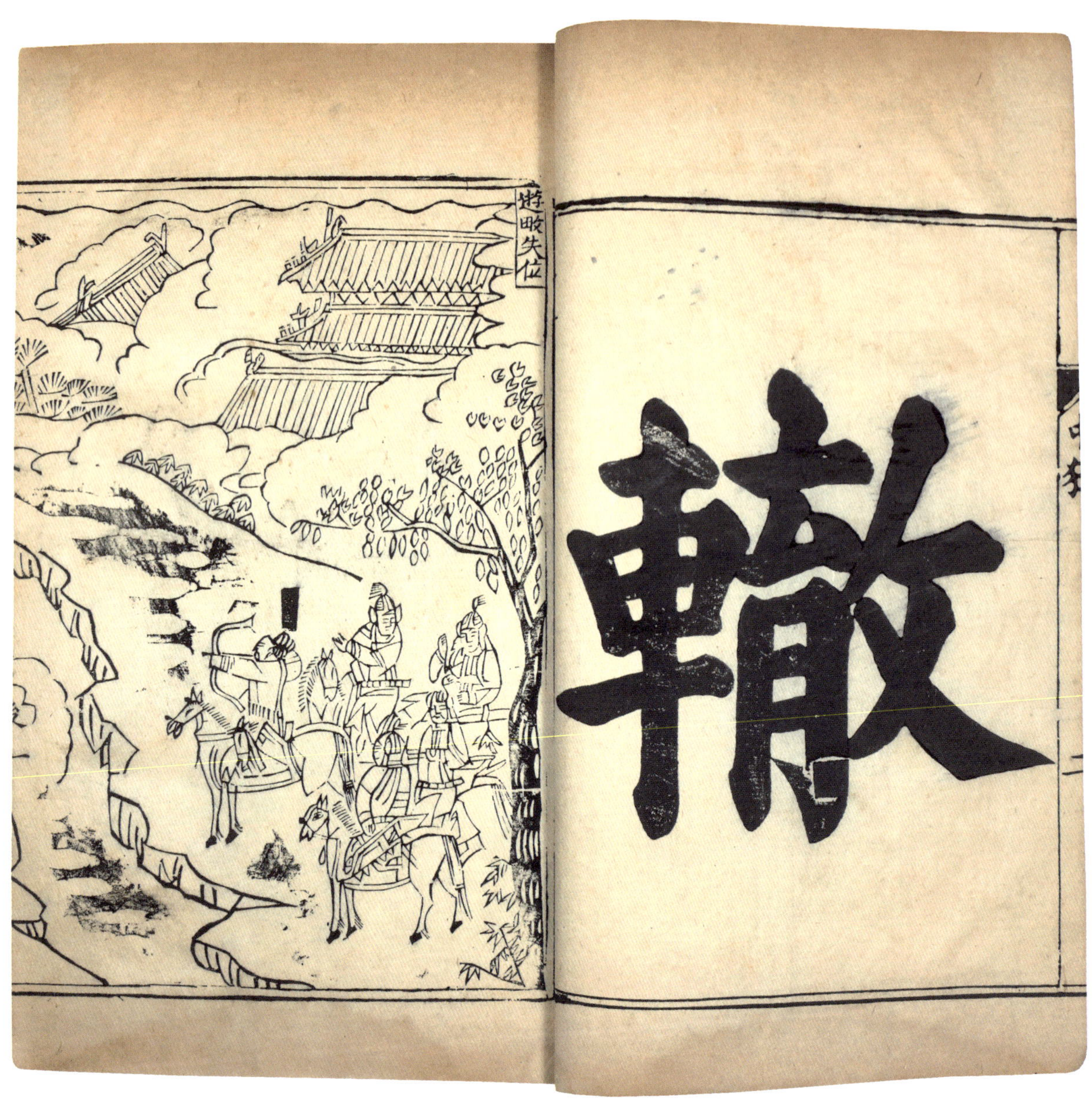

帝鉴图说不分卷

（明）张居正等撰　明万历元年（1573）金陵书坊胡氏刻本　四册　宁夏大学图书馆藏

半叶九行十九字，白口，单黑鱼尾，四周双边，版框 19.3 厘米×14.2 厘米，开本 26.0 厘米×16.3 厘米。

张居正（1525—1582），字叔大，号太岳，湖广江陵（今湖北荆州）人。嘉靖进士。是书系张居正为明神宗朱翊钧编纂的教科书，取“以古为鉴，可知兴替”之意，希望使其成为明君。采自尧舜以来，明君帝王八十一事、昏君暴主三十六事，分为“圣哲芳规”和“狂愚覆辙”上下两篇，每一事均配有插图，图文并茂，便于阅读。

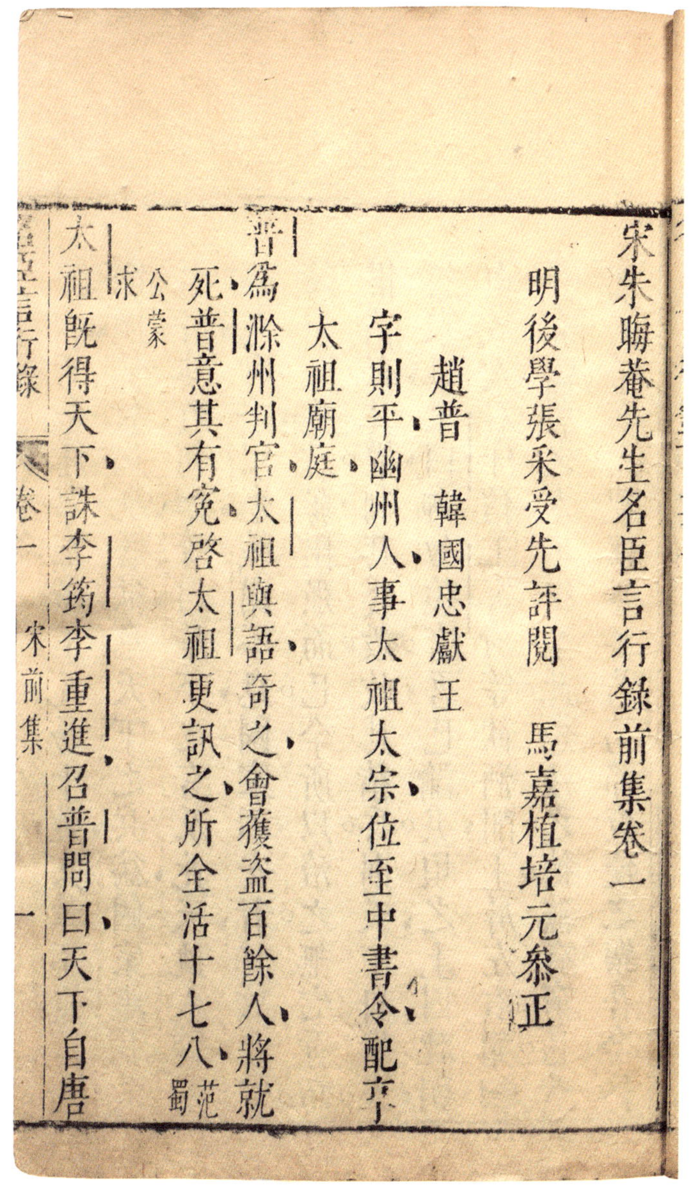

宋朱晦菴先生名臣言行錄前集卷一

明後學張采受先評閱　馬嘉植培元叅正

趙普　韓國忠獻王

字則平幽州人事太祖太宗位至中書令配享太祖廟庭

普爲滁州判官太祖與語奇之會獲盜百餘人將就死普意其有冤啓太祖更訊之所全活十七八范蜀公蒙求

太祖既得天下誅李筠李重進召普問曰天下自唐

名臣言行錄　卷一　宋前集　一

宋朱晦庵先生名臣言行录前集十卷后集十四卷续集八卷别集二十六卷外集十七卷

（宋）朱熹辑　（宋）李幼武补辑　（明）张采评点　明崇祯十一年（1638）张采刻清聚锦堂印本　二十四册　宁夏回族自治区图书馆藏

半叶十行二十字，小字双行同，白口，单黑鱼尾，左右双边，版框 20.3 厘米 ×14.9 厘米，开本 25.8 厘米 ×15.8 厘米。

朱熹简介见《论语十卷》提要。李幼武（生卒年不详），字士英，吉州庐陵（今江西吉安）人。张采（1596—1648），字受先，号南郭，江苏太仓人。崇祯进士。著者本着严谨的史学态度，将分散于各类文集及传记中宋代名臣的言行事迹，取其可信者汇集一起，编纂成此书。书中不掺杂个人意见，其目的在于整理散乱的史料，同时也可为后世为官者提供借鉴。

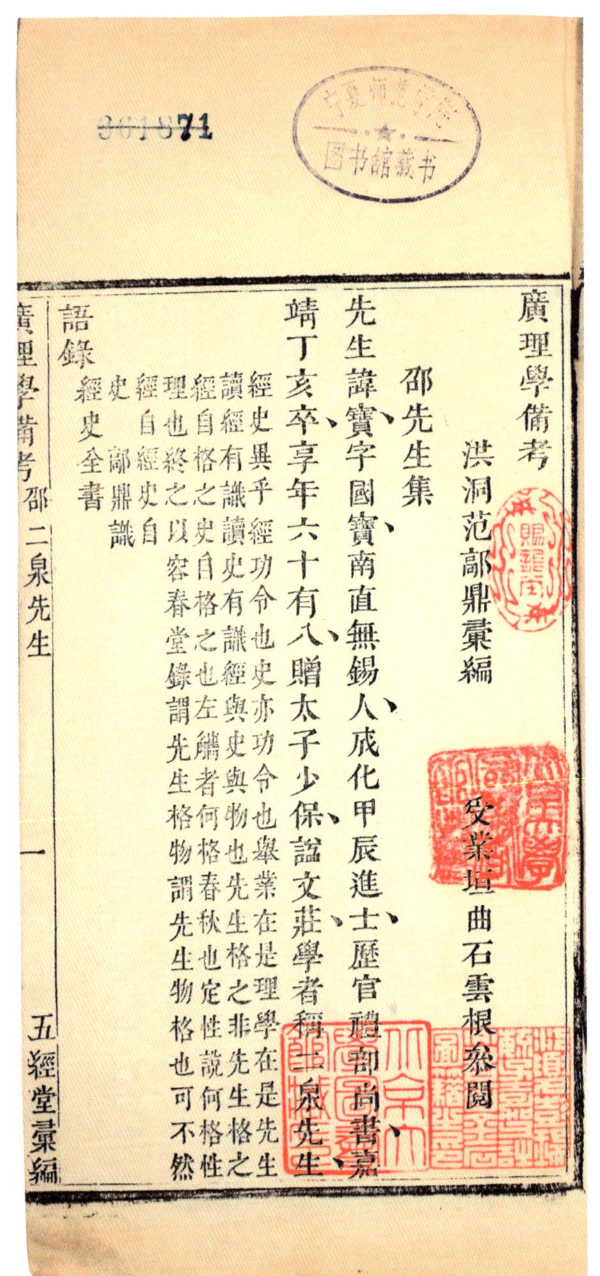

广理学备考不分卷

（清）范鄗鼎编　清康熙范氏五经堂刻本　三十二册　宁夏大学图书馆藏

半叶九行二十五字，小字双行同，白口，无鱼尾，四周双边，版框 19.0 厘米 ×11.6 厘米，开本 26.2 厘米 ×14.6 厘米。

范鄗鼎（生卒年不详），字汉铭，号彪西，山西洪洞人。康熙进士。是书著录有明一代理学诸儒凡 80 家，以薛瑄、胡居仁、王守仁、陈献章四家列于书首。著录诸家，不分派别，专辑语录、诗文、言行等。馆藏是书钤有“赐龙堂”“江夏彭瑞毓子嘉父诗文书画金石图籍之印”等印。

朱子年譜卷之一　　王懋竑纂訂

高宗建炎四年庚戌秋九月甲寅先生生

〔行狀〕先生諱熹字仲晦父朱氏爲婺源著姓以儒名家吏部公擢進士第入官尚書郎兼史事以不附和議去國文章行義爲學者師號韋齋先生吏部因仕入閩至先生始寓建之崇安五夫里今居建陽之考亭先生以建炎四年九月十五日午時生南劍尤溪之寓舍〔年譜〕先生本歙州人世居婺源之永平鄉松巖里宣和末考吏部韋齋公松字喬年爲建州政和縣尉遭父承事府君喪以貧不能歸遂葬其親於政和縣護國寺側服除調南劍尤溪縣尉去官嘗僑寓建劍二州是歲館於尤溪之鄭氏而先生生焉洪本

朱子年谱四卷考异四卷附录二卷

（清）王懋竑纂　清乾隆宝应王氏白田草堂刻本　四册　宁夏回族自治区图书馆藏

半叶八行二十字，小字双行同，白口，单黑鱼尾，左右双边，版框 17.8 厘米 ×13.4 厘米，开本 25.6 厘米 ×16.5 厘米。

王懋竑（1668—1741），字子中，号白田，江苏宝应人。康熙进士。历来为朱子编年谱的人很多，王懋竑有感于各本均不尽如人意，于是对朱熹文集、语类及著述详加考订，凡书中引证材料皆加以标明。馆藏是书钤有“焦氏藏书”等印，为清焦循旧藏，并有其亲笔题跋一则及批校多处。入选第二批《国家珍贵古籍名录》，名录号 03978。

浣高郵宗後學安國謹序

朱子之論陸氏也曰空腹高心妄自尊大乃近世之學朱子者正蹈此八字之病得以陸氏詆為朱子爭朱子之學全在讀書窮理今乃不讀書不窮理也庚申閏月望日江都焦循記

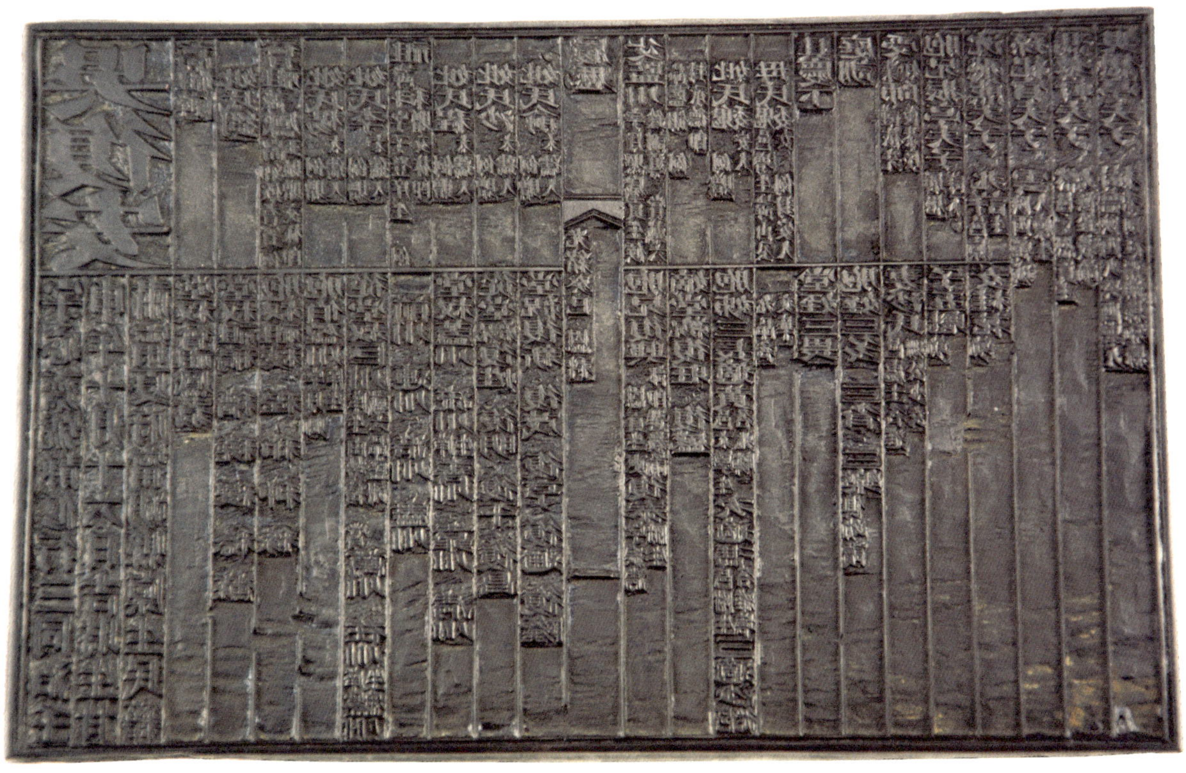

甘肃乡试朱卷雕版

（清）吴复安撰　清光绪十九年（1893）雕版　三块　宁夏回族自治区图书馆藏

行数不等字数不等，白口，单黑鱼尾，四周双边，版框 26.0 厘米×15.9 厘米。

吴复安（1872—1920），字心斋，号静安，宁朔（今宁夏青铜峡）人。馆存雕版三块，双面刻字，内容为吴复安参加光绪癸巳恩科乡试朱卷，先载其姓名履历，继载始祖以下尊属及兄弟叔侄妻室子女，附载授业师，最后刊载吴复安文两篇及考官嘉奖批语。雕版字体美观，保存完好，现今仍可以印刷。

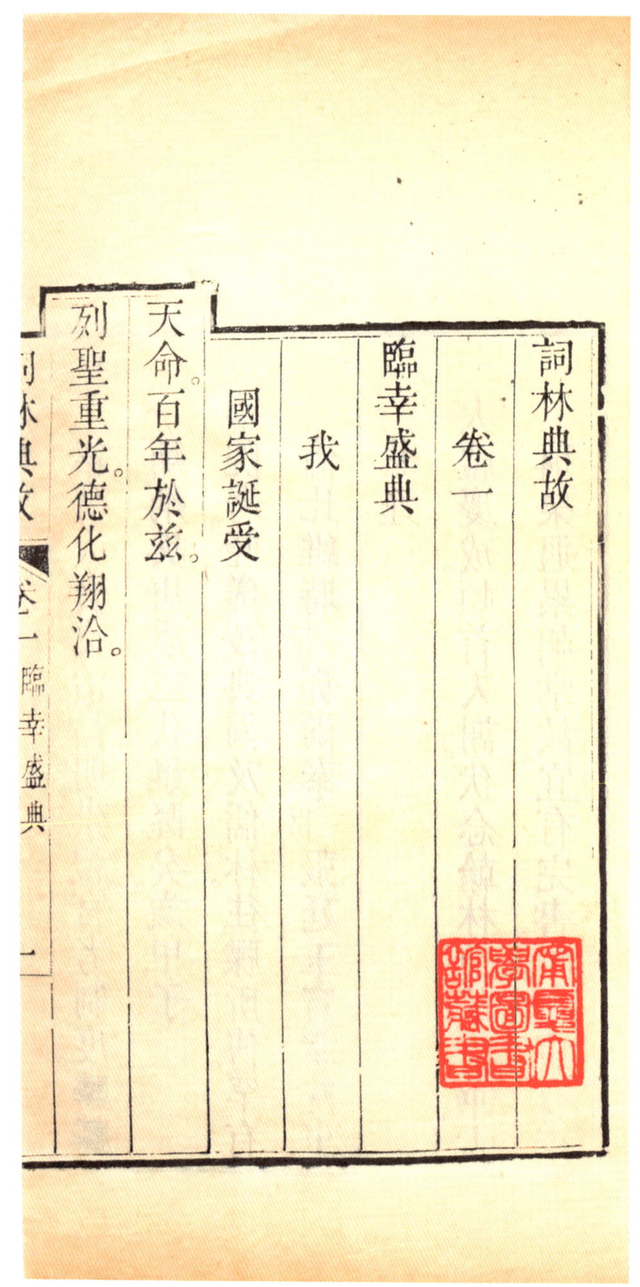
詞林典故
卷一
臨幸盛典
我
國家誕受
天命。百年於茲。
列聖重光。德化翔洽。

詞林典故　卷一　臨幸盛典　一

词林典故八卷

（清）张廷玉等纂修　清乾隆十三年（1748）武英殿刻本　八册　宁夏大学图书馆藏

半叶七行十八字，小字双行同，白口，单黑鱼尾，四周双边，版框 18.9 厘米 ×13.8 厘米，开本 28.9 厘米 ×17.8 厘米。

张廷玉（1672—1755），字衡臣，号研斋，安徽桐城人。康熙进士。清乾隆九年（1744）张廷玉等奉敕纂辑是书，乾隆十二年（1747）告成奏进，御制序文刊行。是书凡八卷，包括临幸盛典、官制、职掌、恩遇、艺文、仪式、廨署、题名，主要记述了历代翰林院建制、设官、职掌、沿革，以及相关制度。

大成通志十八卷首二卷

（清）杨庆撰　清康熙八年（1669）刻本　二十册　宁夏回族自治区图书馆藏

半叶九行二十四字，白口，无鱼尾，四周双边，版框 21.1 厘米×14.4 厘米，开本 25.1 厘米×15.6 厘米。

杨庆（生卒年不详），字有庆，一字宪伯，号潜斋，甘肃陇西人。是书前十六卷主要记载历代孔府制度，包括年表、世家、列传等，基本收录旧文，未加考订；第十七卷《理斋说要》、十八卷《理斋节要》，为杨庆讲学书稿。书内保存大量孔氏家族史料及考订成果。

幸魯盛典卷六
禮部官奏請
皇上御講筵
上由奎文閣東入承聖門步升詩禮堂
御幄升座鴻臚寺卿穆成格少卿何壟引大學士明珠
王熙吏部尚書伊桑阿禮部尚書介山工部尚書
薩穆哈內閣學士麻爾圖席爾達翰林院掌院學
士常書孫在豐內閣侍讀學士徐廷壟翰林院侍
講學士朱瑪泰高士奇都察院左副都御史孫果
國子監祭酒阿禮瑚太僕寺少卿楊舒光祿寺少

幸魯盛典　卷六　一

幸鲁盛典四十卷

（清）孔毓圻等纂修　清康熙二十八年（1689）内府刻本　二十册　宁夏回族自治区图书馆藏

半叶十行二十一字，白口，单黑鱼尾，四周双边，版框 20.0 厘米×14.1 厘米，开本 29.8 厘米×18.9 厘米。

孔毓圻（1657—1723），字钟在，号兰堂，山东曲阜人，孔子六十七代孙。是书记载了康熙二十三年（1684）清圣祖玄烨亲到曲阜祭祀孔子、礼遇孔家的事件以及诗文。包括事迹二十卷，专记来鲁游历的路线及祭孔盛典；艺文二十卷，专记御制诗文及侍臣等人的诗文。

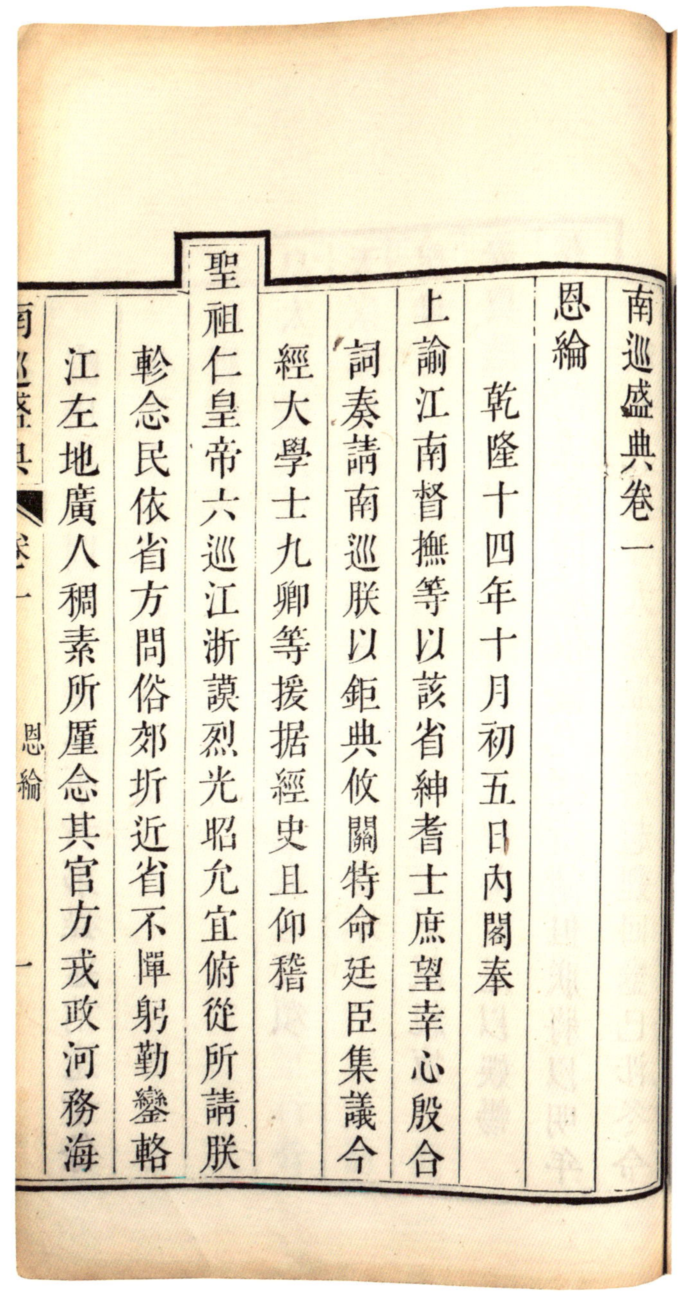
南巡盛典卷一

恩綸

乾隆十四年十月初五日內閣奉

上諭江南督撫等以該省紳耆士庶望幸心殷合詞奏請南巡朕以鉅典攸關特命廷臣集議今經大學士九卿等援据經史且仰稽

聖祖仁皇帝六巡江浙謨烈光昭允宜俯從所請朕軫念民依省方問俗郊圻近省不憚躬勤鑾輅江左地廣人稠素所厪念其官方戎政河務海

南巡盛典　卷一　恩綸　一

南巡盛典一百二十卷

（清）高晋等纂修　清乾隆三十六年（1771）武英殿刻本　四十八册　宁夏大学图书馆藏

半叶九行十九字，白口，单黑鱼尾，四周双边，版框 21.6 厘米 ×16.8 厘米，开本 29.8 厘米 ×18.3 厘米。

高晋（1707—1779），高佳氏，字昭德，满洲镶黄旗人。是书记载了清乾隆十六年（1751）、二十二年（1757）、二十七年（1762）、三十年（1765）清高宗弘历前后四次南巡两浙两江的情况。共 12 部分：恩纶、天章、蠲除、河防、海塘、祀典、褒赏、吁俊、阅武、程途、名胜、奏请，其中河防、海塘、阅武、名胜部分附图多幅。

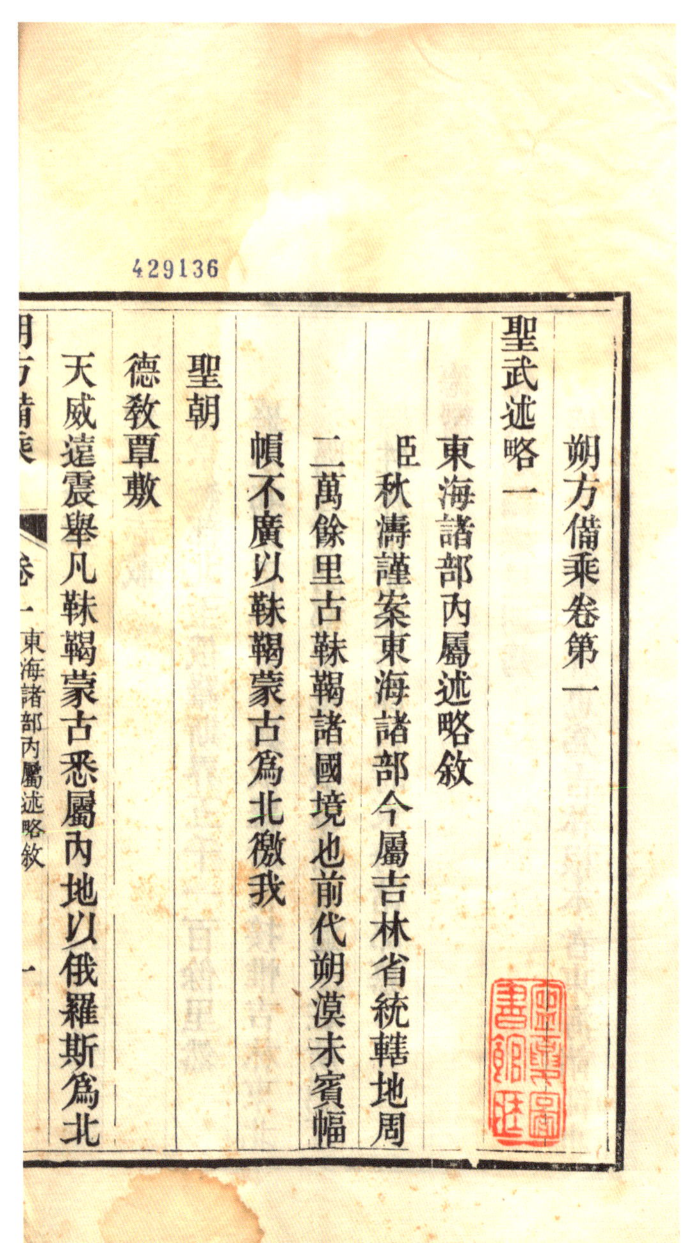

朔方備乘卷第一

聖武述略一

東海諸部內屬述略敘

臣秋濤謹案東海諸部今屬吉林省統轄地周二萬餘里古靺鞨諸國境也前代朔漠未賓幅幀不廣以靺鞨蒙古爲北徼我

聖朝

德教覃敷

天威遠震舉凡靺鞨蒙古悉屬內地以俄羅斯爲北

朔方備乘 卷一 東海諸部內屬述略敘 一

朔方备乘六十八卷首十二卷

（清）何秋涛撰　清光绪七年（1881）刻本　三册　存卷一至三、二十至二十三、三十至三十二　宁夏回族自治区图书馆藏

半叶九行二十一字，小字双行同，白口，单黑鱼尾，四周双边，版框 20.8 厘米 ×14.8 厘米，开本 28.6 厘米 ×17.9 厘米。

何秋涛（1824—1862），字愿船，福建光泽人。道光进士。是书原名《北徼汇编》，《朔方备乘》为清文宗奕詝赐名，记事上及汉唐，下至道光末年，汇辑资料、绘制图表、记述并考订了清代北部边疆的历史演变、俄罗斯的扩张及中俄关系的历史，对北疆史地进行了比较全面的研究。

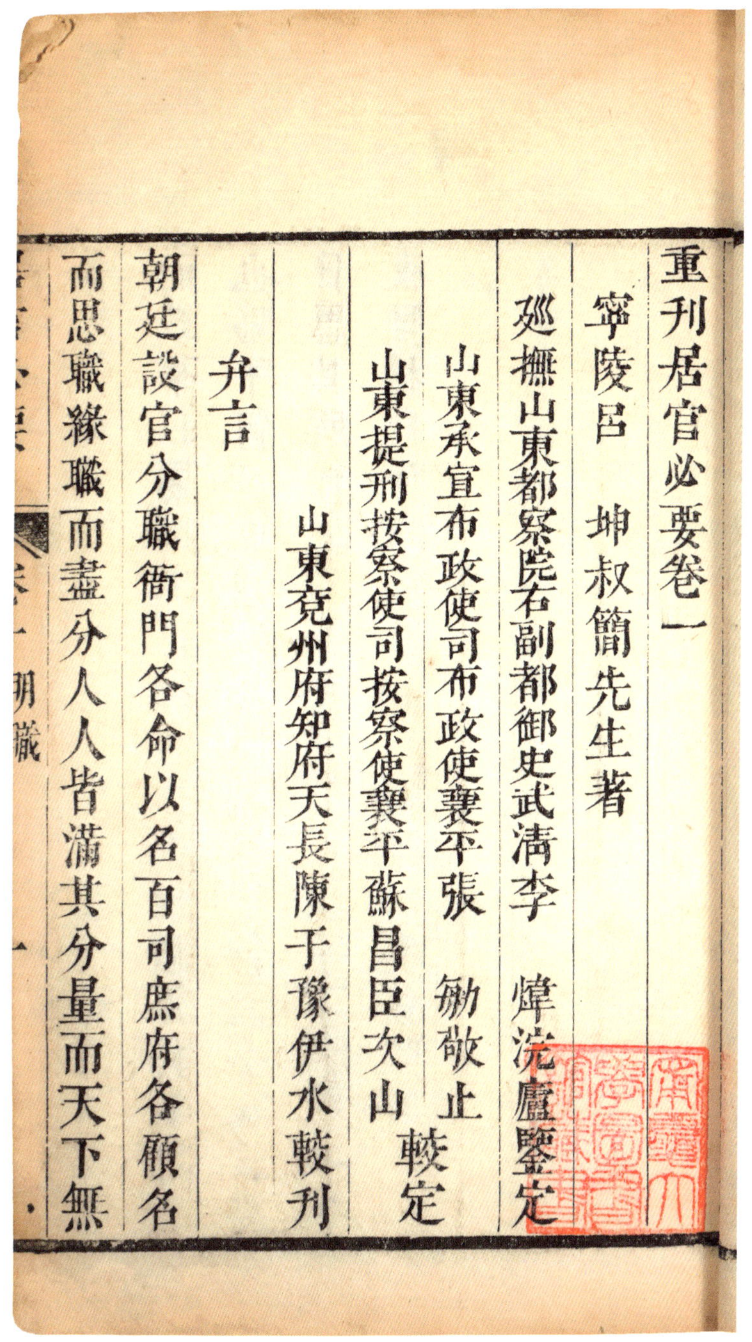
重刊居官必要卷一
寧陵呂　坤叔簡先生著
廵撫山東都察院右副都御史武淸李　煒浣廬鑒定
山東承宣布政使司布政使襄平張　勳敬止
山東提刑按察使司按察使襄平蘇昌臣次山　較定
山東兗州府知府天長陳于豫伊水較刊
弁言
朝廷設官分職衙門各命以名百司庶府各顧名
而思職緣職而盡分人人皆滿其分量而天下無

重刊居官必要八卷

（明）吕坤撰　清康熙三十五年（1696）刻本　六册　宁夏大学图书馆藏

半叶九行十九字，白口，单黑鱼尾，左右双边，版框 18.1 厘米 ×13.5 厘米，开本 23.7 厘米 ×14.5 厘米。

吕坤（1536—1618），字叔简，号心吾（或新吾），河南宁陵人。万历进士。是书内容包含养民之道、教民之道、治民之道、乡甲约、风宪约、狱政等，并详论利弊、善恶，是著者的从政心得，可资后世为官者借鉴。

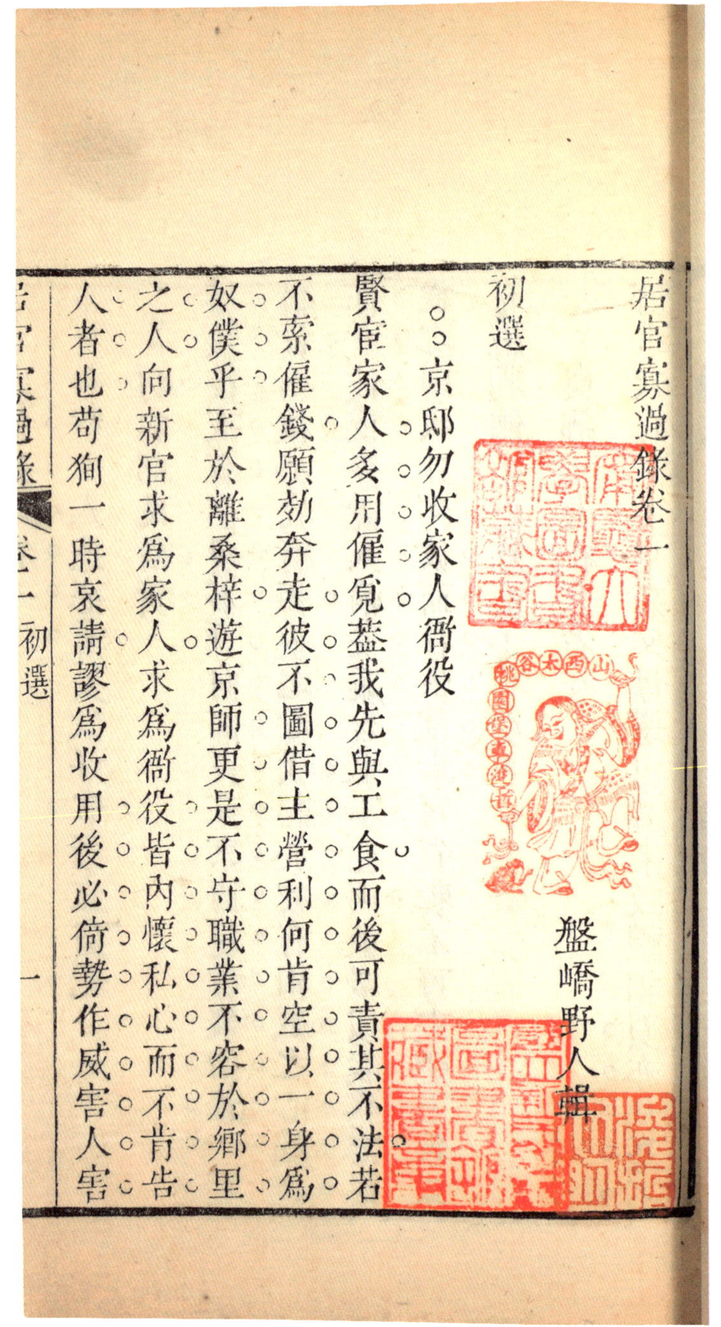

居官寡過錄卷一

初選　　盤嶠野人輯

京邸勿收家人衙役

賢官家人多用僱覓蓋我先與工食而後可責其不法若不索僱錢願効奔走彼不圖借主營利何肯空以一身爲奴僕乎至於離桑梓遊京師更是不守職業不容於鄉里之人向新官求爲家人求爲衙役皆内懷私心而不肯告人者也苟徇一時哀請謬爲收用後必倚勢作威害人害

居官寡過錄　卷一　初選　一

居官寡过录四卷

（清）胡衍虞辑　清乾隆四十年（1775）朝邑刻本　四册　宁夏大学图书馆藏

半叶九行二十二字，白口，单黑鱼尾，左右双边，版框 17.2 厘米 ×12.7 厘米，开本 23.8 厘米 ×14.3 厘米。

胡衍虞（生卒年不详），字格臣，号盘峤野人，山西太谷人。是书从赴任、交际、狱讼、礼贤等多方面论述为官之道，希望为官之人能效仿践行，成为良吏。馆藏是书钤有“浚哲文明”“山西太谷桃园堡车浚哲”“车浚哲文明经传子史诗文书籍印图”等印。

硃批范時繹奏摺
雍正四年六月二十四日署理江南江西總督印
務總兵官臣范時繹謹
奏爲恭謝
天恩事伏念臣庸愚下質恭膺
寵命署任封疆臣自入境抵任以來悉心體察竊念兩
江地方廣遠兵民繁庶其間財賦攸關政令所繫
以及海隅之巡防山陬之保障分任專司其責綦
重必在得人務求實政臣謹將總督衙門遠近歷
凡此皆不待言者
天下事未有難於此者
奏

硃批諭旨　范時繹

硃批谕旨三百六十卷

（清）世宗胤禛撰　（清）鄂尔泰等编　清刻朱墨套印本　一百十二册　宁夏社会科学院图书资料中心藏

半叶十行二十一字，白口，单黑鱼尾，四周双边，版框 20.4 厘米×14.0 厘米，开本 28.5 厘米×17.8 厘米。

清世宗胤禛（1678—1735），爱新觉罗氏，1722—1735 年在位，年号雍正，庙号世宗。鄂尔泰（1677—1745），西林觉罗氏，字毅庵，满洲镶蓝旗人。是书作为清世宗胤禛处理政事的原始档案，内容涉及当时政治、经济、民族、文化诸领域之事，是当时政务活动的重要记录。

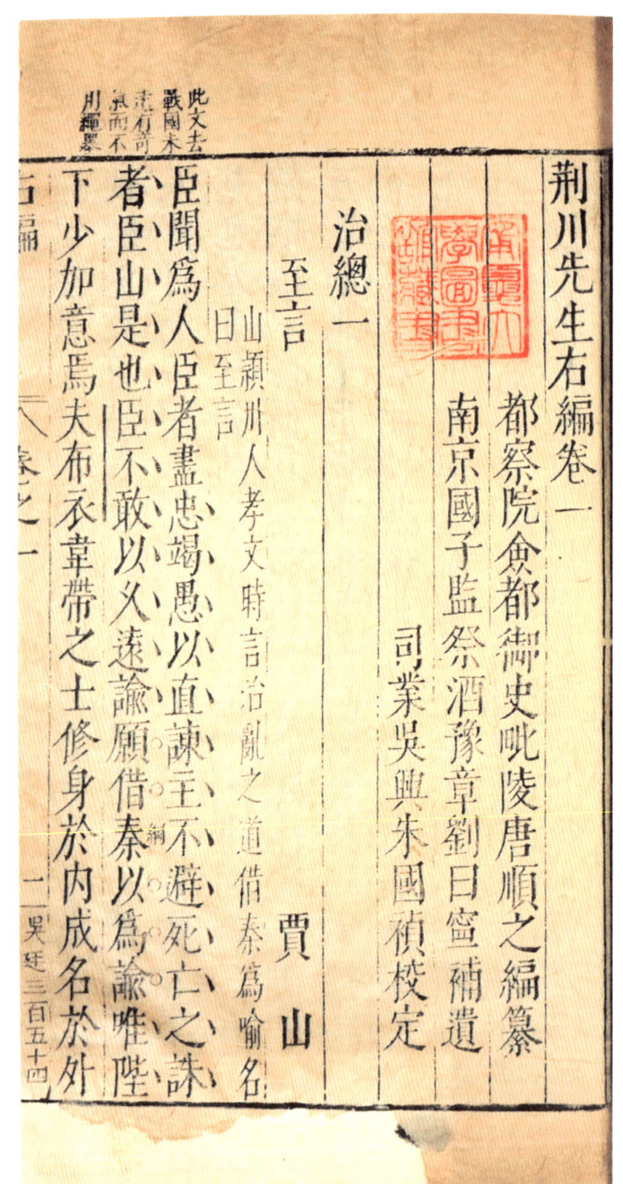
此文去戰國未遠有奇氣而不用纖[illegible]

荆川先生右編卷一

都察院僉都御史毗陵唐順之編纂

南京國子監祭酒豫章劉曰寧補遺

司業吳興朱國禎校定

治總一

至言　賈山

山潁川人孝文時言治亂之道借秦爲喻名曰至言

臣聞爲人臣者盡忠竭愚以直諫主不避死亡之誅者臣山是也臣不敢以久遠諭願借秦以爲諭唯陛下少加意焉夫布衣韋帶之士修身於內成名於外

右編　卷之一　一　吳廷三百五十四

荆川先生右编四十卷

（明）唐顺之编　（明）刘曰宁补遗　明万历三十三年（1605）南京国子监刻本　三十册　宁夏大学图书馆藏

半叶十行二十字，小字双行同，白口，单白鱼尾，左右双边，版框 22.3 厘米 ×14.6 厘米，开本 27.4 厘米 ×16.8 厘米。

唐顺之（1507—1560），字应德，一字义修，人称荆川先生，武进（今江苏常州）人。嘉靖进士。刘曰宁（？—1612），字幼安，江西南昌人。万历进士。是书围绕“经世资治”这一主题，从典籍中辑录有资于治道的言论。收录历代名臣的奏疏和论说，分治总、君、相、将、后、储、宗、主、戚、宦、奸、乱、镇、夷等门类。书名“右编”，乃取“右史记言”之意。

撫夏奏議卷上

守備患病併議就近推補疏

題為守備患病不能供職乞

准回衛調理併議就近推補以重防守事竊寧

夏河東兵備道右參政秦尚明呈據東路管

糧同知蔡可行呈查得清水營守備王都只

自幼原有弱疾任後不時舉發近自三月以

撫夏奏議 卷上

抚夏奏议二卷

（明）黄嘉善撰　清抄本　二册　宁夏回族自治区图书馆藏

半叶八行十八字，开本 25.0 厘米×14.8 厘米。

黄嘉善（1549—1624），字惟尚，号梓山，山东即墨人。万历进士。是书为黄嘉善于明万历二十九年至三十八年（1601—1610）在宁夏任职期间，就宁夏诸多问题上呈皇帝的奏议汇编。内容涉及戍边安边、经济互市、自然灾害、盐政、马政、官员等方面。馆藏是书为清抄本，无界栏，字体隽秀美观。

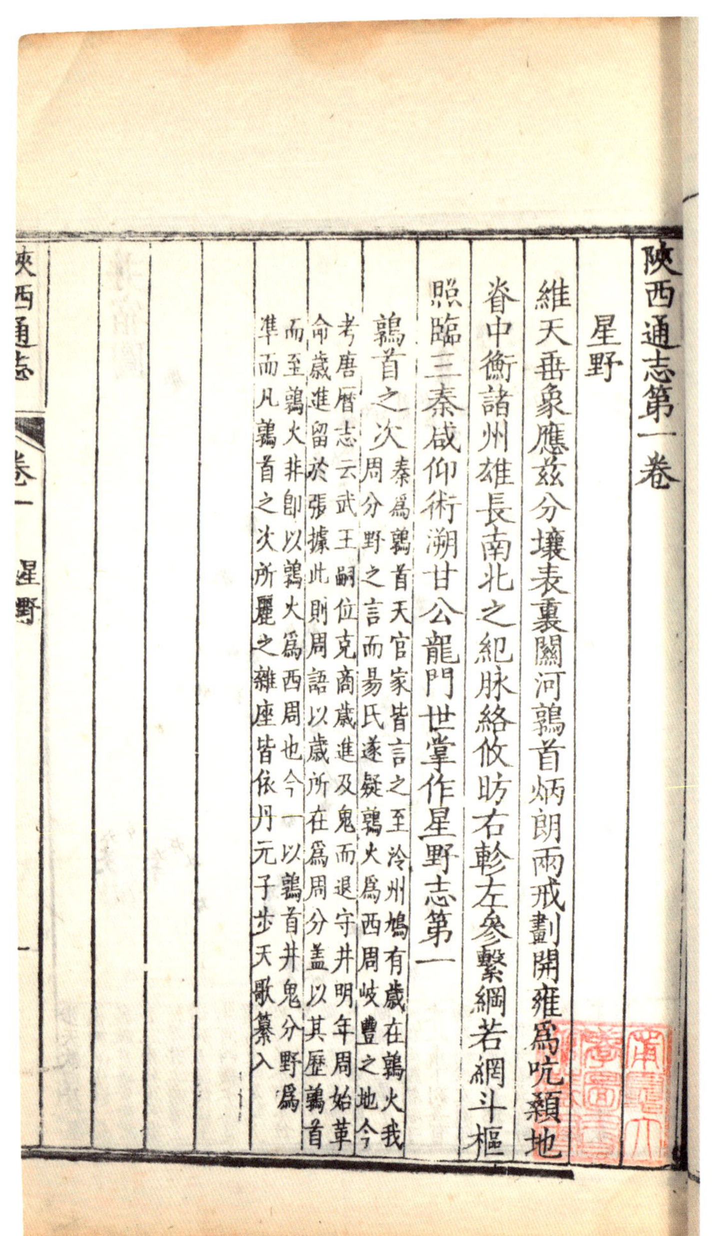
陝西通志第一卷

星野

維天垂象應茲分壤表裏關河鶉首炳朗兩戒劃開雍爲吭顙地脊中衡諸州雄長南北之紀脉絡攸昉右軫左參繫綱若網斗樞照臨三秦咸仰術溯甘公龍門世掌作星野志第一

鶉首之次秦爲鶉首天官家皆言之至泠州鳩有歲在鶉火我周分野之言而易氏遂疑鶉火爲西周岐豐之地今考唐曆志云武王嗣位克商歲進及鬼而退守井明年周始革命歲進留於張據此則周語以歲所在爲周分蓋以其歷鶉首而至鶉火非即以鶉火爲西周也今一以鶉首井鬼分野爲準而凡鶉首之次所麗之雜座皆依丹元子步天歌纂入

陝西通志　卷一　星野　一

［雍正］陕西通志一百卷首一卷

（清）刘于义　（清）沈青崖等纂修　清雍正十三年（1735）刻本　一百册　宁夏大学图书馆藏

半叶十二行二十六字，小字双行同，白口，单黑鱼尾，四周双边，版框 22.1 厘米 ×16.5 厘米，开本 29.0 厘米 ×18.4 厘米。

刘于义（1675—1748），字喻旃，号蔚冈，武进（今江苏常州）人。沈青崖（生卒年不详），字艮思，秀水（今浙江嘉兴）人。是志为雍正七年（1729）沈青崖奉命编纂，于十二年（1734）完成上表。内容包括星野、建置、疆域、山川、城池、兵防、水利、物产等 32 门类，搜罗资料翔实，考证严谨，是陕西历史上通志之集大成者。

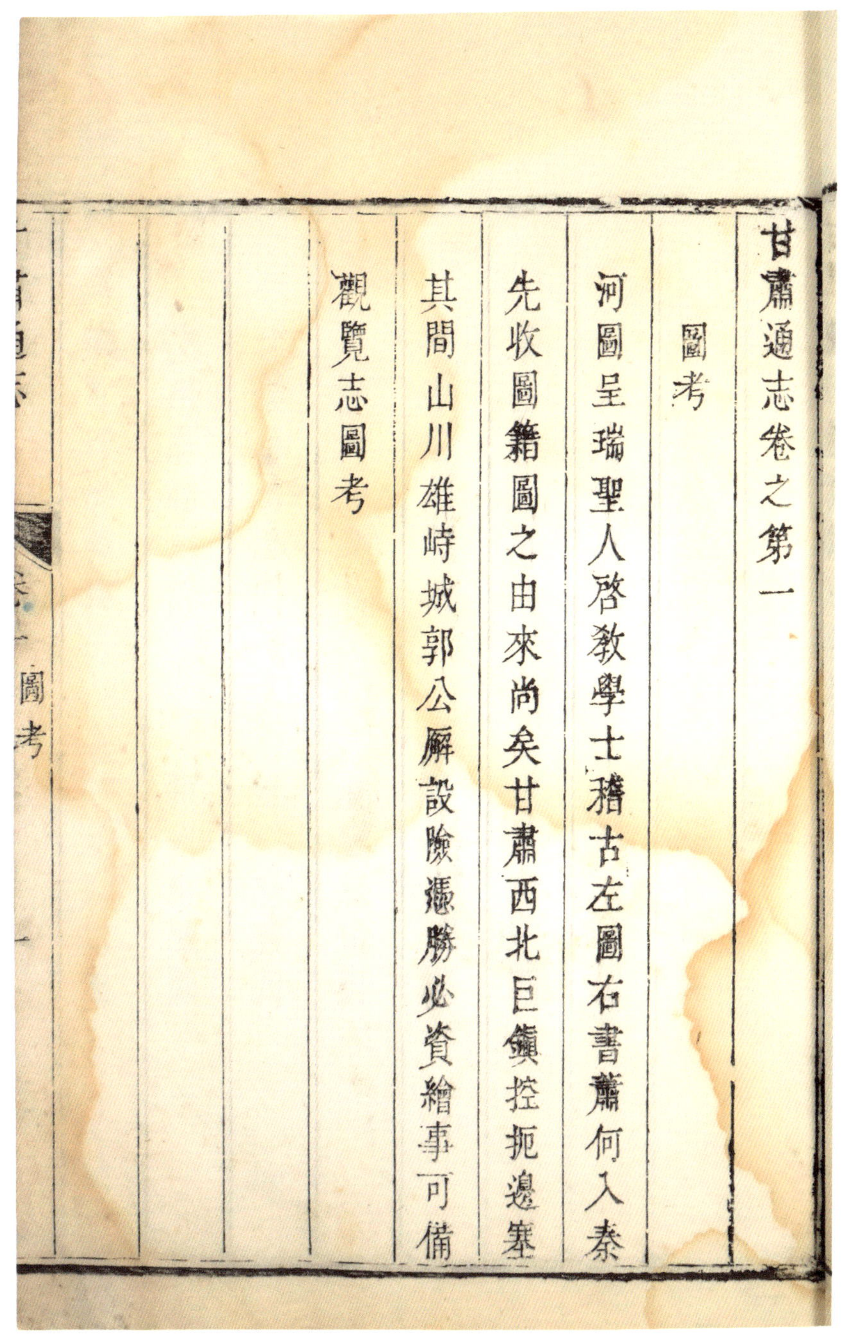

甘肅通志卷之第一

圖考

河圖呈瑞聖人啓教學士稽古左圖右書蕭何入秦先收圖籍圖之由來尚矣甘肅西北巨鎮控扼邊塞其間山川雄峙城郭公廨設險憑勝必資繪事可備觀覽志圖考

甘肅通志　卷一　圖考　一

［乾隆］甘肃通志五十卷首一卷

（清）许容　（清）李迪等纂修　清乾隆元年（1736）刻本　四十八册　宁夏大学图书馆藏

半叶九行二十一字，小字双行同，白口，单黑鱼尾，四周双边，版框 21.7 厘米 ×17.1 厘米，开本 26.7 厘米 ×18.4 厘米。

许容（1686—1751），字函斋，号季伟，河南虞城人。李迪（生卒年不详），解州（今山西运城）人。雍正进士。是志内容广泛，分类恰当，资料完备翔实，史料考订细致，可为研究古代甘肃历史、地理、政治、文化、教育等提供重要史料。

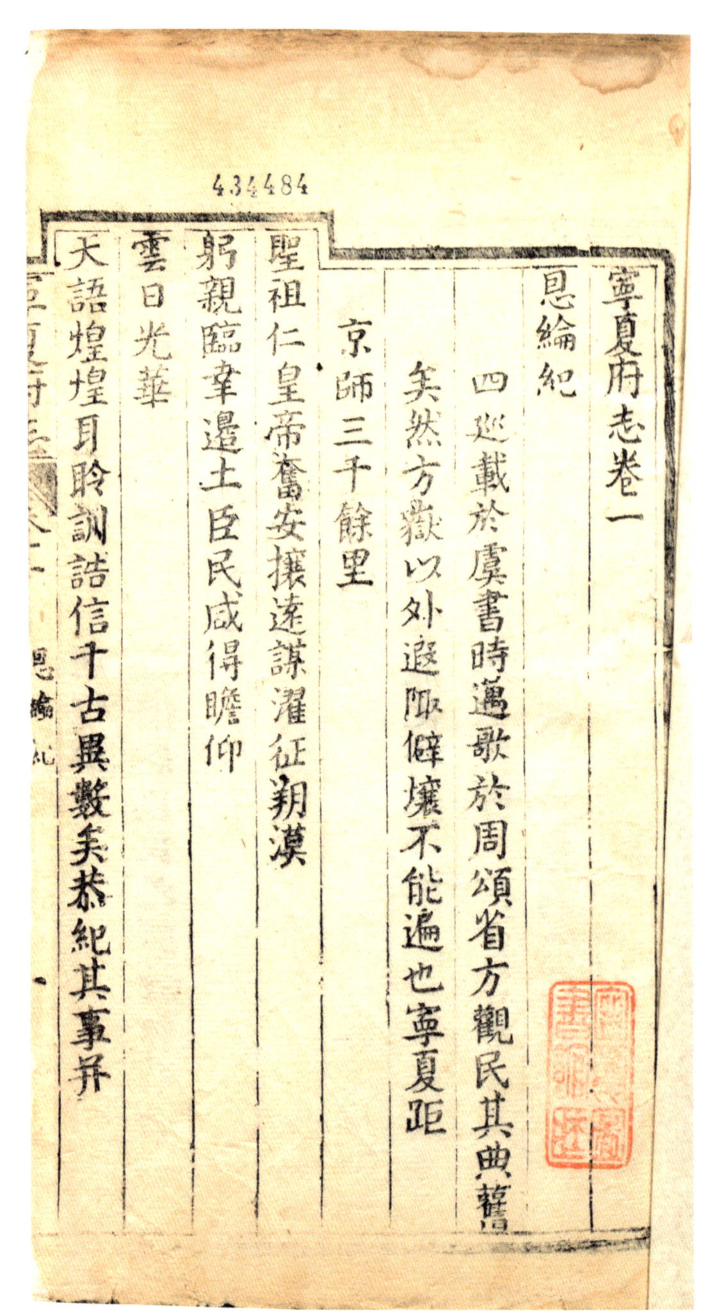

寧夏府志卷一

恩綸紀

四巡載於虞書時邁歌於周頌省方觀民其典舊矣然方嶽以外遐陬僻壤不能遍也寧夏距

京師三千餘里

聖祖仁皇帝奮安攘遠謨濯征朔漠

躬親臨幸邊土臣民咸得瞻仰

雲日光華

天語煌煌月聆訓誥信千古異數矣恭紀其事并

寧夏府志卷一　恩綸紀

［乾隆］宁夏府志二十二卷首一卷

（清）张金城　（清）杨浣雨等纂修　清乾隆四十五年（1780）刻本（卷七至八、十至十一、十四至十五、十八至十九、二十一至二十二抄补）　十七册　宁夏回族自治区图书馆藏

半叶九行二十一字，小字双行同，白口，单黑鱼尾，四周双边，版框 20.9 厘米 ×14.1 厘米，开本 27.4 厘米 ×16.3 厘米。

张金城（生卒年不详），直隶渤海（今河北河间）人。杨浣雨（生卒年不详），乾隆进士。是志为张金城任宁夏知府时主持纂修而成的，内容涉及政治、地理、文化、人物、经济、历史等方面。是志因体例完善、编修水平高、内容丰富而为人称道。

寧夏府志後序

寧夏乃漢朔方地闢土舊矣而前世紀載無成書
明藩慶靖王始為朔方志越弘治辛酉巡撫王公
珣修之郡人胡大司馬汝礪筆也其後嘉靖己亥
巡撫楊公守礼重修管給諫律實主其事萬歷丁
巳都御史楊公應聘又修楊主事壽裁訂為皆郡
人也自是而後續者無聞天崇之間僅編奏記數
篇
國朝順治初唐采臣先生以户部主事督餉來此得

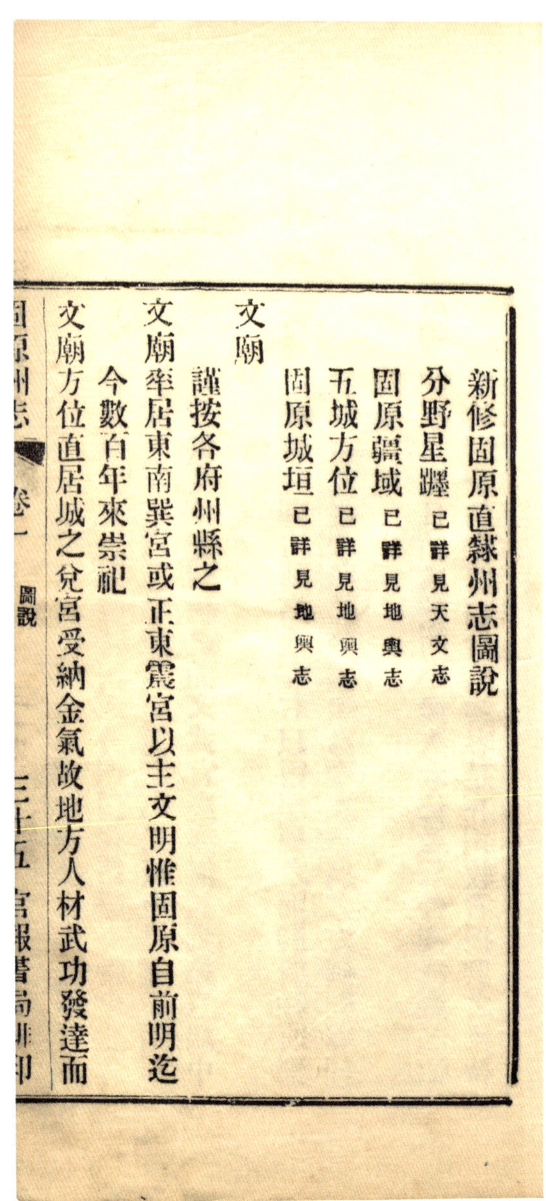

新修固原直隸州志圖說

分野星躔 已詳見天文志

固原疆域 已詳見地輿志

五城方位 已詳見地輿志

固原城垣 已詳見地輿志

文廟

謹按各府州縣之

文廟率居東南巽宮或正東震宮以主文明惟固原自前明迄

今數百年來崇祀

文廟方位直居城之兌宮受納金氣故地方人材武功發達而

固原州志 卷一 圖說 三十五 官報書局排印

［宣统］新修固原州志十二卷

（清）王学伊　（清）锡麟等纂修　清宣统元年（1909）官报书局铅印本　十二册　宁夏回族自治区图书馆藏

半叶十行二十四字，白口，单黑鱼尾，四周双边，版框 18.9 厘米 × 12.2 厘米，开本 27.1 厘米 × 15.3 厘米。

王学伊（生卒年不详），字就五、聘三，号平山、叔英，山西文水人。光绪进士。锡麒（生卒年不详），字仁山，辽宁沈阳人。是志为王学伊任职固原期间在查阅大量历史资料及实地考察基础上编纂而成。内容涉及固原的历史沿革、山川地理、社会经济、政治军事、文化教育等多个方面，与旧志相比，又增加了能反映新政迭兴的“庶务志”，相对完整地勾勒出 19 世纪末固原的全貌。

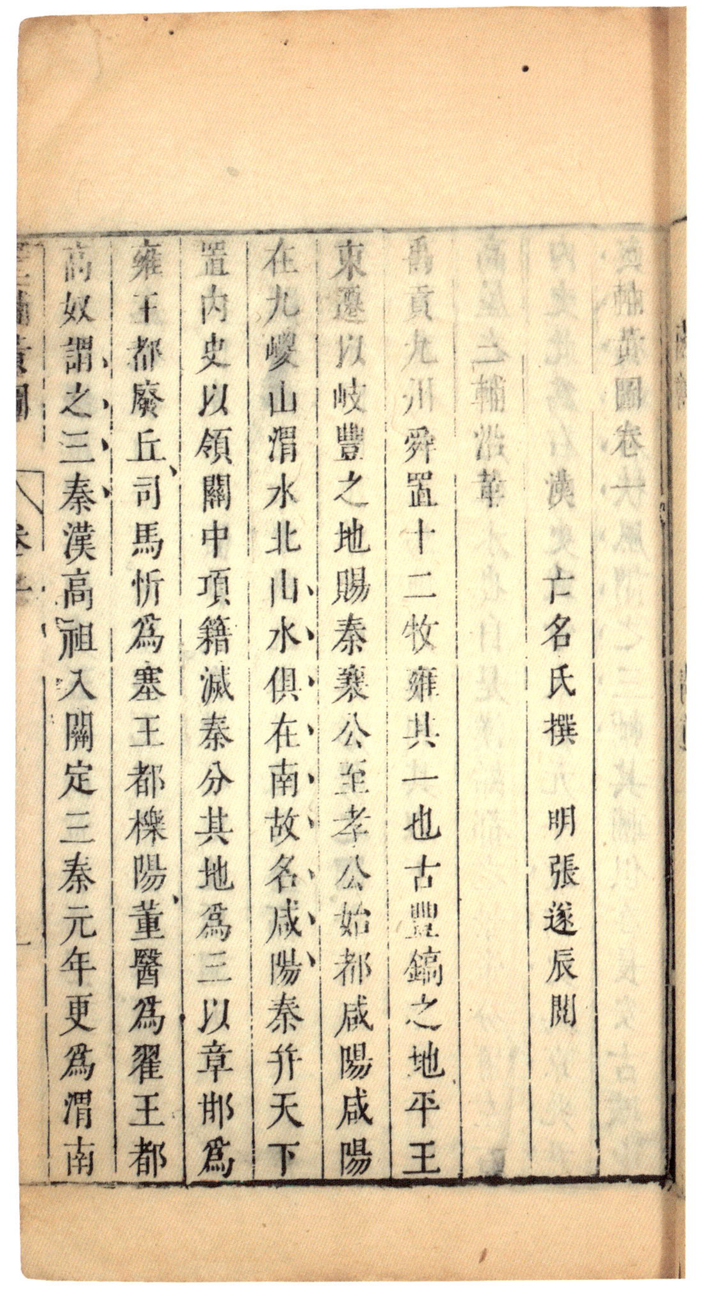

三輔黃圖卷一

漢　亡名氏撰　明　張遂辰閲

三輔沿革

禹貢九州舜置十二牧雍其一也古豐鎬之地平王東遷以岐豐之地賜秦襄公至孝公始都咸陽咸陽在九嵕山渭水北山水俱在南故名咸陽秦幷天下置内史以領關中項籍滅秦分其地爲三以章邯爲雍王都廢丘司馬欣爲塞王都櫟陽董翳爲翟王都高奴謂之三秦漢高祖入關定三秦元年更爲渭南

三辅黄图六卷

（汉）□□撰　（明）张遂辰阅　明刻本　一册　宁夏大学图书馆藏

半叶九行二十字，白口，单白鱼尾，左右双边，版框 20.0 厘米 ×14.5 厘米，开本 26.6 厘米 ×16.4 厘米。

张遂辰（？—1688 左右），字卿子，号相期，钱塘（今浙江杭州）人。《三辅黄图》又名《西京黄图》，简称《黄图》。所谓“三辅”是指汉代在都城长安附近的京畿地区所设立的三个郡级政区。是书内容包括沿革、宫殿、苑囿、台榭等，分析细密，条例清晰，甚为详备，是研究秦汉历史，特别是研究秦都咸阳及汉都长安的重要历史文献。

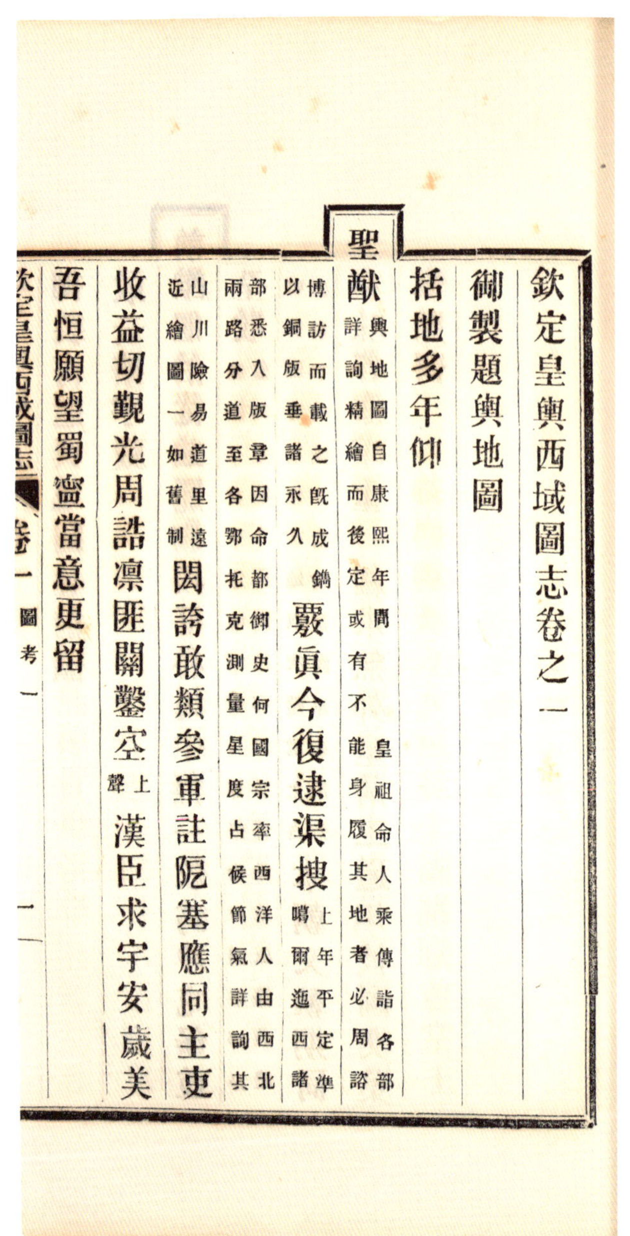
欽定皇輿西域圖志卷之一

御製題輿地圖

括地多年仰

聖猷輿地圖自康熙年間皇祖命人乘傳詣各部詳詢精繪而後定或有不能身履其地者必周諮博訪而載之既成鐫以銅版垂諸永久覈眞今復逮渠搜上年平定準噶爾迤西諸部悉入版章因命都御史何國宗率西洋人由西北兩路分道至各鄂托克測量星度占候節氣詳詢其山川險易道里遠近繪圖一如舊制閎誇敢類參軍註阸塞應同主吏收益切覩光周誥凜匪闕鑿空上聲漢臣求宇安歲美吾恒願望蜀盜當意更留

欽定皇輿西域圖志　卷一　圖考　一

［乾隆］欽定皇舆西域图志四十八卷首四卷

（清）傅恒　（清）褚廷璋等纂修　（清）英廉等续纂　清乾隆四十七年（1782）木活字印本　二十四册　宁夏大学图书馆藏

半叶九行二十字，小字双行同，白口，单黑鱼尾，四周双边，版框 21.0 厘米 ×14.7 厘米，开本 29.7 厘米 ×17.9 厘米。

傅恒（？—1770），富察氏，字春和，满洲镶黄旗人。褚廷璋（生卒年不详），字左峨，号筠心，长洲（今江苏苏州）人。乾隆进士。英廉（1707—1783），冯氏，字计六，号梦堂，汉军镶黄旗人。是志内容丰富，涉及政治、经济、军事、边防、文化、风俗、物产、外事、地理等诸多方面，资料翔实。

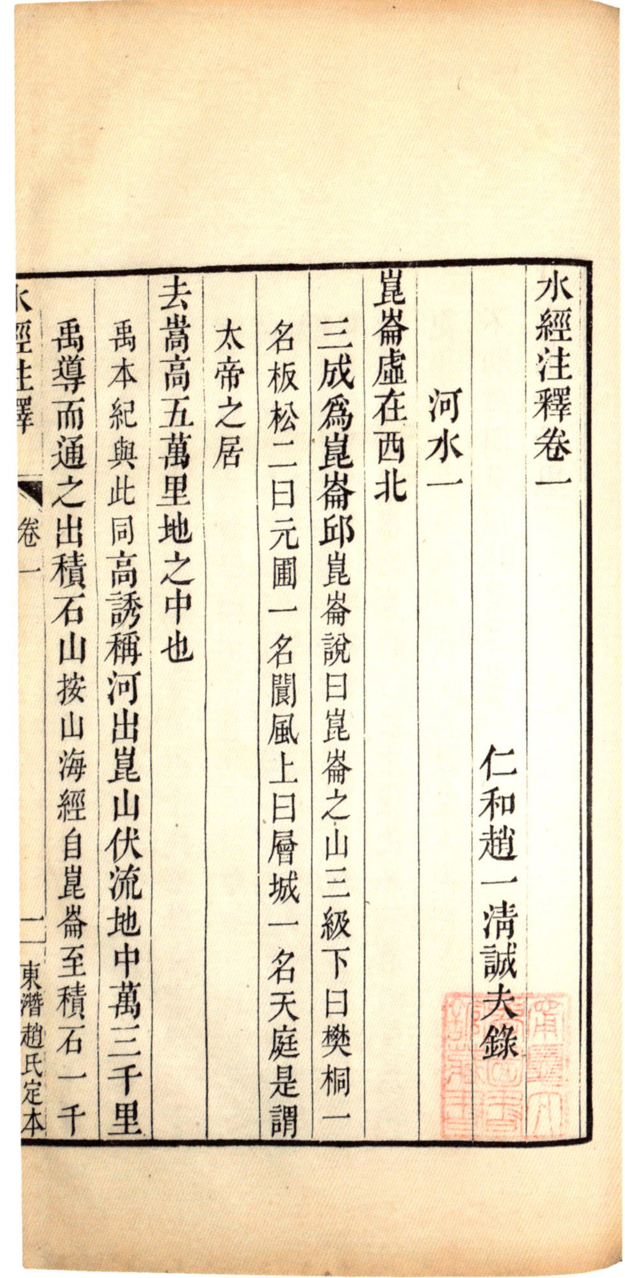

水經注釋卷一

仁和趙一清誠夫錄

河水一

崑崙虛在西北

三成爲崑崙邱崑崙說曰崑崙之山三級下曰樊桐一名板松二曰元圃一名閬風上曰層城一名天庭是謂太帝之居

去嵩高五萬里地之中也

禹本紀與此同高誘稱河出崑山伏流地中萬三千里禹導而通之出積石山按山海經自崑崙至積石一千

水經注釋 卷一 二 東潛趙氏定本

水经注释四十卷首一卷附录二卷水经注笺刊误十二卷

（清）赵一清撰　清乾隆五十一年（1786）仁和赵氏小山堂刻五十九年（1794）重修本　二十册　宁夏大学图书馆藏

半叶十行二十二字，小字双行同，白口，单黑鱼尾，左右双边，版框 20.0 厘米×14.7 厘米，开本 29.4 厘米×18.4 厘米。

赵一清（生卒年不详），字诚夫，号东潜，仁和（今浙江杭州）人。是书以明朱谋㙔《水经注笺》为基础并参考有关校本数十种，广泛采纳旧籍及前人考订，详细补充阐释而成，是一部以水道为纲的地理著作。

西湖志卷之一

水利一

西湖源出武林泉滙南北諸山之水而注於上下兩塘之河其流甚長其利斯溥唐宋以來屢經濬治而興廢不常

盛朝特重水利首及東南疏鑿之功爲前古未有恭紀

聖恩垂利萬世而歷代開濬始末悉詳著於篇志水利

西湖古稱明聖湖漢時有金牛見湖人言明聖之瑞因名又以其在錢塘故稱錢塘湖又以其輸委於

西湖志四十八卷

（清）李卫　（清）傅王露等纂修　清雍正九年（1731）两浙盐驿道库刻本　二十册　宁夏大学图书馆藏

半叶九行二十一字，小字双行同，白口，单黑鱼尾，四周双边，版框 19.9 厘米 ×14.4 厘米，开本 26.8 厘米 ×16.6 厘米。

李卫（1686—1738），字又玠，江苏铜山人。傅王露（生卒年不详），字良木，号玉笥，会稽（今浙江绍兴）人。康熙进士。是书为一部图文并茂的山水名胜专志，收录西湖水利、名胜、山水、古迹、名贤、物产、书画、艺文等内容，资料网罗完备，文学及史料价值兼具。

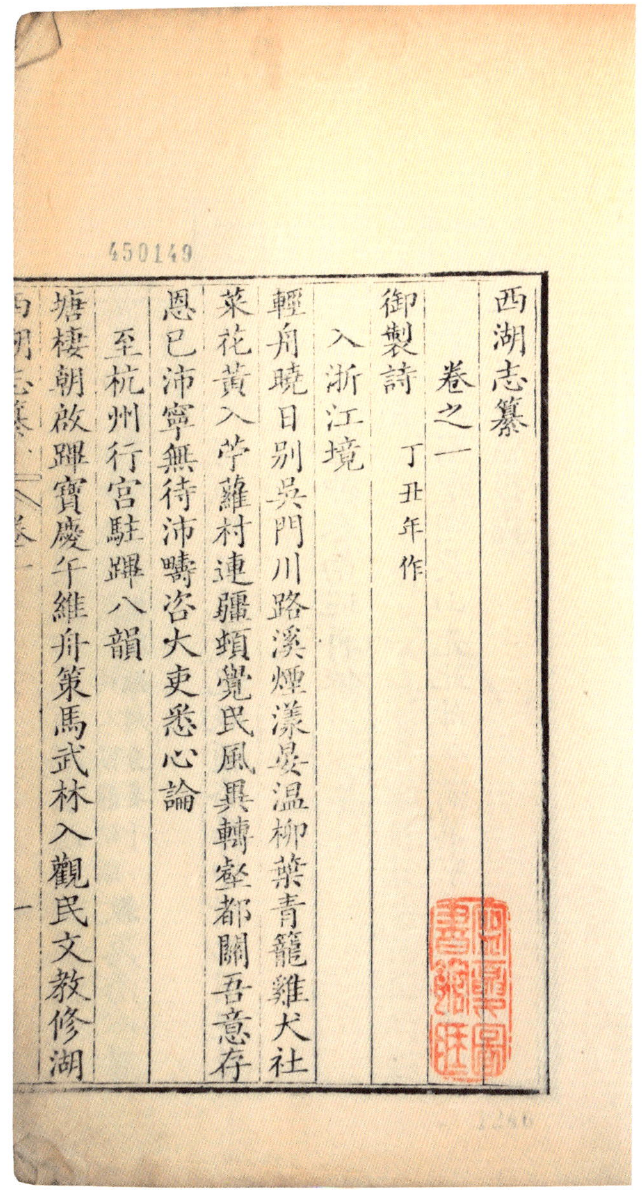

西湖志纂

卷之一

御製詩 丁丑年作

入浙江境

輕舟曉日別吳門川路溪煙漾晏温柳葉青籠雞犬社

菜花黃入苧蘿村連疆頻覺民風異轉轚都關吾意存

恩已沛寧無待沛疇咨大吏悉心論

至杭州行宫駐蹕八韻

塘棲朝啟蹕寶慶午維舟策馬武林入觀民文教修湖

西湖志纂《卷一 一

西湖志纂十五卷首一卷末一卷

（清）沈德潜　（清）傅王露辑　（清）梁诗正纂　清乾隆二十七年（1762）刻本　五册　宁夏回族自治区图书馆藏

半叶九行二十一字，小字双行同，白口，单白鱼尾，四周双边，版框17.8厘米×12.1厘米，开本25.7厘米×16.7厘米。

沈德潜（1673—1769），字确士，号归愚，长洲（今江苏苏州）人。乾隆进士。傅王露简介见《西湖志四十八卷》提要。梁诗正（1697—1763），字养仲，又字芗林，钱塘（今浙江杭州）人。雍正进士。是书为梁诗正奉清高宗弘历之命，在沈德潜删减《西湖志》的基础上，又请傅王露一起编辑而成，是专供清高宗弘历游历西湖时御览的贡书，收录名胜、西湖水利、孤山胜迹、南山胜迹、北山胜迹、吴山胜迹、西溪胜迹、艺文等内容。

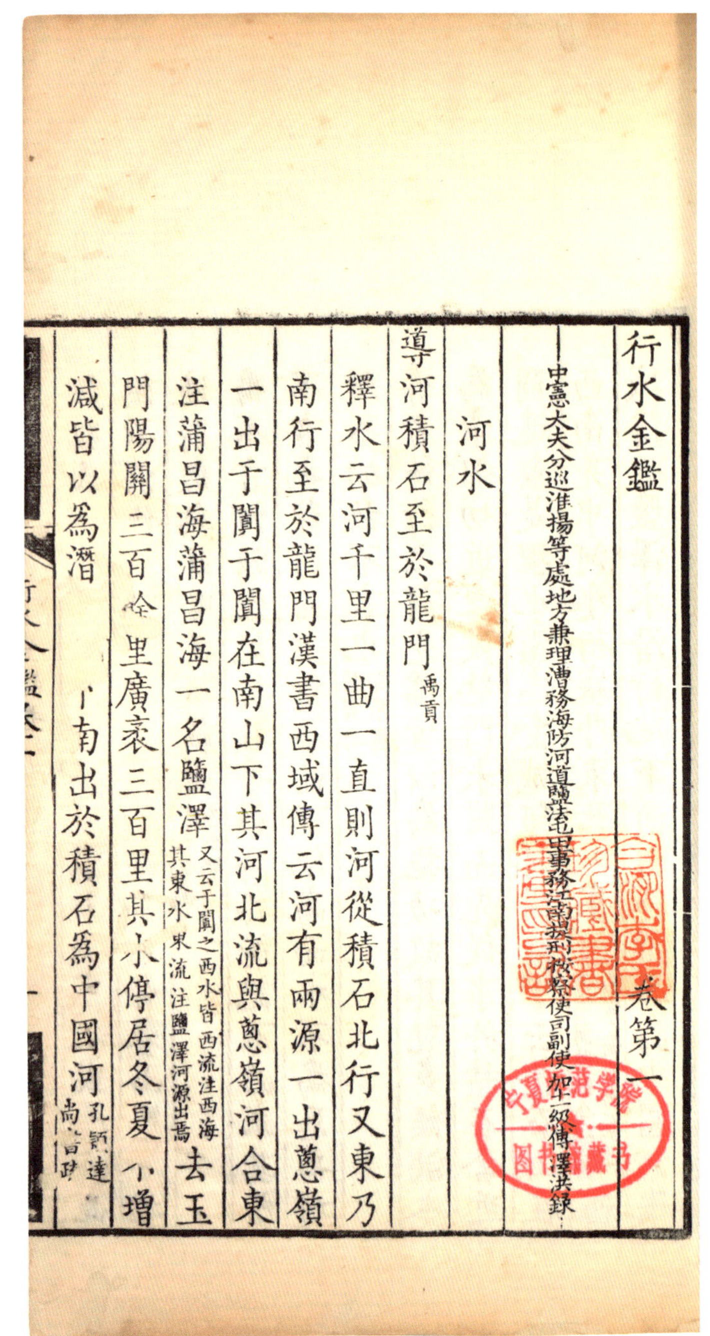
行水金鑑卷第一
中憲大夫分巡淮揚等處地方兼理漕務海防河道驛鹽屯田事務江南按察使司副使加一級傅澤洪錄

河水

導河積石至於龍門 禹貢

釋水云河千里一曲一直則河從積石北行又東乃南行至於龍門漢書西域傳云河有兩源一出蔥嶺一出于闐于闐在南山下其河北流與蔥嶺河合東注蒲昌海蒲昌海一名鹽澤 又云于闐之西水皆西流注西海其東水東流注鹽澤河源出焉 去玉門陽關三百餘里廣袤三百里其水停居冬夏不增減皆以爲潛行地下南出於積石爲中國河 孔穎達尚書疏

行水金鉴一百七十五卷图一卷

（清）傅泽洪撰　清雍正三年（1725）傅氏刻本　三十六册　宁夏大学图书馆藏

半叶十一行二十一字，小字双行三十二字，黑口，单黑鱼尾，左右双边，版框 18.0 厘米 ×13.5 厘米，开本 26.1 厘米 ×15.7 厘米。

傅泽洪（生卒年不详），字育甫（一作育庵），号怡园，汉军镶红旗人。是书汇编了我国古代水利史相关资料，所收资料上起先秦，下至康熙末年，内容包括黄河、长江等水系的源流、河道变迁、水利工程施工等。馆藏是书钤有“合阳李氏珍藏书画印记”等印。

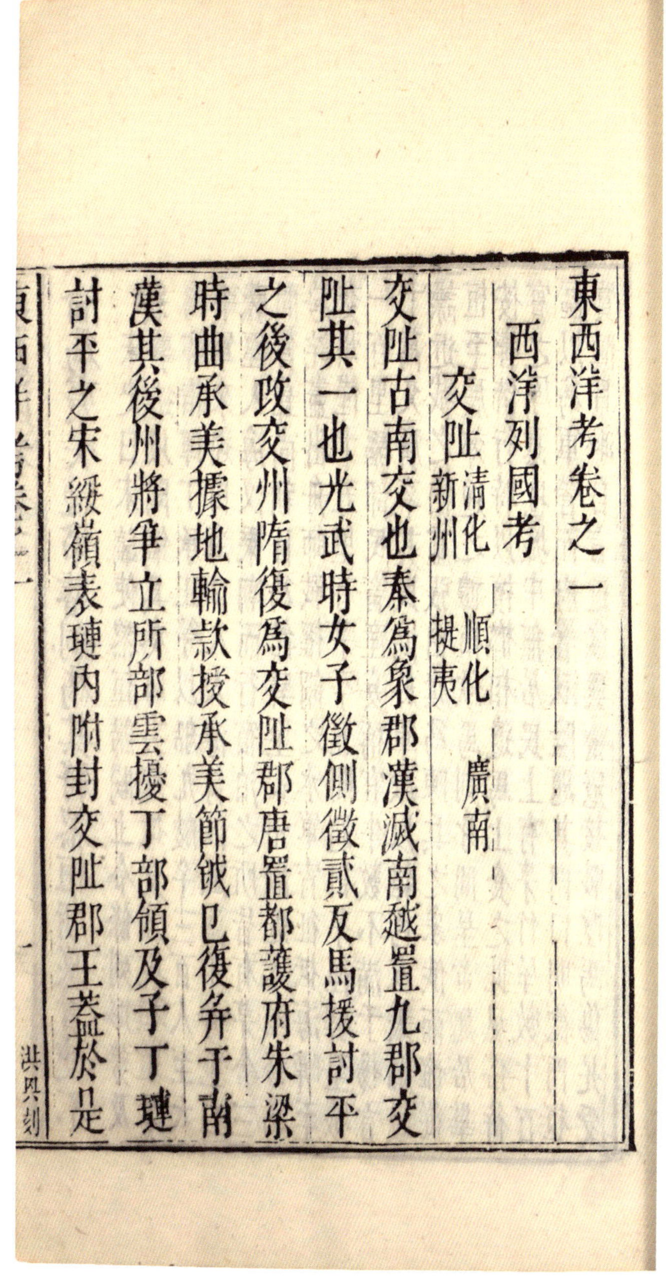

東西洋考卷之一

西洋列國考

交阯　清化　順化　廣南　新州　提夷

交阯古南交也秦爲象郡漢滅南越置九郡交阯其一也光武時女子徵側徵貳反馬援討平之後改交州隋復爲交阯郡唐置都護府朱梁時曲承美據地輸款授承美節鉞已復并于南漢其後州將爭立所部雲擾丁部領及子丁璉討平之宋綴嶺表璉内附封交阯郡王蓋於是

東西洋考卷之一　一　洪興刻

东西洋考十二卷

（明）张燮撰　明万历四十六年（1618）刻本　四册　宁夏大学图书馆藏

半叶九行十八字，小字双行同，白口，无鱼尾，四周双边，版框 20.6 厘米×14.9 厘米，开本 29.5 厘米×18.2 厘米。

张燮（1574—1640），字绍和，号海滨逸史，龙溪（今福建漳州）人。著者编纂是书参阅了大量史籍和当时记载，又加入了舟师、商人的亲闻。卷一至四为西洋列国考，卷五、卷六为东洋列国考及外纪考，卷七至十二记税饷、舟师、税珰、艺文、逸事。值得一提的是，书中所附列的《东番考》，记载了台湾的地理位置、社会环境等。

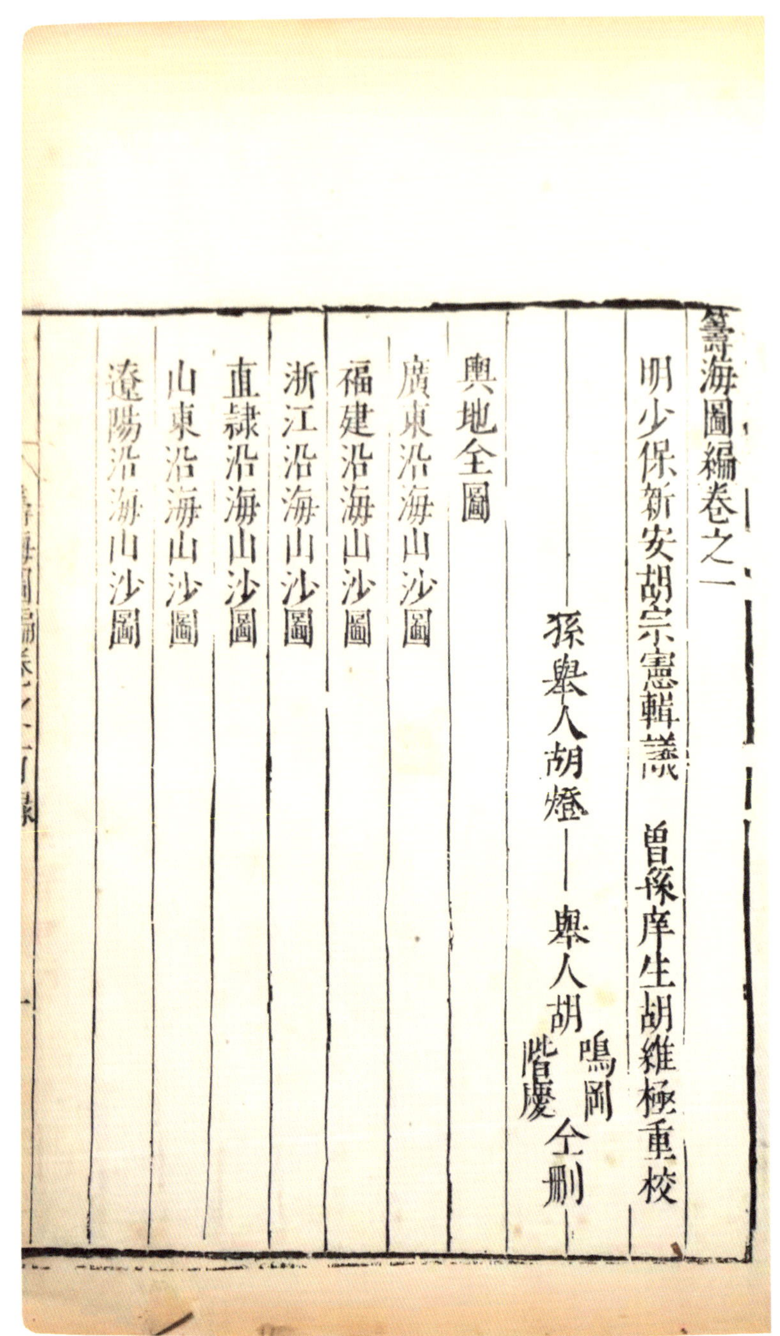

籌海圖編卷之一

明少保新安胡宗憲輯議　曾孫庠生胡維極重校

孫舉人胡燈　舉人胡鳴岡 階慶 仝刪

輿地全圖

廣東沿海山沙圖

福建沿海山沙圖

浙江沿海山沙圖

直隸沿海山沙圖

山東沿海山沙圖

遼陽沿海山沙圖

筹海图编十三卷

（明）胡宗宪撰　明天启四年（1624）胡维极刻本　二十四册　宁夏大学图书馆藏

半叶十二行二十二字，小字双行同，白口，单白鱼尾，四周单边，版框 20.1 厘米 × 14.9 厘米，开本 26.0 厘米 × 17.4 厘米。

胡宗宪（？—1565），字汝贞，号梅林，安徽绩溪人。嘉靖进士。著者在编纂过程中参照了大量明代官方文牍，同时也采纳了民间亲历者的意见。是书对沿海地理形势、海防军事等进行了详细的论述，绘有舆地全图及各省及下辖府县海防图等，图文并茂，资料翔实。

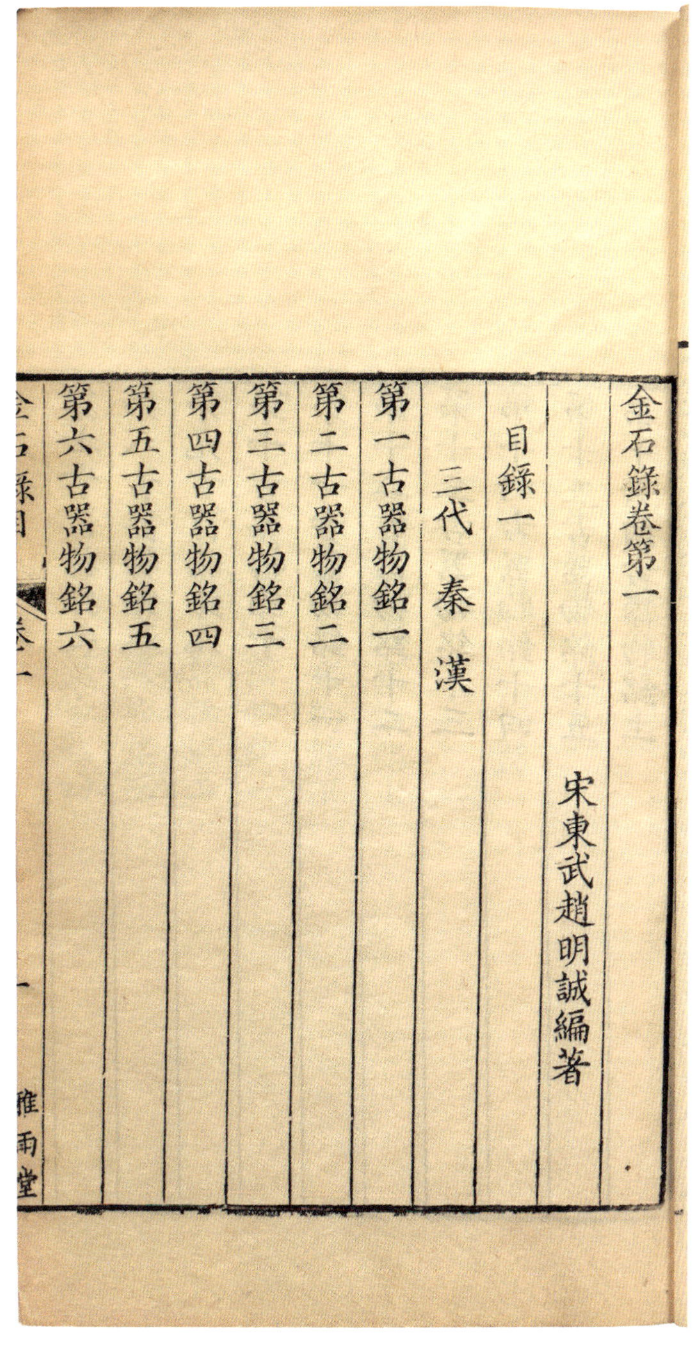
金石錄卷第一
目錄一
三代 秦 漢
宋東武趙明誠編著
第一古器物銘一
第二古器物銘二
第三古器物銘三
第四古器物銘四
第五古器物銘五
第六古器物銘六
金石錄目 卷一
一
雅雨堂

金石录三十卷

（宋）赵明诚撰　清乾隆二十七年（1762）雅雨堂刻本　六册　宁夏回族自治区图书馆藏

半叶十行二十一字，小字双行同，白口，单黑鱼尾，四周单边，版框18.2厘米×14.3厘米，开本28.0厘米×16.9厘米。

赵明诚（1081—1129），字德父，密州诸城（今属山东）人。是书体例仿照宋欧阳修的《集古录》，收录了赵明诚、李清照夫妇所收集到的钟鼎等青铜器的铭文款识和碑铭墓志等石刻文字，著录详细，考订精核，评论独到。

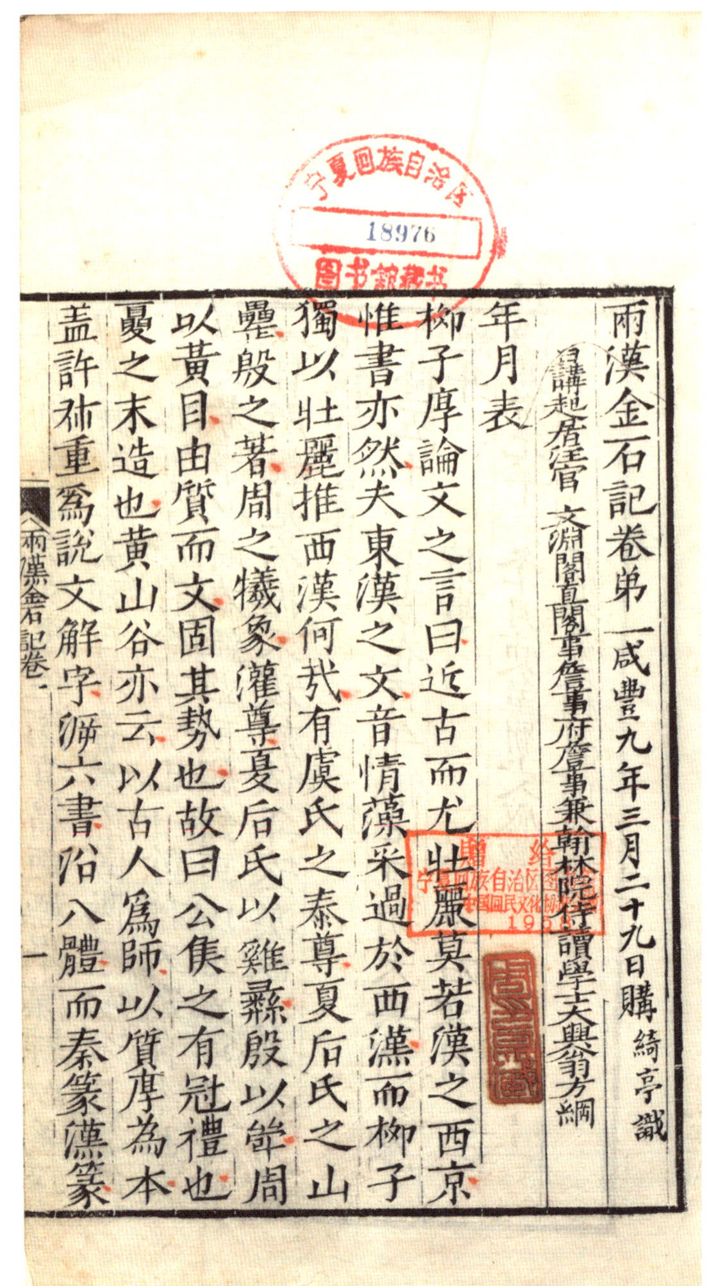

兩漢金石記卷第一 咸豐九年三月二十九日購 綺亭識
經筵講官 文淵閣直閣事詹事府詹事兼翰林院侍讀學士大興翁方綱
年月表
柳子厚論文之言曰近古而尤壯麗莫若漢之西京惟書亦然夫東漢之文音情藻采過於西漢而柳子獨以壯麗推西漢何哉有虞氏之泰尊夏后氏之山罍殷之著周之犧象灌尊夏后氏以雞彝殷以斝周以黃目由質而文固其勢也故曰公侯之有冠禮也夏之末造也黃山谷亦云以古人爲師以質厚爲本盖許叔重爲說文解字辨六書沿八體而秦篆漢篆

两汉金石记二十二卷

（清）翁方纲撰　清乾隆五十四年（1789）南昌使院刻本　六册　宁夏回族自治区图书馆藏

半叶十行二十字，小字双行同，白口，单黑鱼尾，左右双边，版框 25.8 厘米×15.3 厘米，开本 28.9 厘米×17.9 厘米。

翁方纲（1733—1818），字正三，号覃溪，晚号苏斋，直隶大兴（今属北京）人。是书主要著录翁方纲所见两汉金石，每种标明行数、款式，并逐条进行考证，内容精审。馆藏是书钤有“周印泉藏”等印，正文首卷卷端题名下有毛笔题写的“咸丰九年三月二十九日购　绮亭识”字样。

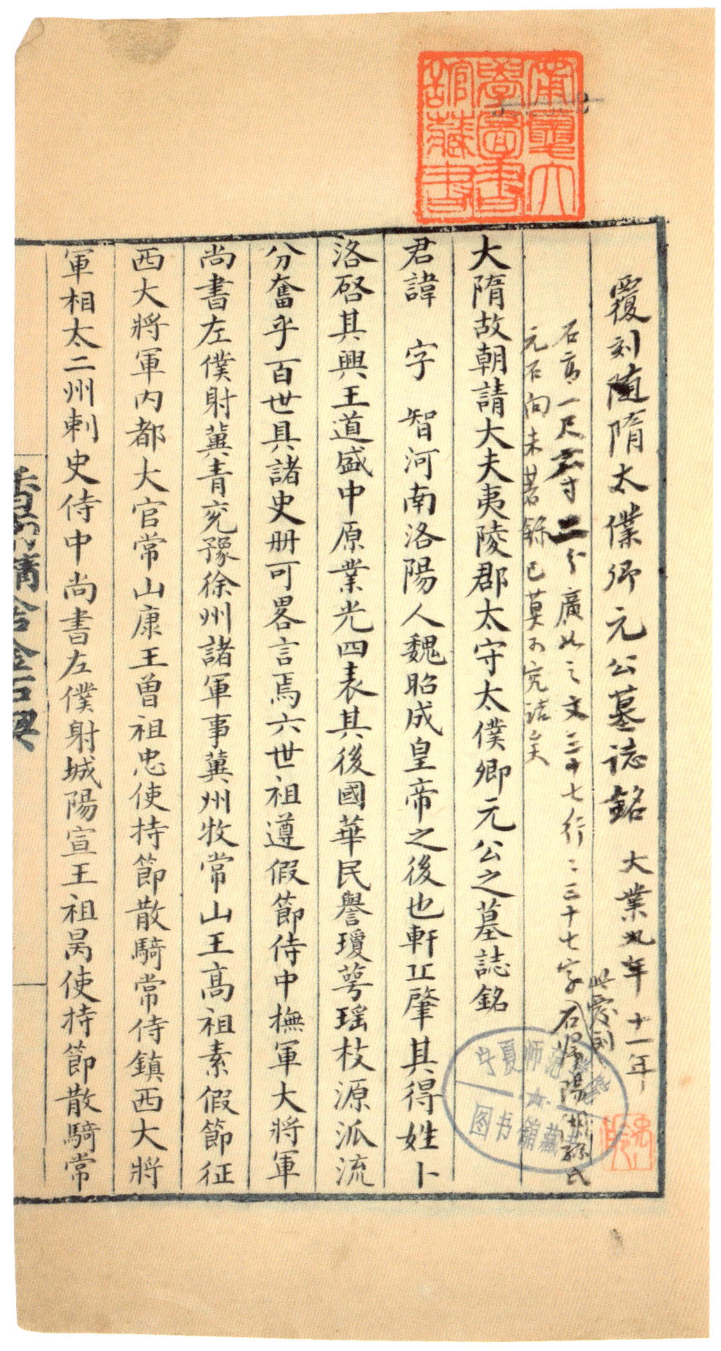
覆刻隨隋太僕卿元公墓誌銘　大業九年十一月

石高一尺六寸二分廣如之文三十七行行三十七字石在洛陽端氏此覆刻

元石向未著錄已莫可究詰矣

大隋故朝請大夫夷陵郡太守太僕卿元公之墓誌銘

君諱　字　智河南洛陽人魏昭成皇帝之後也軒丘肇其得姓卜

洛啓其興王道盛中原業光四表其後國華民譽瓊蕚瑤枝源派流

分奮乎百世具諸史册可畧言焉六世祖遵假節侍中撫軍大將軍

尚書左僕射冀青兖豫徐州諸軍事冀州牧常山王高祖素假節征

西大將軍內都大官常山康王曾祖忠使持節散騎常侍鎮西大將

軍相太二州刺史侍中尚書左僕射城陽宣王祖暠使持節散騎常

香南精舍金石契不分卷

（清）崇恩撰　清稿本　二册　宁夏大学图书馆藏

半叶九行二十六字，小字双行不等，白口，无鱼尾，四周单边，版框 18.8 厘米 ×13.1 厘米，开本 26.0 厘米 ×16.2 厘米。

崇恩（生卒年不详），觉罗氏，字仰之，别号香南居士，满洲正红旗人。是书为崇恩之访碑录，内容包括真伪考辨、碑文考订等。馆藏是书为崇恩手书稿本，钤有“禹舲”“崇恩”等印。入选第三批《国家珍贵古籍名录》，名录号 08156。

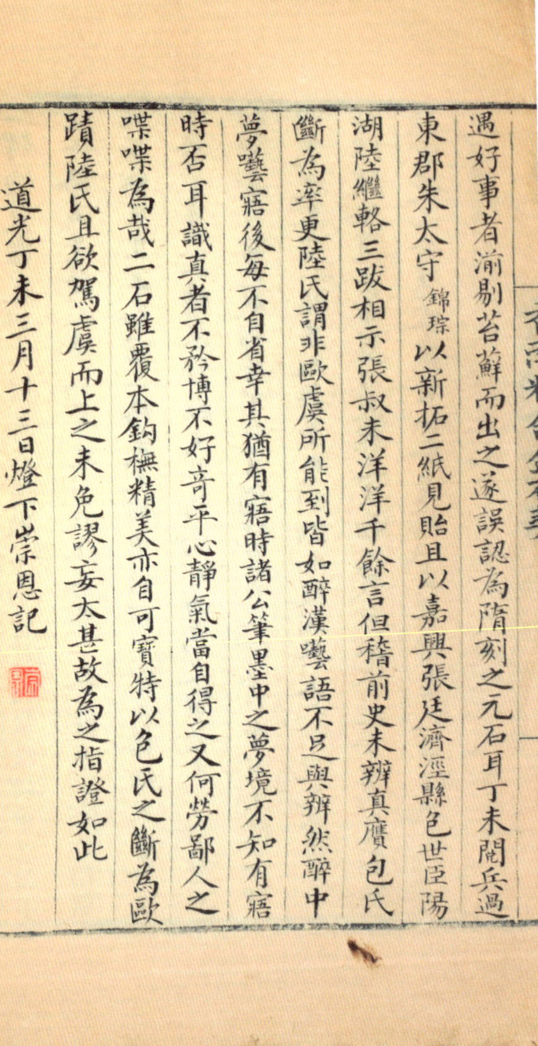
遇好事者㴱剔苔蘚而出之遂誤認為隋刻之元石耳丁未閒兵過
東郡朱太守錦琮以新拓二紙見貽且以嘉興張廷濟涇縣包世臣陽
湖陸繼輅三跋相示張叔未洋洋千餘言但稽前史未辨真贋包氏
斷為率更陸氏謂非歐虞所能到皆如醉漢囈語不足與辨然醉中
夢囈寤後每不自省幸其猶有寤時諸公筆墨中之夢境不知有寤
時否耳識真者不矜博不好奇平心靜氣當自得之又何勞鄙人之
喋喋為哉二石雖覆本鈎橅精美亦自可寶特以包氏之斷為歐
蹟陸氏且欲駕虞而上之未免謬妄太甚故為之指證如此
道光丁未三月十三日燈下崇恩記

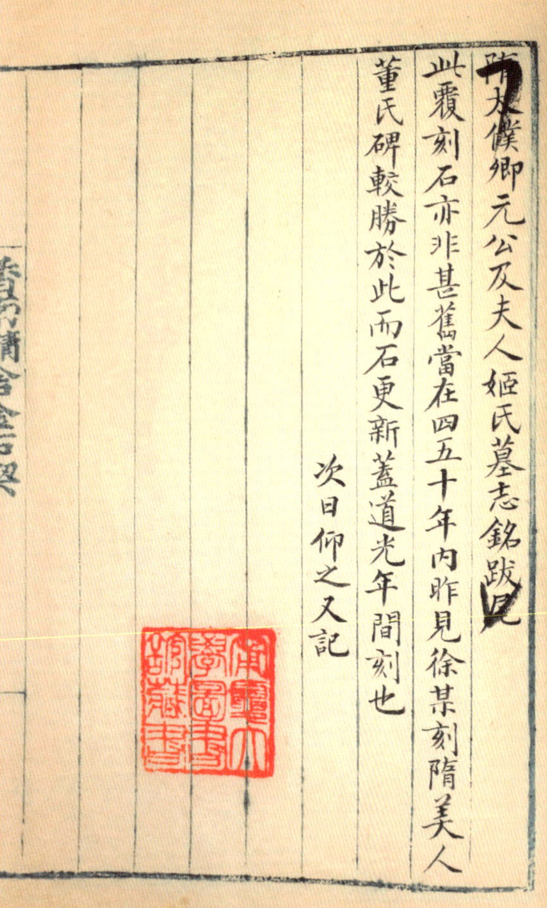
隋太僕卿元公及夫人姬氏墓志銘跋
此覆刻石亦非甚舊當在四五十年內昨見徐某刻隋美人
董氏碑較勝於此而石更新蓋道光年間刻也
次日仰之又記

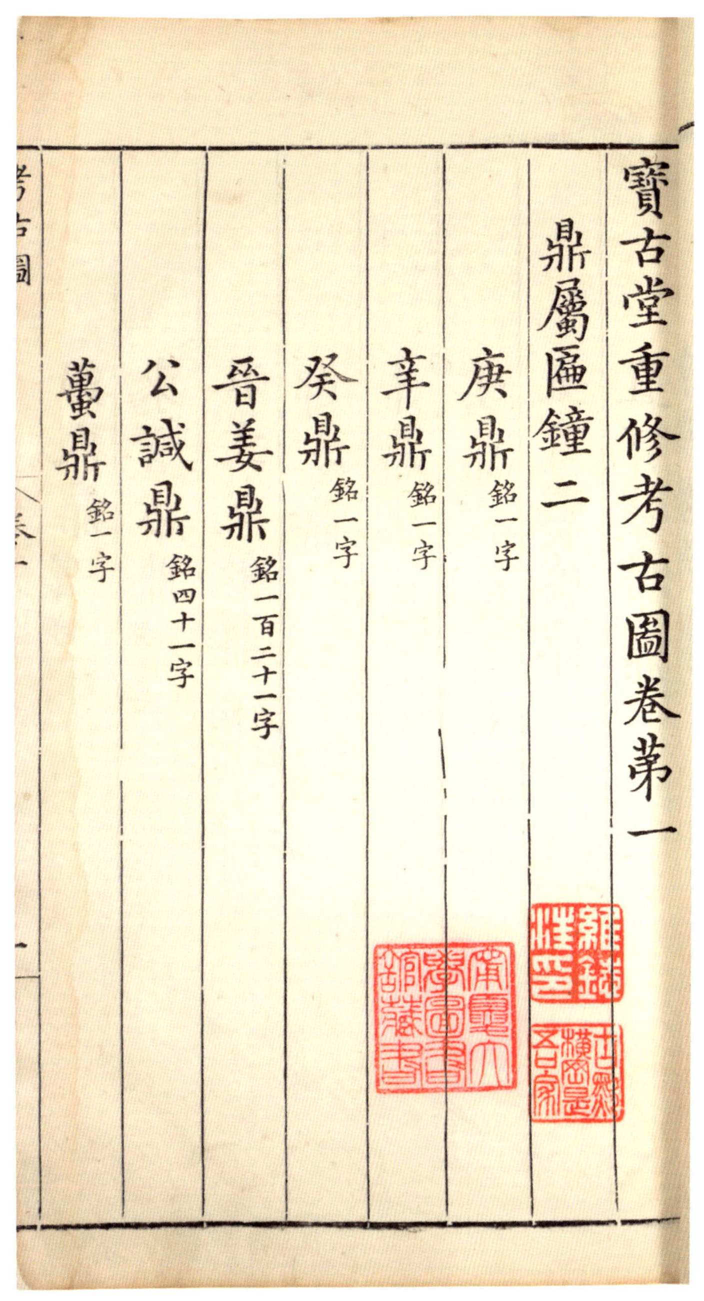

寶古堂重修考古圖卷第一

鼎屬鬲鐘二

庚鼎 銘一字

辛鼎 銘一字

癸鼎 銘一字

晉姜鼎 銘一百二十一字

公諴鼎 銘四十一字

蠆鼎 銘一字

考古圖 卷一

宝古堂重修考古图十卷

（宋）吕大临撰　明万历吴氏刻本　五册　宁夏大学图书馆藏

半叶八行十七字，白口，单白鱼尾，四周单边，版框 24.2 厘米 ×15.6 厘米，开本 28.6 厘米 ×17.8 厘米。

吕大临（1040—1092），字与叔，京兆蓝田（今属陕西）人。是书著录当时宫廷及私家收藏的古铜器、玉器等，按器形分类编排，对器物的藏处、出土地点加以说明，摹绘图形、铭文，记录原器尺寸、重量及容量。张之恒《中国考古通论》认为该书是现存年代最早且有系统的古器物图录。馆藏是书钤有“汪维鈷印”“古黟横冈是吾家”等印。

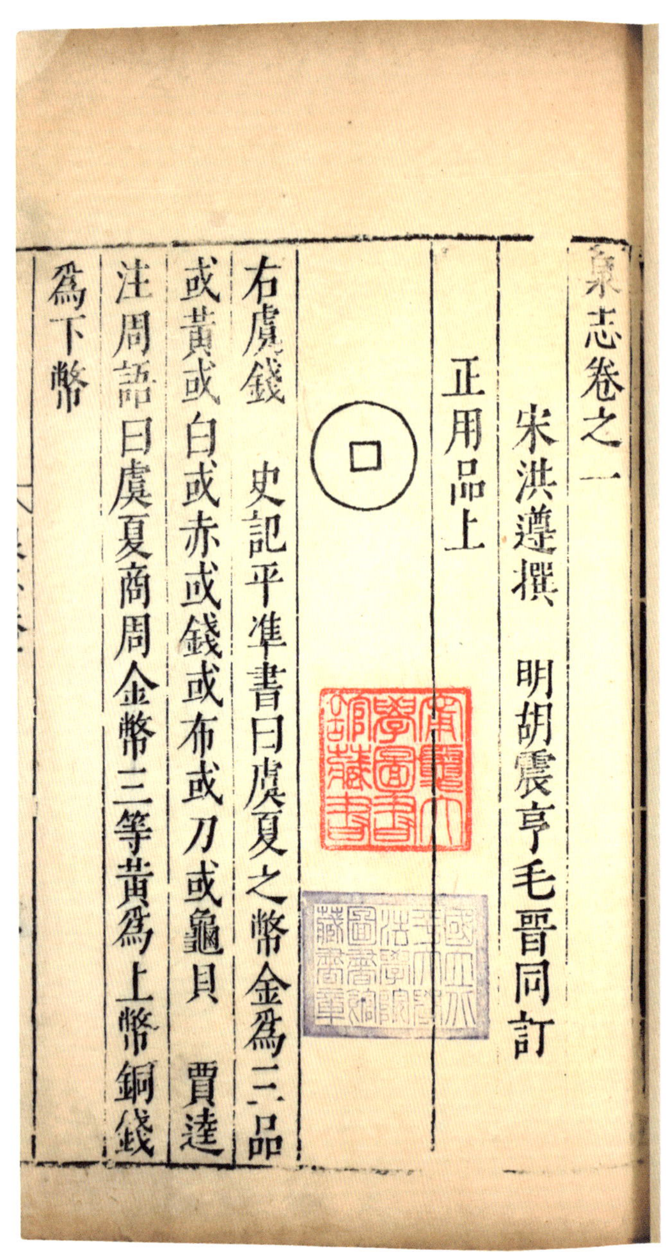
泉志卷之一
宋洪遵撰　明胡震亨毛晉同訂
正用品上
布虞錢　史記平準書曰虞夏之幣金爲三品
或黄或白或赤或錢或布或刀或龜貝　賈逵
注周語曰虞夏商周金幣三等黄爲上幣銅錢
爲下幣

泉志十五卷

（宋）洪遵撰　（明）胡震亨　（明）毛晋订　明崇祯间毛氏汲古阁刻本　四册　宁夏大学图书馆藏

半叶九行十八字，小字双行同，白口，单白鱼尾，左右双边，版框 19.3 厘米×14.0 厘米，开本 25.5 厘米×16.4 厘米。

洪遵（1120—1174），字景严，饶州鄱阳（今属江西）人。胡震亨（1569—1645），字孝辕，号遁叟、赤城山人，浙江海盐人。毛晋（1599—1659），原名凤苞，字子晋，号潜在，江苏常熟人。是书收录历代钱币 300 余种，分为正用品、伪品、不知年代品、天品、外国品、奇品、神品、厌胜品等门类。

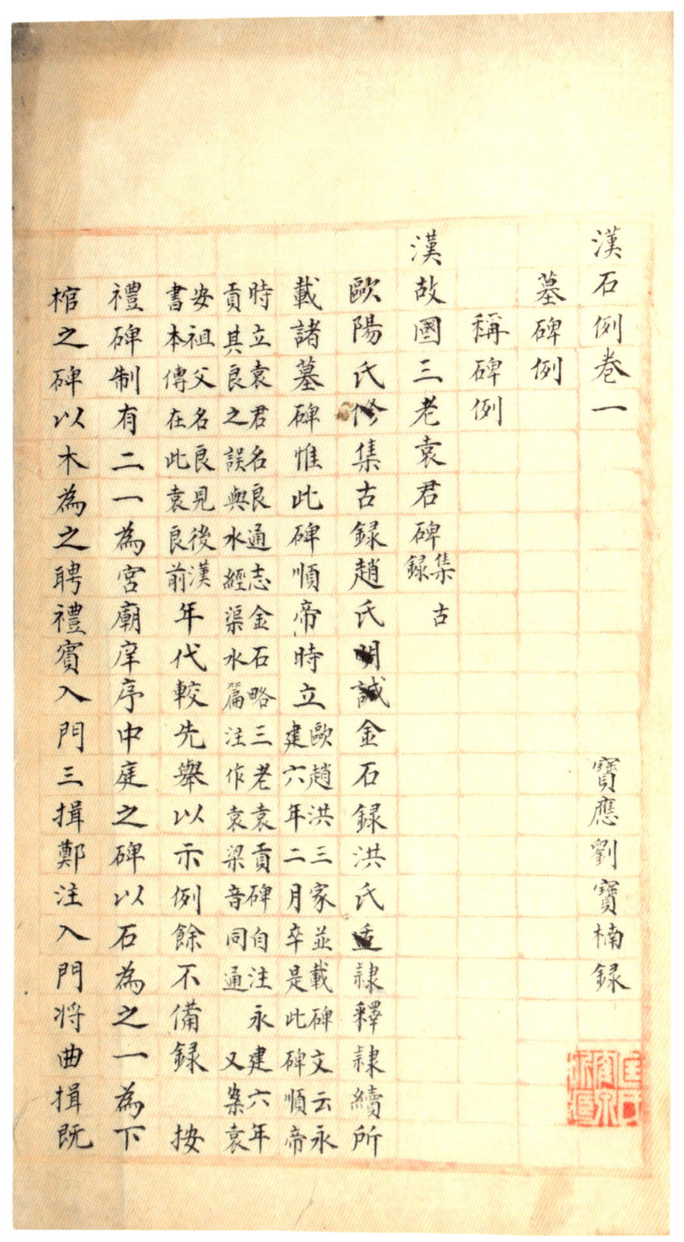

汉石例六卷

（清）刘宝楠录　清道光十六年（1836）稿本　六册　宁夏大学图书馆藏

半叶十行二十三字，小字双行同，白口，单红鱼尾，四周单边，版框 19.9 厘米×13.8 厘米，开本 25.6 厘米×17.1 厘米。

刘宝楠（1791—1855），字楚桢，号念楼，江苏宝应人。道光进士。馆藏是书装订考究，书纸用朱色方格纸，誊抄工整。书中有朱墨笔修改，阙字例用“□”。是书目录后题“道光十六年三月下旬宝楠自校一过漫识于目录后，时寓都中扬州新馆之淮海堂”等字样，经鉴定为刘宝楠稿本，具有较高的版本价值。馆藏是书钤有“匡氏鹤泉所藏”等印。入选第二批《国家珍贵古籍名录》，名录号 04352。

漢石例敘

元潘景梁明王止仲　國朝黄太沖並纂録韓柳諸家文為碑碣例世稱金石三例是也夫刻石之興肇自皇古梁甫弇山載籍蓋闕琅邪碣石巡幸偶經降至東都斯風乃熾公卿貴人下及一行之士門生故吏載筆貞珉其書爵里姓名為傳體其書生卒年月為狀體魏晉以降迄於唐初謹守其法韓柳上法莊荀工於思議而體製寖失予素喜東漢碑碣之文甄而録之為墓碑例百五十[illegible]廟碑例二十九德政碑例十三墓闕例十一雜例三十二總例四十八為文之體略備於斯魏晉以下概從刪佚然而祖考稱考郡掾史張元祠堂碑祖母稱

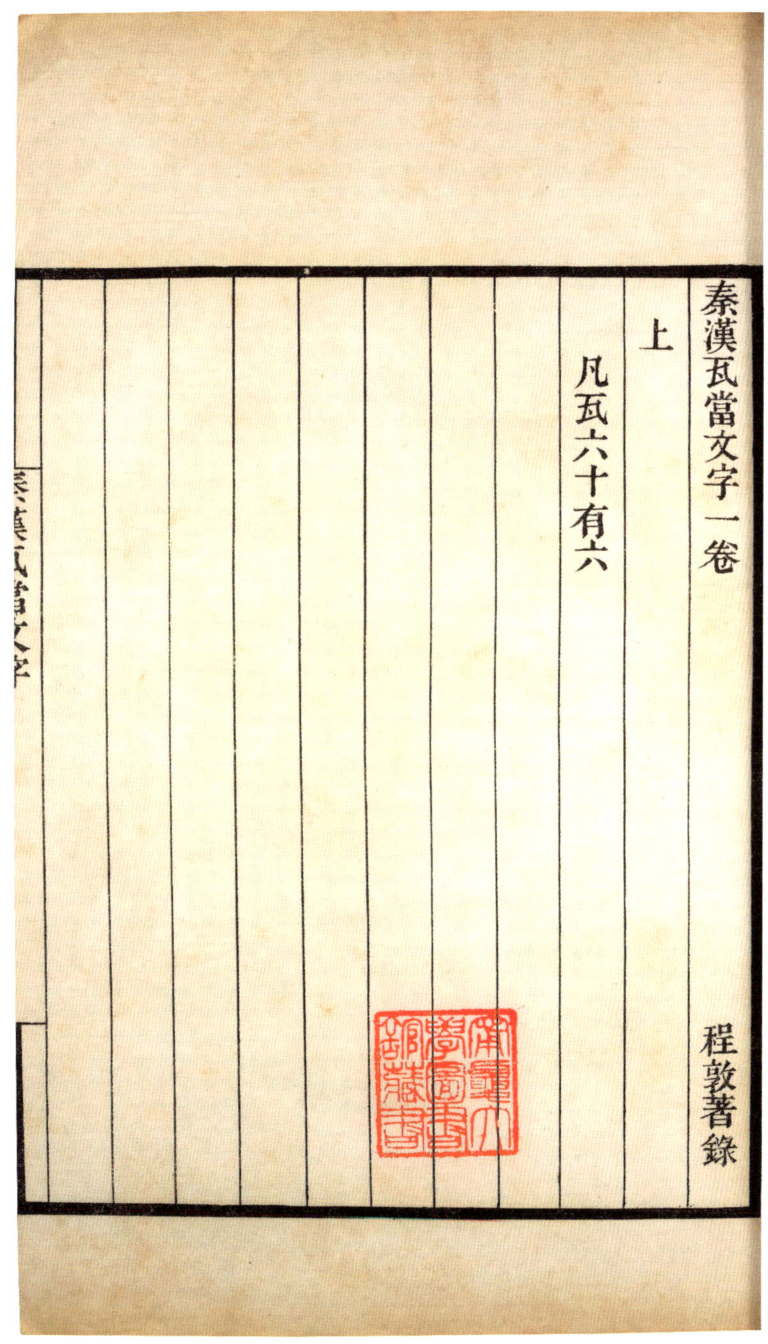
秦漢瓦當文字一卷 上

凡瓦六十有六

程敦著錄

秦汉瓦当文字二卷续一卷

（清）程敦撰　清乾隆五十二年（1787）横渠书院刻本　三册　宁夏大学图书馆藏

半叶十一行二十五字，黑口，无鱼尾，四周单边，版框 21.5 厘米×17.4 厘米，开本 30.0 厘米×19.6 厘米。

程敦（生卒年不详），字彝斋，安徽歙县人。是书共收录程敦友人赵魏、钱坫、俞肇修、申兆定等收藏秦汉瓦当百余种，每种先拓瓦当图形，后附考释文字，是研究秦汉瓦当文字的专著。

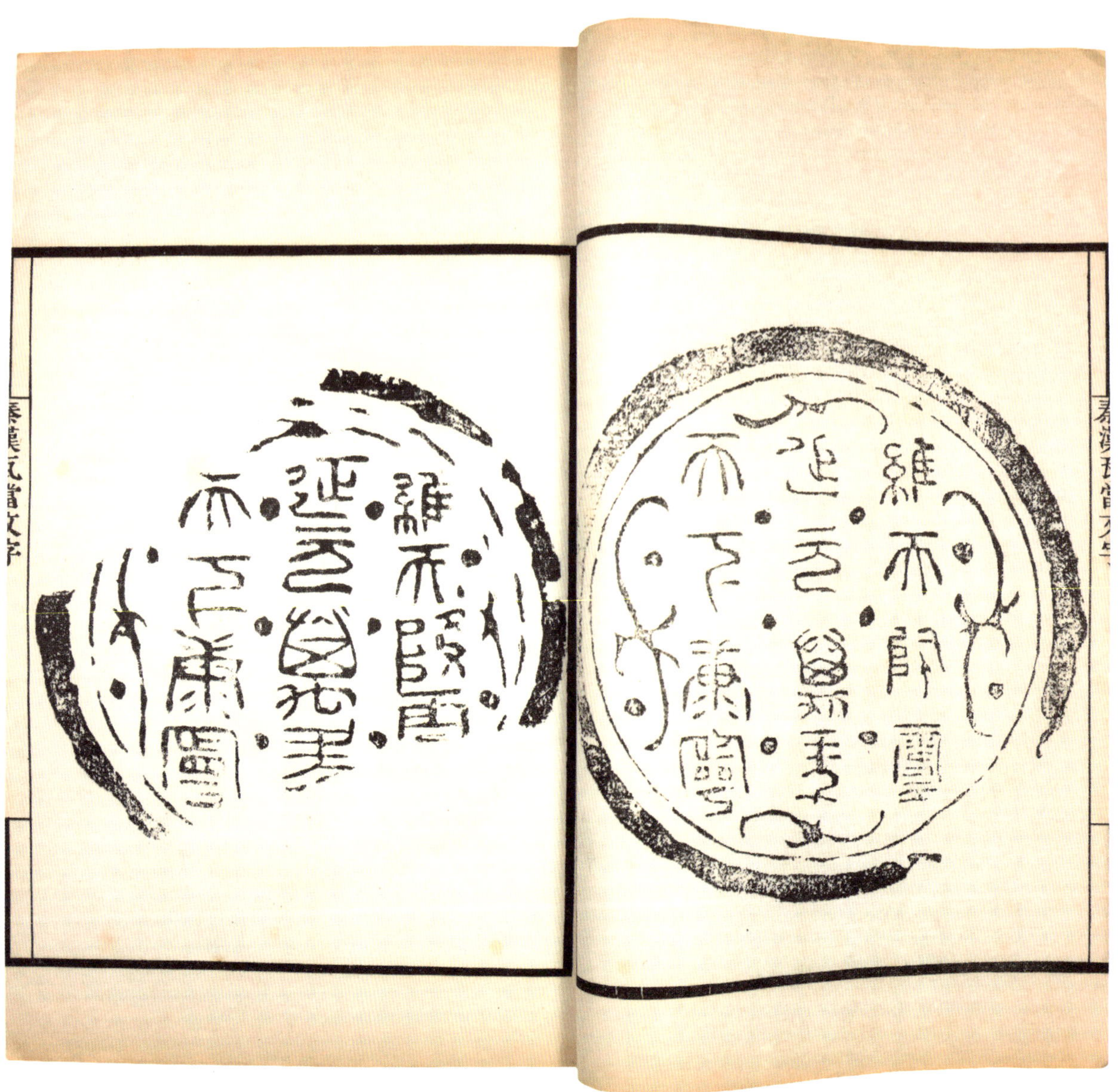
秦漢瓦當文字
秦漢瓦當文字

册府千華

宁夏回族自治区珍贵古籍特展图录

聚艺藏珍 传惠世人

聚艺藏珍
传惠世人

御纂性理精義卷第一

太極圖 周子作 朱子註

朱子曰河圖出而八卦畫洛書呈而九疇敘而孔子於斯文之興喪亦未嘗不推之於天自周衰孟軻氏沒而此道之傳不屬更秦及漢歷晉隋唐以至於我有宋五星集奎實開文明之運而先生出焉不由師傳默契道體建圖屬書根極領要當時見而知之有程氏者遂擴大而推明之使夫天理之微人倫之著事物之衆鬼神之幽莫不洞然畢貫於一而周公孔子孟氏之傳煥然復明於當世有志之士得以探討服行而不失其正如出於三代之前者嗚呼盛哉非天所畀其孰能與於此○又曰先生之學其妙具於太極一圖通書之言亦皆此圖之蘊而程先生兄弟語及性命之際亦未嘗不因其說觀通書之誠動靜理性命等章及程氏書李仲通

御纂性理精義 卷一 太極圖說 一

御纂性理精义十二卷

（清）李光地等编　清康熙五十六年（1717）武英殿刻本　四册　宁夏回族自治区图书馆藏

半叶八行十八字至二十二字，小字双行二十二字，白口，单黑鱼尾，四周双边，版框 21.6 厘米×16.2 厘米，开本 27.9 厘米×18.1 厘米。

李光地简介见《御纂周易折中二十二卷首一卷》提要。是书为明胡广等奉敕编《性理大全》之精简本，体例仍仿照《性理大全》，列其主要纲目，并详加注释，故取名《性理精义》。是书推孔孟之道为儒学正宗，并以“御纂”的名义颁行全国。馆藏是书钤有“万几余暇”“体元主人”“国子监印”等印。

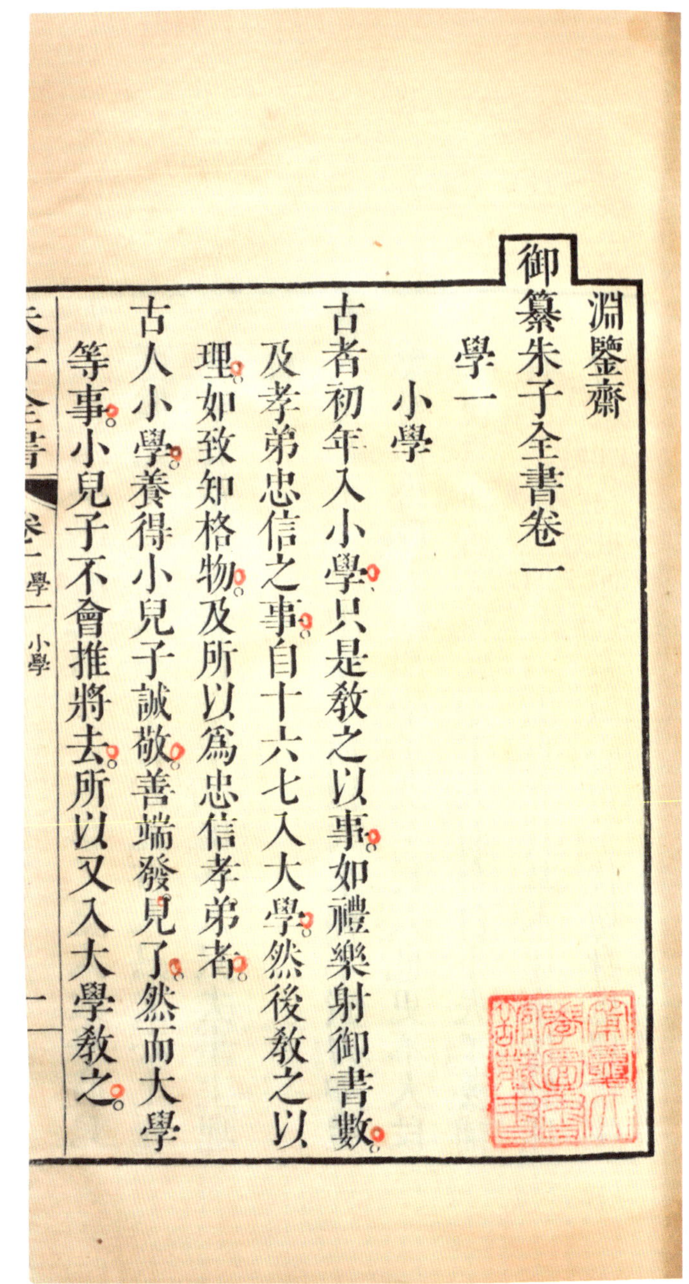

淵鑒齋
御纂朱子全書卷一
學一
小學
古者初年入小學只是教之以事如禮樂射御書數及孝弟忠信之事自十六七入大學然後教之以理如致知格物及所以爲忠信孝弟者
古人小學養得小兒子誠敬善端發見了然而大學等事小兒子不會推將去所以又入大學教之

朱子全書　卷一　學一　小學　一

渊鉴斋御纂朱子全书六十六卷

（宋）朱熹撰　（清）李光地等编　清康熙五十三年（1714）武英殿刻本　二十四册　宁夏大学图书馆藏

半叶九行二十字，小字双行同，白口，单黑鱼尾，四周单边，版框 19.0 厘米×14.0 厘米，开本 27.7 厘米×17.4 厘米。

朱熹简介见《论语十卷》提要。李光地简介见《御纂周易折中二十二卷首一卷》提要。李光地等儒臣奉清圣祖玄烨之命将朱熹文集、语录进行整理删节，去其繁芜，存其精华，编成此书，是研究朱熹理学思想的主要著作。

老子道德真經

道可道非常道名可名非常名無
名天地之始有名萬物之母故常無
欲以觀其妙常有欲以觀其徼此兩者
同出而異名同謂之元元之又元衆妙之門
天下皆知美之為美斯惡已皆知善之
為善斯不善已故有無相生難易相成
長短相形高下相傾音聲相和前後相
隨是以聖人處無為之事行不言之教
萬物作焉而不辭生而不有為而不恃
功成而不居夫唯不居是以不去
不尚賢使民不爭不貴難得之貨使

道德经不分卷

（春秋）老子撰 （清）石韫玉书 清道光十六年（1836）抄本 一册 宁夏回族自治区图书馆藏

半叶六行字数不等，开本 26.9 厘米 ×15.9 厘米。

老子（生卒年不详），姓李名耳，字伯阳，谥曰聃，楚国苦县（今河南鹿邑）人。石韫玉（1756—1837），字执如，号琢堂，又号花韵庵主人，晚号独学老人，吴县（今江苏苏州）人。乾隆进士。是书又称《老子》《老子五千文》，是先秦道家的经典著作。馆藏是书为石韫玉 80 高龄时用小楷抄写，字迹秀美端庄，末页落款处题“独学老人书时年八十”，钤有“韫玉”“石氏子”“人生安得如汝寿”等印。

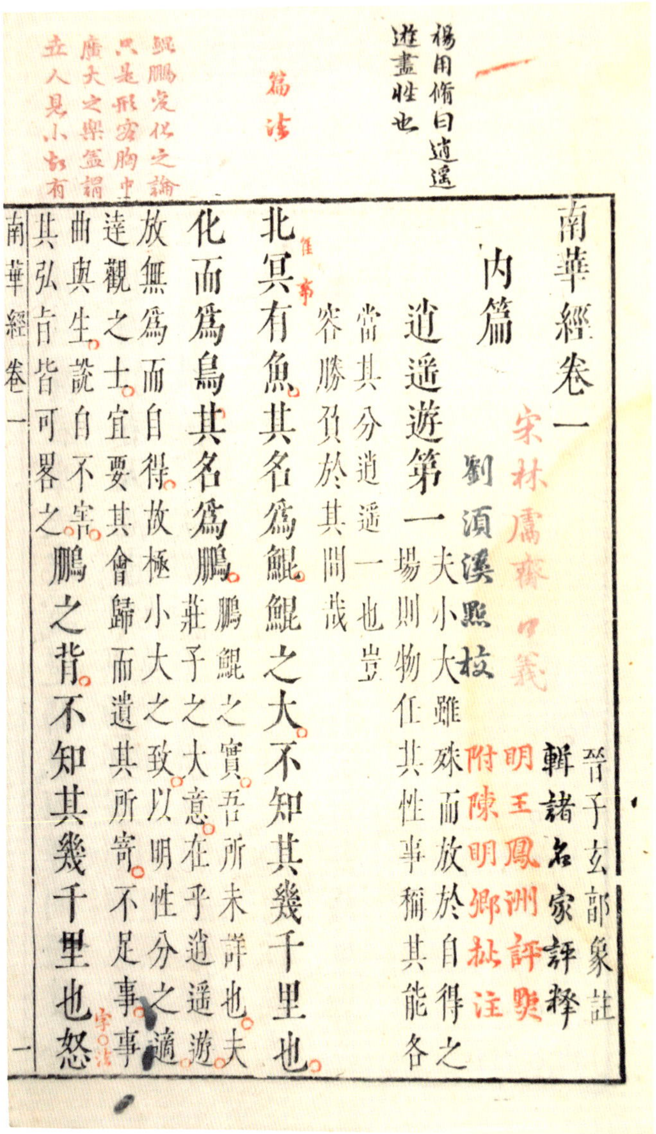

南华经十六卷

（战国）庄周撰　（晋）郭象注　（宋）林希逸口译　（宋）刘辰翁点校　（明）王世贞评点　（明）陈仁锡批注　明刻四色套印本　四册　宁夏回族自治区图书馆藏

半叶八行十八字，小字双行同，白口，无鱼尾，四周单边，版框 20.0 厘米 ×14.8 厘米，开本 26.1 厘米 ×17.2 厘米。

庄周（约前 369—前 286），字子休，宋国蒙（今河南商丘）人。郭象（252—312），字子玄，河南洛阳人。林希逸（1193—1271），字肃翁，号鬳斋，又号竹溪，福建福清人。端平进士。刘辰翁（1232—1297），字会孟，号须溪，吉州庐陵（今江西吉安）人。景定进士。王世贞（1526—1590），字元美，号凤洲、弇州山人，江苏太仓人。嘉靖进士。陈仁锡（1581—1636），字明卿，号芝台，长洲（今江苏苏州）人。天启进士。是书又称《庄子》《南华真经》，为庄周及其后学所著，与《道德经》同为先秦道家的代表性著作。

而飛其翼若垂天之雲是鳥也海運則將徙於南冥南冥者天池也非冥海不足以運其身非九萬里不足以負其翼此豈好奇哉直以大物必自生於大處大處亦必自生此大物理固自然不患其失又何厝心於其間哉齊諧者志怪者也諧之言曰鵬之徙於南冥也水擊三千里摶扶搖而上者九萬里夫翼大則難舉故摶扶搖而後能上九萬里乃足自勝耳既有斯翼豈得決然而起數仞而下哉此皆不得不然非樂然也去以六月息者也夫大鳥一去半歲至天池而息小鳥一飛半朝搶榆枋而止此比所能則有間矣其於適性一也野馬也塵埃也

生物之以息相吹也此皆鵬之所馮以飛者耳野馬者遊氣也天之蒼蒼其正色邪其遠而無所至極邪其視下也亦若是則已矣今觀天之蒼蒼竟未知便是天之正色邪天之為遠而無極邪鵬之自上以視地亦若人之自此視天則止而圖南矣言鵬不知道里之遠近趣足以自勝而逝且夫水之積也不厚則負大舟也無力覆杯水於坳堂之上則芥為之舟置杯焉則膠水淺而舟大也此皆明鵬之所以高飛者翼大故耳夫質小者所資不待大則質大者所用不得小矣故理有至分物有定極各足稱事其濟一也若乃失乎忘生之主而營生於至當

南華經卷一 二

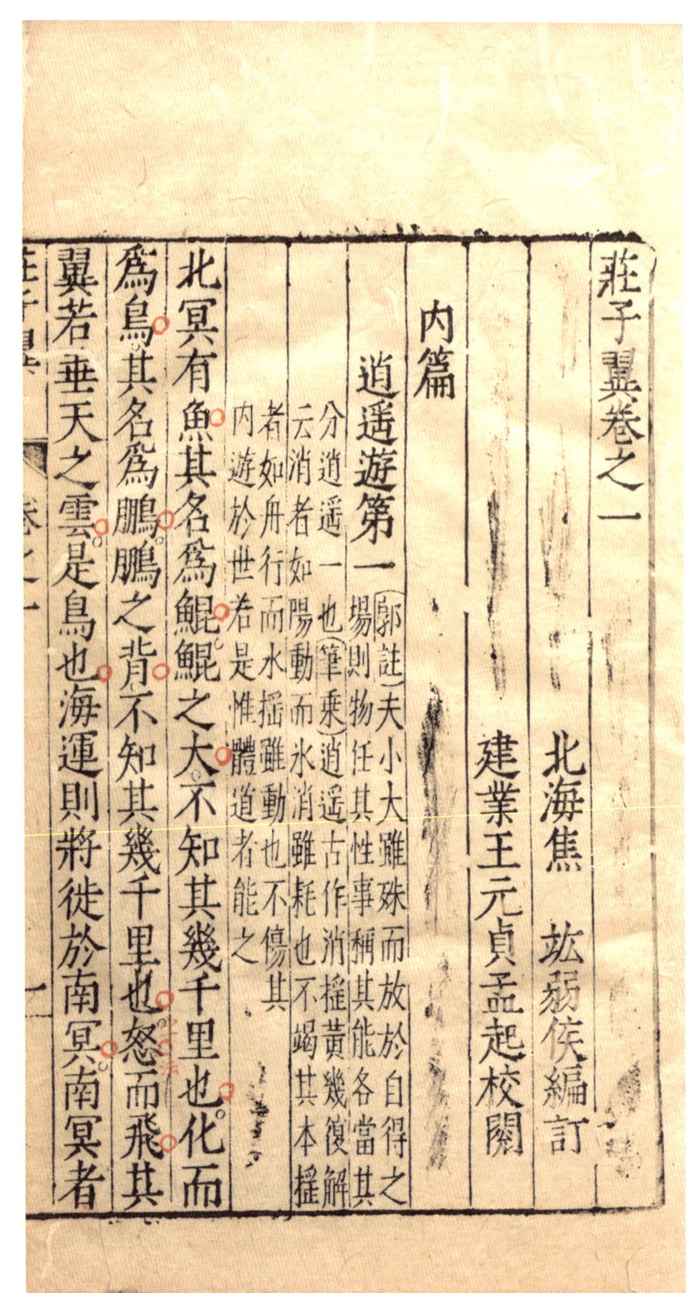
莊子翼卷之一
北海焦　竑弱侯編訂
建業王元貞孟起校閲
内篇
逍遥遊第一（郭註）夫小大雖殊而放於自得之場則物任其性事稱其能各當其分逍遥一也（筆乘）逍遥古作消揺黄幾復解云消者如陽動而氷消雖耗也不竭其本揺者如舟行而水揺雖動也不傷其内遊於世若是惟體道者能之
北冥有魚其名爲鯤鯤之大不知其幾千里也化而爲鳥其名爲鵬鵬之背不知其幾千里也怒而飛其翼若垂天之雲是鳥也海運則將徙於南冥南冥者

庄子翼八卷庄子阙误一卷

（明）焦竑编　（明）王元贞校　明万历刻本　八册　宁夏回族自治区图书馆藏

半叶十行二十字，小字双行同，白口，单黑鱼尾，四周单边，版框 20.3 厘米 ×13.5 厘米，开本 26.5 厘米 ×16.4 厘米。

焦竑（1540—1620），字弱侯，号澹园，又号澹园，江宁（今江苏南京）人。万历进士。王元贞（生卒年不详），字孟起。是书体例沿袭《老子翼》，汲取诸家注“庄”之精华，用儒家思想阐明《庄子》，是晚明注“庄”之重要著作。馆藏是书钤有“孤云野鹤”“墨林圣”“安石”等印，并有朱笔圈点。

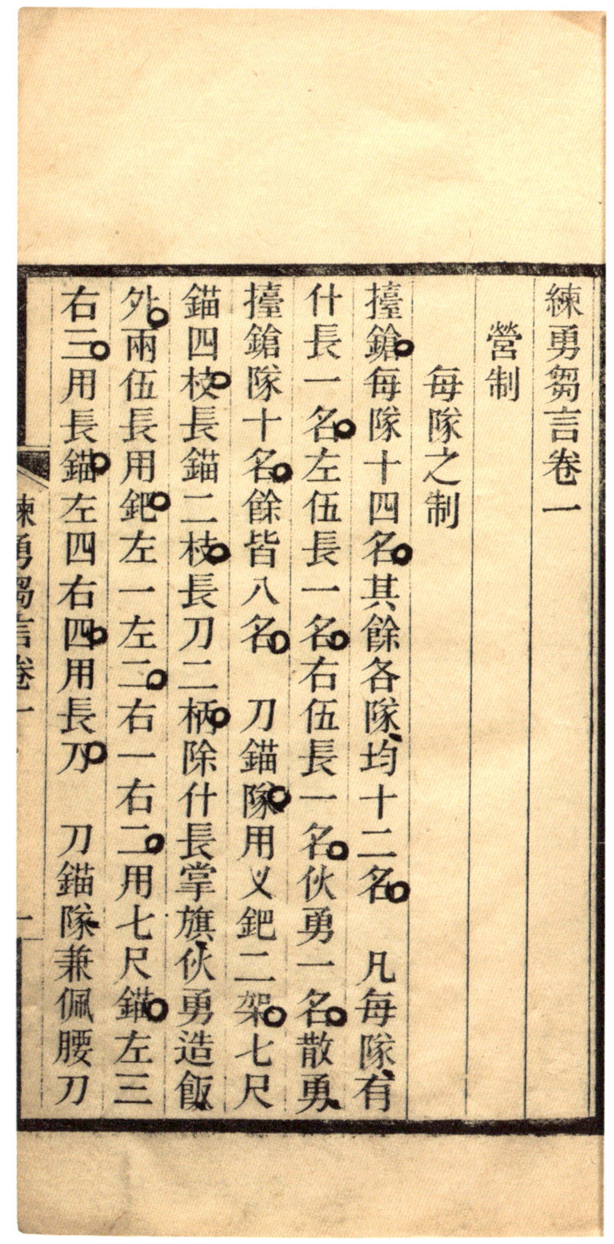

練勇芻言卷一

營制

每隊之制

擡鎗每隊十四名其餘各隊均十二名　凡每隊有什長一名左伍長一名右伍長一名伙勇一名散勇擡鎗隊十名餘皆八名　刀錨隊用叉鈀二架七尺錨四枝長錨二枝長刀二柄除什長掌旗伙勇造飯外兩伍長用鈀左一左二右一右二用七尺錨左三右三用長錨左四右四用長刀　刀錨隊兼佩腰刀

兵书三种

（清）王鑫等辑　清光绪二十一年（1895）湖北官书处刻本　一册　宁夏回族自治区图书馆藏

半叶九行二十字，小字双行同，黑口，单黑鱼尾，左右双边，版框 17.7 厘米 ×12.9 厘米，开本 26.4 厘米 ×15.0 厘米。

王鑫（？—1857），字璞山，湖南湘乡人。是书为操练湘军之兵典，包括《练勇刍言》《操练洋枪浅言》《用炮要言》三种。馆藏是书为湖北黄陂范氏家族旧藏，书内有范轼墨笔圈点及其子范熙壬题记二则。钤有“耘勤”“范氏蘖园藏书子孙敬谨诵习切勿涂抹损坏违者罪同悖逆”等印。

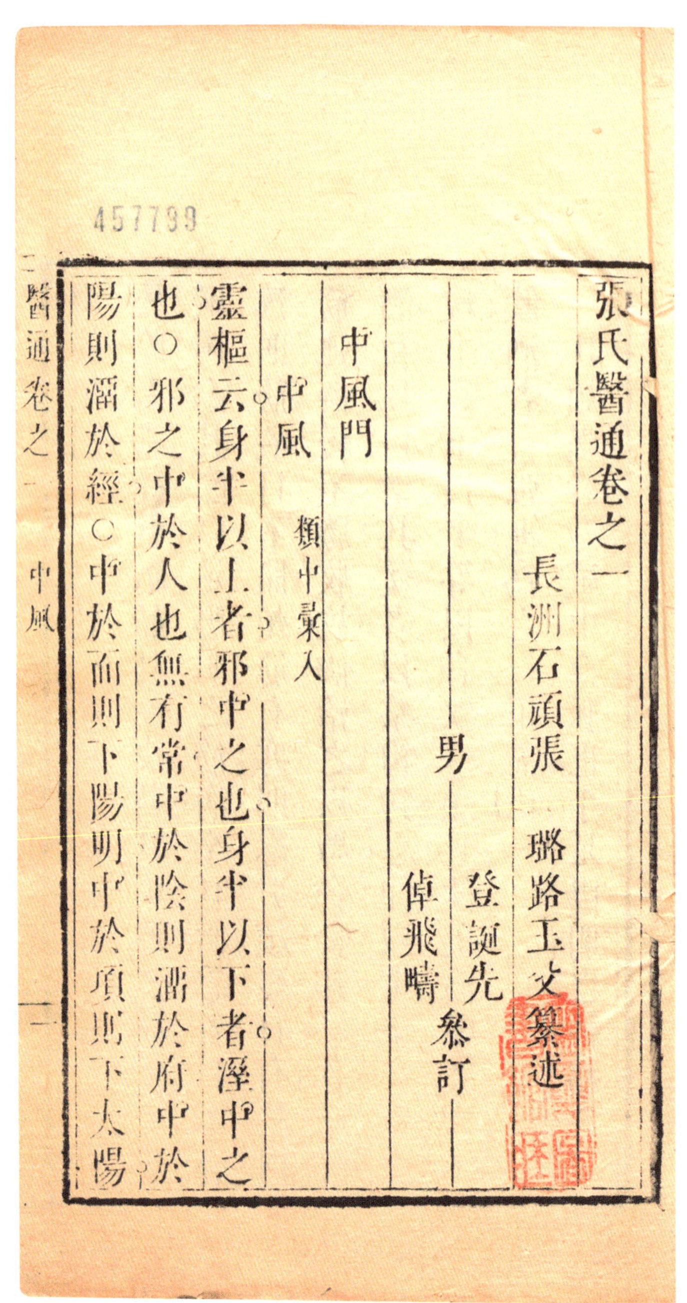

張氏醫通卷之一

長洲石頑張　璐路玉父纂述

男　登誕先
　　倬飛疇　參訂

中風門

中風　類中彙入

靈樞云身半以上者邪中之也身半以下者溼中之也。邪之中於人也無有常中於陰則溜於府中於陽則溜於經。中於面則下陽明中於項則下太陽

醫通卷之一　中風　一

张氏医通十六卷目录一卷

（清）张璐撰　清康熙四十八年（1709）宝翰楼刻张氏医书七种本　十八册　缺卷十四至十六　宁夏回族自治区图书馆藏

半叶九行二十字，白口，无鱼尾，四周双边，版框 18.7 厘米×13.2 厘米，开本 25.4 厘米×15.6 厘米。

张璐（1617—约 1699），字路玉，晚号石顽老人，长洲（今江苏苏州）人。是书系著者在引用历代医学文献的基础上，结合自身多年行医经验，不断剪裁修订，加以阐述而成，其中蕴含着丰富的中医体质学思想，是反映著者医学思想的代表作，刊行以后流传颇广。

痘疹活幼心法

○論受病之源

痘疹之源有謂兒在胎時食母血穢而致者有謂父母慾火所致者慾火之說出於臆測固無明據嘗見孕婦飲食清淡者生子出痘多稀少而平順恣食厚味者生子出痘多稠密而險危則其病源受毒于母胎血穢似有明驗蓋飲食淡則血氣清而胎毒輕飲食厚則血氣濁而胎毒重受毒輕故出痘少受毒重故出痘多其理易明也近有好爲奇論者謂人豈無慾火胎毒而獨不出痘則此

痘疹由于胎毒胎毒鍾于慾火其說本自可信至食母血穢萬密齋已駁之乃聶氏尚以獨智矜詡耶

活幼心法

痘疹活幼心法不分卷

（明）聂尚恒撰　明崇祯六年（1633）四美堂刻本　一册　宁夏回族自治区图书馆藏

半叶十行十九字，小字双行同，白口，无鱼尾，左右双边，版框 20.0 厘米×13.1 厘米，开本 25.9 厘米×15.5 厘米。

聂尚恒（1572—？），字惟贞，号久吾，清江（今江西樟树）人。是书对痘疹的病源及其不同阶段的发病特点、症状及治法，做了较详细的辨析，其中不乏著者独到的学术见解，又载有临床医案，为后世儿科医家所重视，尤其在痘疹专著中影响较大。馆藏是书有朱墨笔圈点及批校多处。

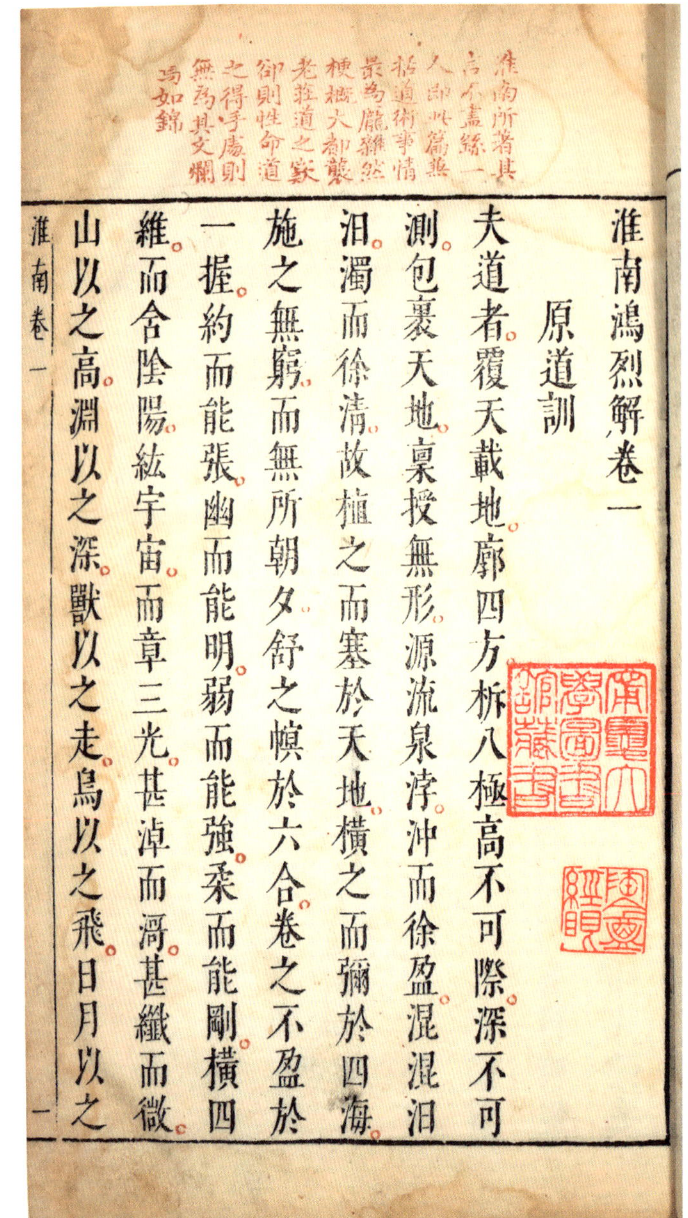

淮南所著其言不盡繇一人即此篇兼括道術事情景為龐雜然梗概大都襲老莊道之欵御則性命道之得乎處則無為其文爛焉如錦

淮南鴻烈解卷一

原道訓

夫道者覆天載地廓四方柝八極高不可際深不可測包裹天地稟授無形源流泉浡沖而徐盈混混汩汩濁而徐淸故植之而塞於天地橫之而彌於四海施之無窮而無所朝夕舒之幎於六合卷之不盈於一握約而能張幽而能明弱而能強柔而能剛橫四維而含陰陽紘宇宙而章三光甚淖而滒甚纖而微山以之高淵以之深獸以之走鳥以之飛日月以之

淮南卷一　　一

淮南鸿烈解二十一卷

（汉）刘安撰　（汉）高诱注　（明）茅坤等评　明刻朱墨套印本　八册　宁夏大学图书馆藏

半叶九行二十字，白口，无鱼尾，四周单边，版框 20.9 厘米 ×14.7 厘米，开本 27.0 厘米 ×16.5 厘米。

刘安（前 179—前 122），沛郡丰（今江苏丰县）人。高诱（生卒年不详），涿郡涿（今河北涿州）人。茅坤简介见《史记抄九十一卷首一卷》提要。《淮南子》又名《淮南鸿烈》，高诱受《淮南子》影响并注解该书，内容涉及天文地理、阴阳五行、兵略、医学养生等。注释以解词义为主，间或串解句义。馆藏是书钤有“陈庵经眼”印。

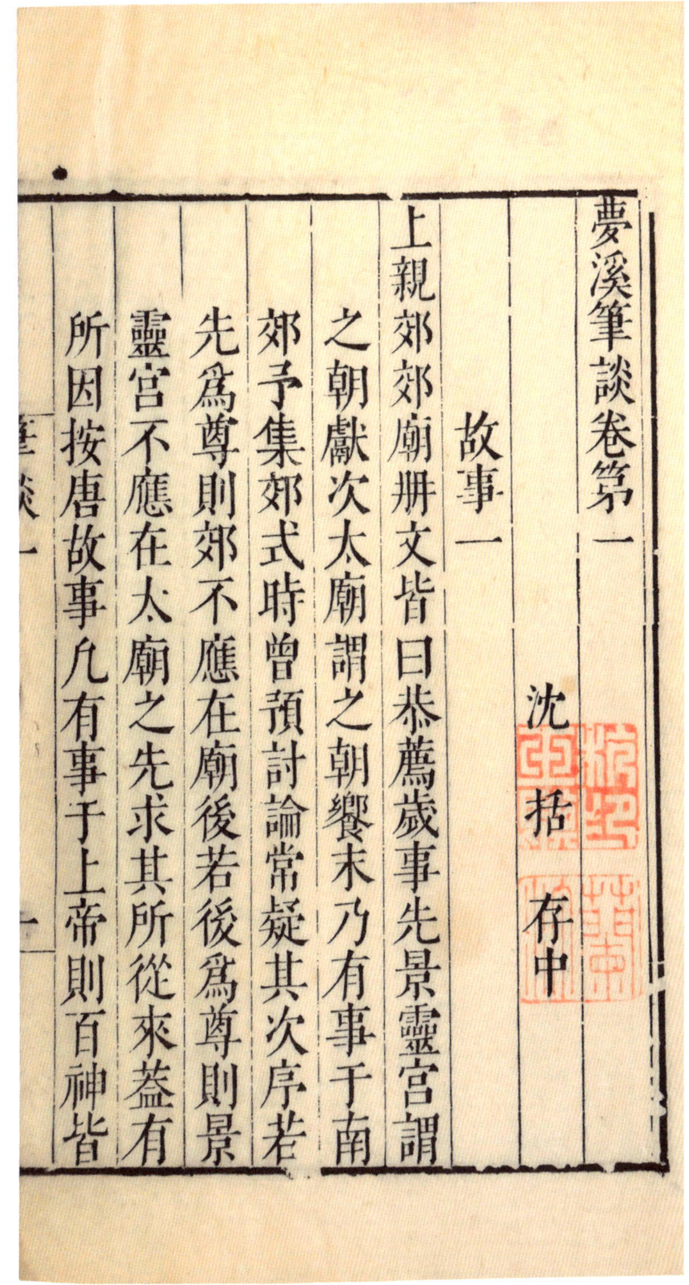

夢溪筆談卷第一

沈括 存中

故事一

上親郊郊廟册文皆曰恭薦歲事先景靈宮謂之朝獻次太廟謂之朝饗末乃有事于南郊予集郊式時曾預討論常疑其次序若先爲尊則郊不應在廟後若後爲尊則景靈宮不應在太廟之先求其所從來蓋有所因按唐故事凡有事于上帝則百神皆

梦溪笔谈二十六卷补笔谈三卷续笔谈一卷

（宋）沈括撰　明崇祯四年（1631）马元调刻本　八册　宁夏回族自治区图书馆藏

半叶九行十八字，小字双行同，白口，无鱼尾，左右双边，版框 18.8 厘米 ×12.8 厘米，开本 24.6 厘米 ×16.4 厘米。

沈括（1031—1095），字存中，钱塘（今浙江杭州）人。嘉祐进士。是书为一部关于我国古代自然科学、工艺技术及社会历史现象的综合性笔记体著作，内容涉及天文、数学、物理、化学、生物等多个门类。英国李约瑟评价其为“中国科学史上的里程碑”。馆藏是书钤有“兰汀”“杭玉骐印”“敦古堂藏书”等印。

重刻夢溪筆談

字畫悉照宋刻

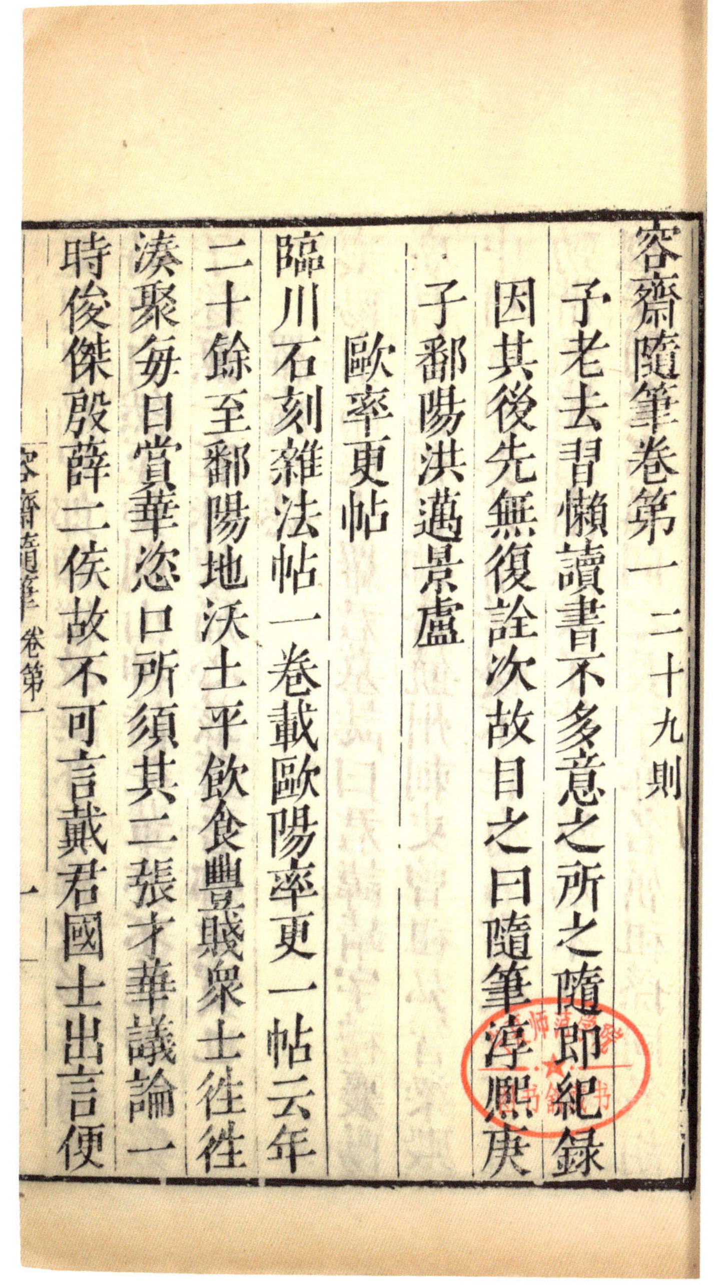
容齋隨筆卷第一　二十九則

子老去習懶讀書不多意之所之隨即紀録因其後先無復詮次故目之曰隨筆淳熙庚子鄱陽洪邁景盧

歐率更帖

臨川石刻雜法帖一卷載歐陽率更一帖云年二十餘至鄱陽地沃土平飲食豐賤衆士往往湊聚每日賞華恣口所須其二張才華議論一時俊傑殷薛二侯故不可言戴君國士出言便

容齋隨筆　卷第一　一

容斋随笔十六卷续笔十六卷三笔十六卷四笔十六卷五笔十卷

（宋）洪迈撰　明崇祯三年（1630）马元调刻本　十六册　宁夏大学图书馆藏

半叶九行十八字，白口，无鱼尾，左右双边，版框 19.2 厘米×13.9 厘米，开本 25.3 厘米×15.9 厘米。

洪迈（1123—1202），字景卢，号容斋，别号野处，饶州鄱阳（今属江西）人。绍兴进士。是书为著者多年读书笔记的总集，内容包罗万象，包括史实、人物、典章、物产、天文、历算、星相等。该书与沈括的《梦溪笔谈》、王应麟的《困学纪闻》被誉为宋代三大笔记。《四库全书总目》推其为南宋笔记小说之冠。

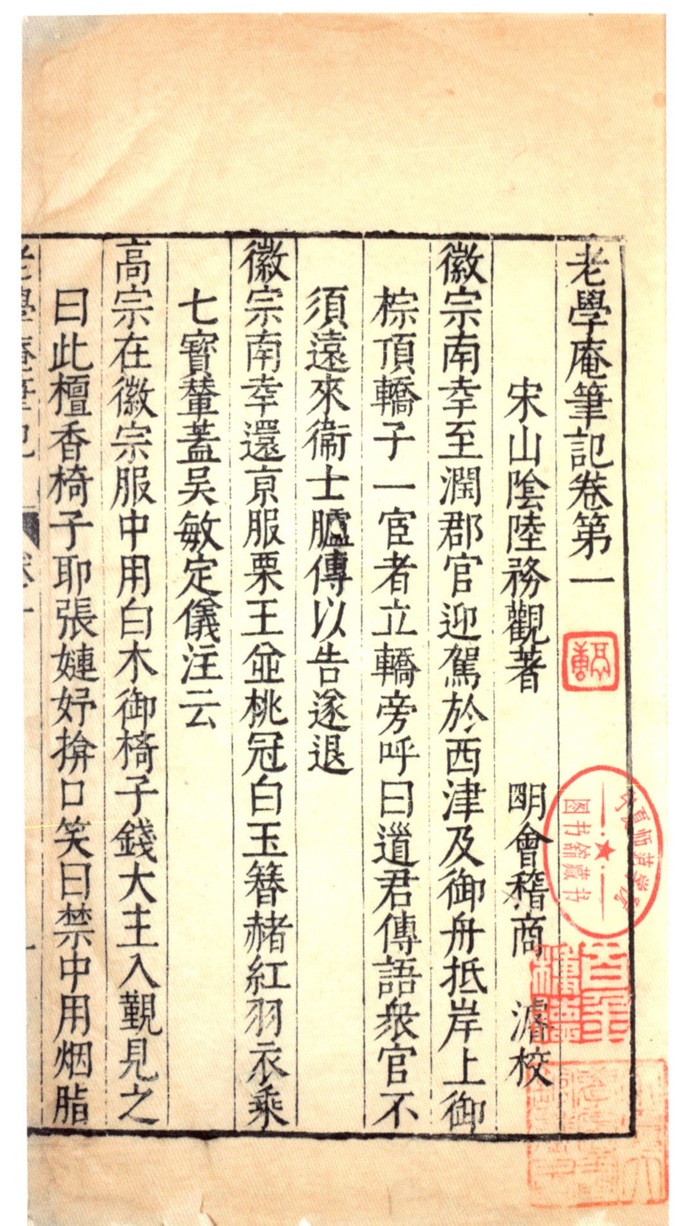
老學庵筆記卷第一
宋山陰陸務觀著
明會稽商濬校
徽宗南幸至潤郡官迎駕於西津及御舟抵岸上御
棕頂轎子一宦者立轎旁呼曰道君傳語衆官不
須遠來衞士臚傳以告遂退
徽宗南幸還京服栗玉並桃冠白玉簪赭紅羽衣乘
七寶輦蓋吴敏定儀注云
高宗在徽宗服中用白木御椅子錢大主入覲見之
曰此檀香椅子耶張婕妤掩口笑曰禁中用烟脂

老学庵笔记十卷

（宋）陆游撰　（明）商濬校　明刻本　二册　宁夏大学图书馆藏

半叶九行二十字，白口，单黑鱼尾，四周单边，版框 20.2 厘米 ×14.1 厘米，开本 27.4 厘米 ×17.2 厘米。

陆游（1125—1210），字务观，号放翁，越州山阴（今浙江绍兴）人。宋孝宗时赐进士出身。商濬（生卒年不详），又名维濬，字初阳，会稽（今浙江绍兴）人。“老学庵”为陆游晚年书斋之名。是书内容涉及时事逸闻、风土民俗、典章制度、诗文品评等，多为著者亲历、亲见、亲闻之事或读书考察之心得，是宋人笔记中的佼佼者。馆藏是书钤有“鬲唐”“百年种德”等印。

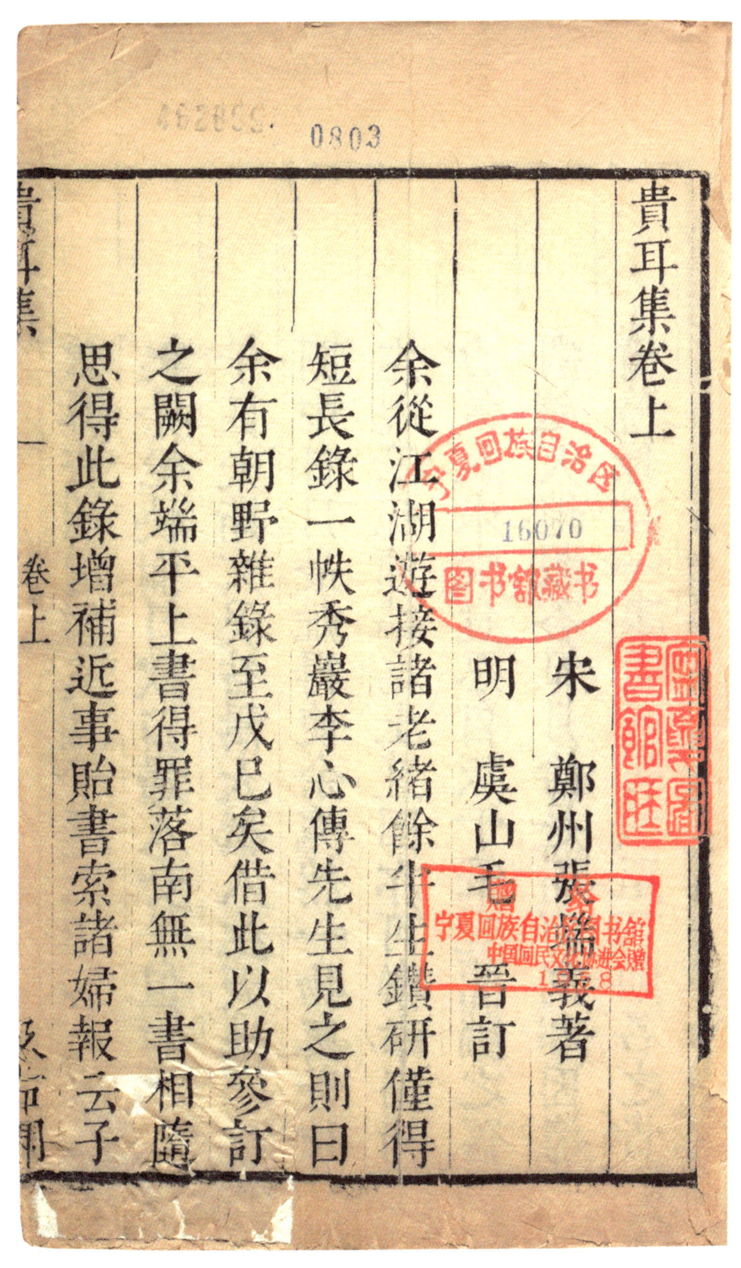

貴耳集卷上

宋　鄭州張端義著

明　虞山毛晉訂

余從江湖遊接諸老緒餘半生鑽研僅得短長錄一帙秀巖李心傳先生見之則曰余有朝野雜錄至戊巳矣借此以助參訂之闕余端平上書得罪落南無一書相隨思得此錄增補近事貽書索諸婦報云子

貴耳集　一　卷上

贵耳集三卷

（宋）张端义撰　（明）毛晋订　明崇祯毛氏汲古阁刻津逮秘书本　一册　宁夏回族自治区图书馆藏

半叶八行十九字，白口，无鱼尾，左右双边，版框 19.3 厘米 ×13.7 厘米，开本 23.3 厘米 ×15.8 厘米。

张端义（1179—？），字正夫，号荃翁，祖籍河南郑州，居姑苏（今江苏苏州）。毛晋简介见《泉志十五卷》提要。“贵耳”一词，为“贵耳贱目”之略，张氏以宁信传说、不重事实自讥，因以“贵耳”题名。是书上集、中集多记载朝廷轶事、文人诗话、经史考证，下集多记录琐闻，兼涉神怪。其中记载的两宋朝野杂事，具有一定的史料价值。

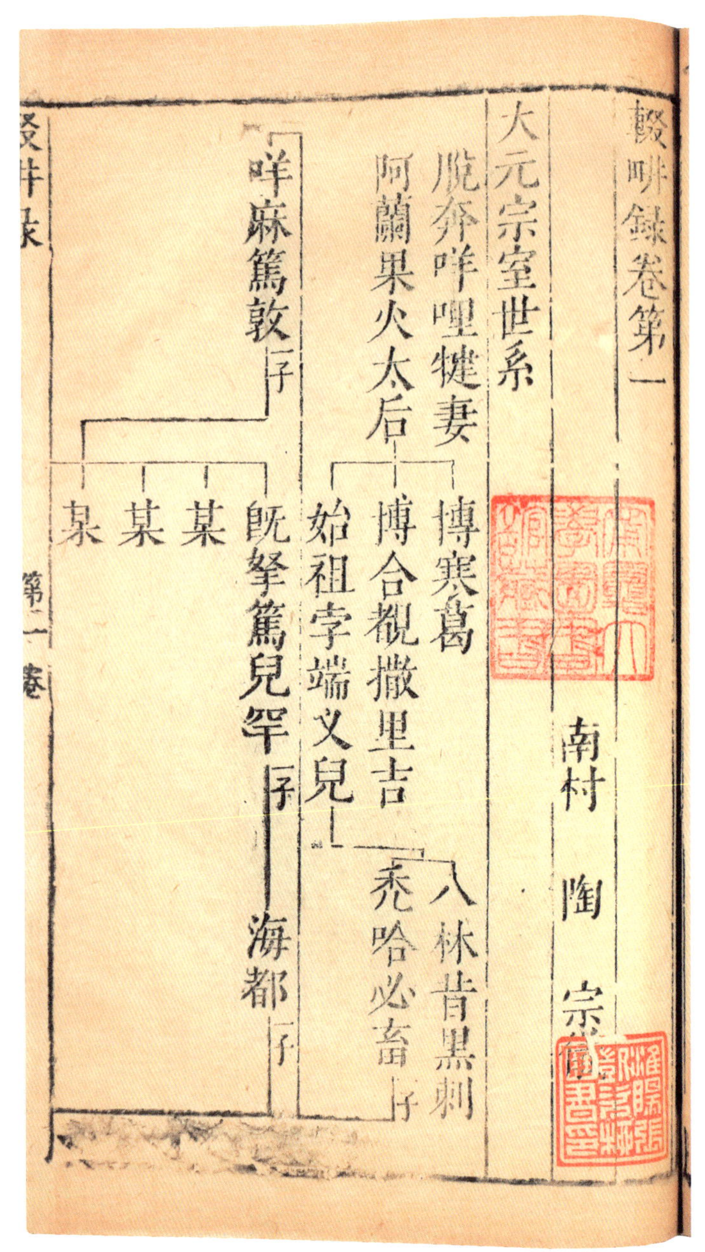

辍耕录三十卷

（明）陶宗仪撰　明末清初广文堂刻本　十册　宁夏大学图书馆藏

半叶十行二十一字，小字双行同，白口，无鱼尾，左右双边，版框 19.9 厘米 ×13.5 厘米，开本 23.9 厘米 ×15.1 厘米。

陶宗仪（1316—1403 后），字九成，号南村，浙江黄岩人。是书又名《南村辍耕录》，为著者十余年间读书笔记之汇编，内容广博，涉及朝廷典章、法令制度、文人轶事、风俗趣闻等。明孙大雅在《南村辍耕录序》中直言："上兼六经百氏之旨，下极稗官小史之谈。昔之所未考，今之所未闻。其采摭之博，侈于白帖；研核之精，拟于洪笔。"馆藏是书钤有"癸未进士丁酉考官""八年穷县令两任假同知""淮阳张凯次柳藏书印"等印。

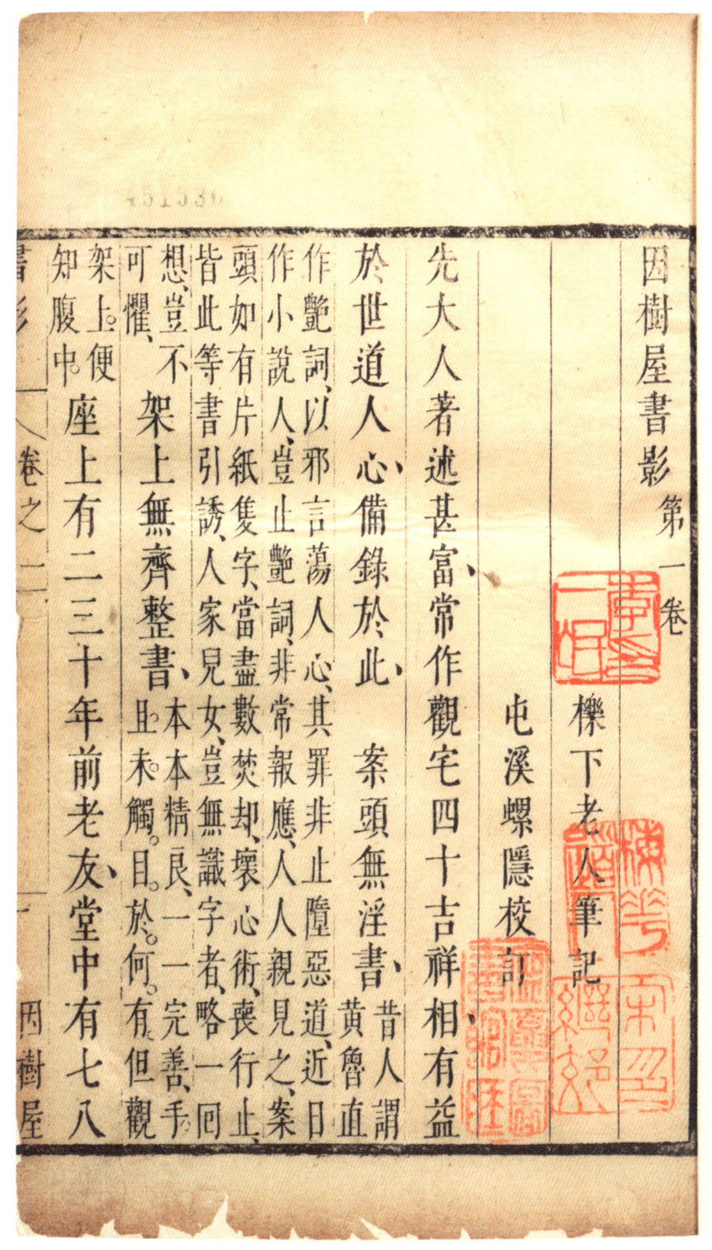
因樹屋書影第一卷

櫟下老人筆記

屯溪螺隱校訂

先大人著述甚富常作觀宅四十吉祥相有益於世道人心備錄於此　案頭無淫書　昔人謂黄魯直作艷詞以邪言蕩人心其罪非止墮惡道近日作小說人豈止艷詞非常報應人人親見之案頭如有片紙隻字當盡數焚却壞心術喪行止皆此等書引誘人家兒女豈無識字者略一回想豈不可懼　架上無齊整書　本本精良一一完善手且未觸目於何有但觀架上便知腹中　座上有二三十年前老友堂中有七八

書影　卷之一　一　因樹屋

因树屋书影十卷

（清）周亮工撰　清康熙六年（1667）金陵周氏赖古堂刻本　十册　宁夏回族自治区图书馆藏

半叶九行十八字，小字双行同，白口，单白鱼尾，四周单边，版框 17.7 厘米 ×13.4 厘米，开本 23.4 厘米 ×15.0 厘米。

周亮工（1612—1672），字元亮，号栎园，祥符（今河南开封）人。崇祯进士。是书为著者之读书笔记，取材上自经史，下及见闻，内容丰富，可读性强，另外还保存了一些重要的小说史料。馆藏是书钤有“宋继郊印”“梅花道人”“李一氓印”“在水一方”“无是楼藏书”等印。

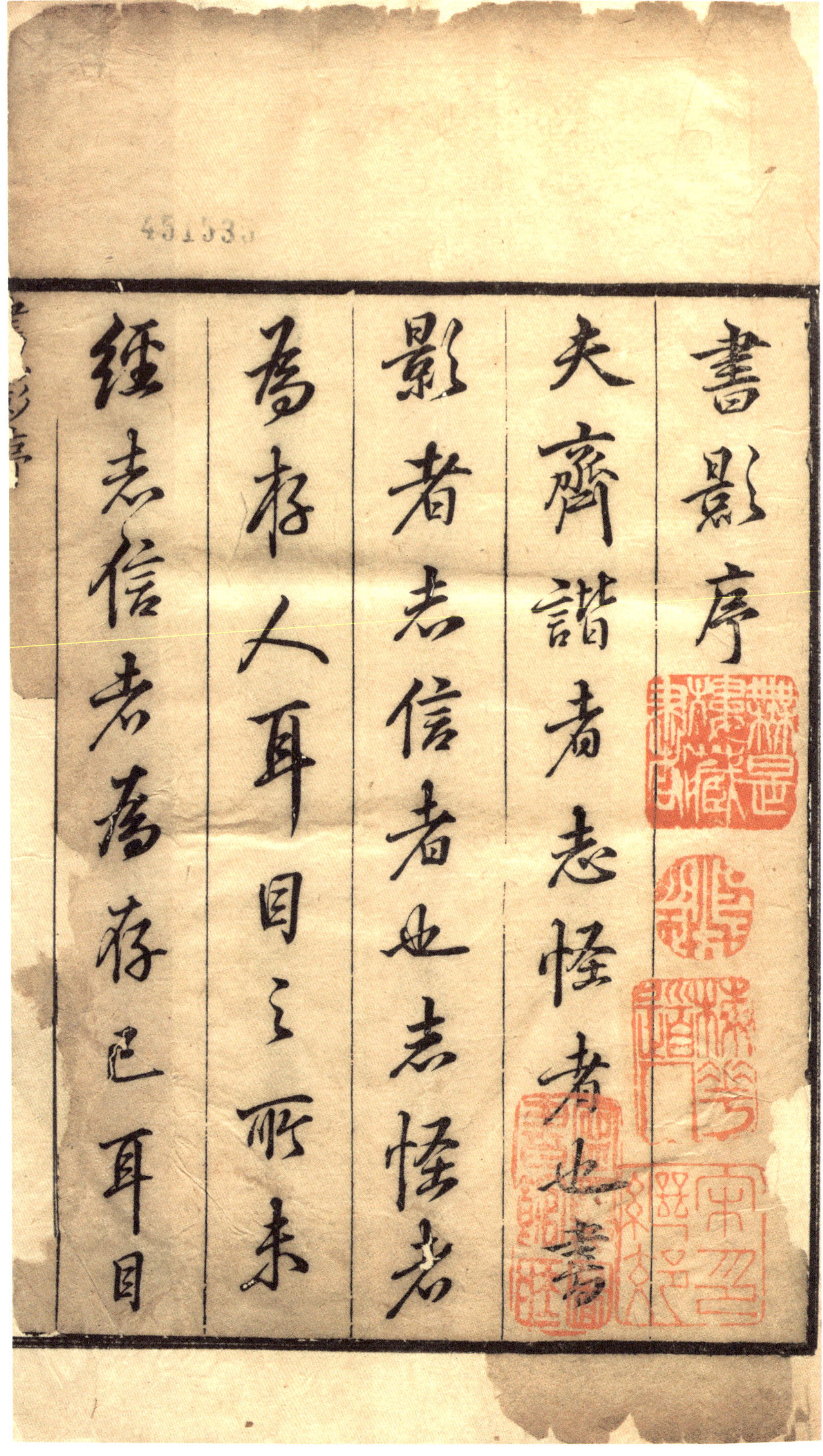

書影序

夫齋諧者志怪者也志
影者志信者也志怪者
爲存人耳目之所未
經志信者爲存已耳目

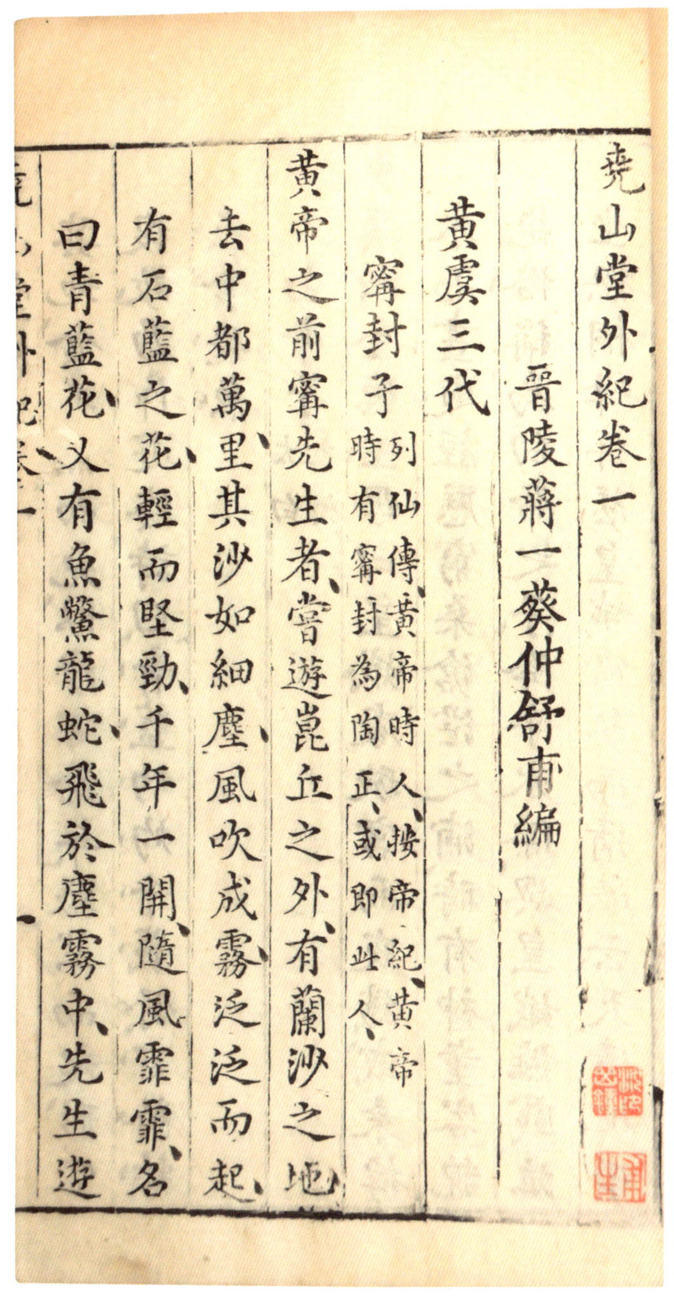

堯山堂外紀卷一

晉陵蔣一葵仲舒甫編

黃虞三代

甯封子 列仙傳黃帝時人。按帝紀，黃帝時有甯封為陶正，或即此人。

黃帝之前甯先生者，嘗遊崑丘之外，有蘭沙之地，去中都萬里，其沙如細塵，風吹成霧，泛泛而起，有石藍之花，輕而堅勁，千年一開，隨風霏霏，名曰青藍花，又有魚鱉龍蛇飛於塵霧中，先生遊

堯山堂外紀卷一

尧山堂外纪一百卷

（明）蒋一葵编　明万历三十三年（1605）刻本　十六册　宁夏回族自治区图书馆藏

半叶八行十九字，小字双行同，白口，无鱼尾，四周单边，版框 23.3 厘米×14.3 厘米，开本 27.4 厘米×17.2 厘米。

蒋一葵（生卒年不详），字仲舒，号石原，晋陵（今江苏常州）人。“尧山堂”为蒋一葵书斋名。是书以人系事，记录自上古至明代的逸闻琐事、朝野掌故、诗文逸事等，间或加以评述。郑振铎在《西谛书话》中说此书“有丰富的史料，对研究文学史的人特别有用”。馆藏是书钤有“甫生”“沈岳钟印”等印。

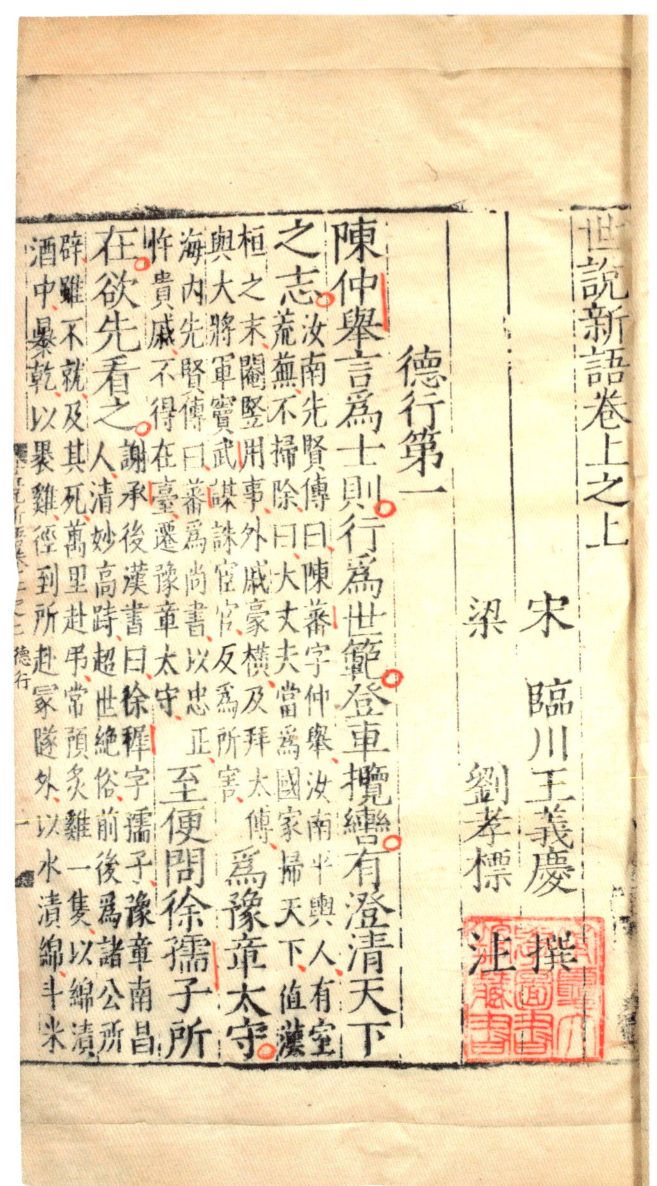
世說新語卷上之上

宋　臨川王義慶　撰

梁　劉孝標　注

德行第一

陳仲舉言爲士則行爲世範登車攬轡有澄清天下之志汝南先賢傳曰陳蕃字仲舉汝南平輿人有室荒蕪不掃除曰大丈夫當爲國家掃天下值漢桓之末閹豎用事外戚豪横及拜太傅與大將軍竇武謀誅宦官反爲所害爲豫章太守海內先賢傳曰蕃爲尚書以忠正忤貴戚不得在臺遷豫章太守至便問徐孺子所在欲先看之謝承後漢書曰徐稺字孺子豫章南昌人清妙高跱超世絕俗前後爲諸公所辟雖不就及其死萬里赴弔常預炙雞一隻以綿漬酒中暴乾以裹雞徑到所起冢隧外以水漬綿斗米

世说新语六卷

（南朝宋）刘义庆撰　（南朝梁）刘孝标注　明万历三十七年（1609）周氏博古堂刻本　六册　宁夏大学图书馆藏

半叶十行二十字，小字双行同，白口，双对黑鱼尾，左右双边，版框 20.5 厘米 ×15.2 厘米，开本 27.4 厘米 ×17.8 厘米。

刘义庆（403—444），彭城（今江苏徐州）人。刘孝标（462—521），名峻，字孝标，山东平原人。是书为记述东汉末年至东晋末年名士们的逸闻轶事、言行风貌的笔记小说，晋室渡江以后之记述尤详。全书含德行、言语、政事、文学等 36 门，对当时的政治、历史、风俗、道德等方面均有记录，生动地反映了士族阶层的思想、生活和清谈放诞的风气。馆藏是书有朱笔圈点。

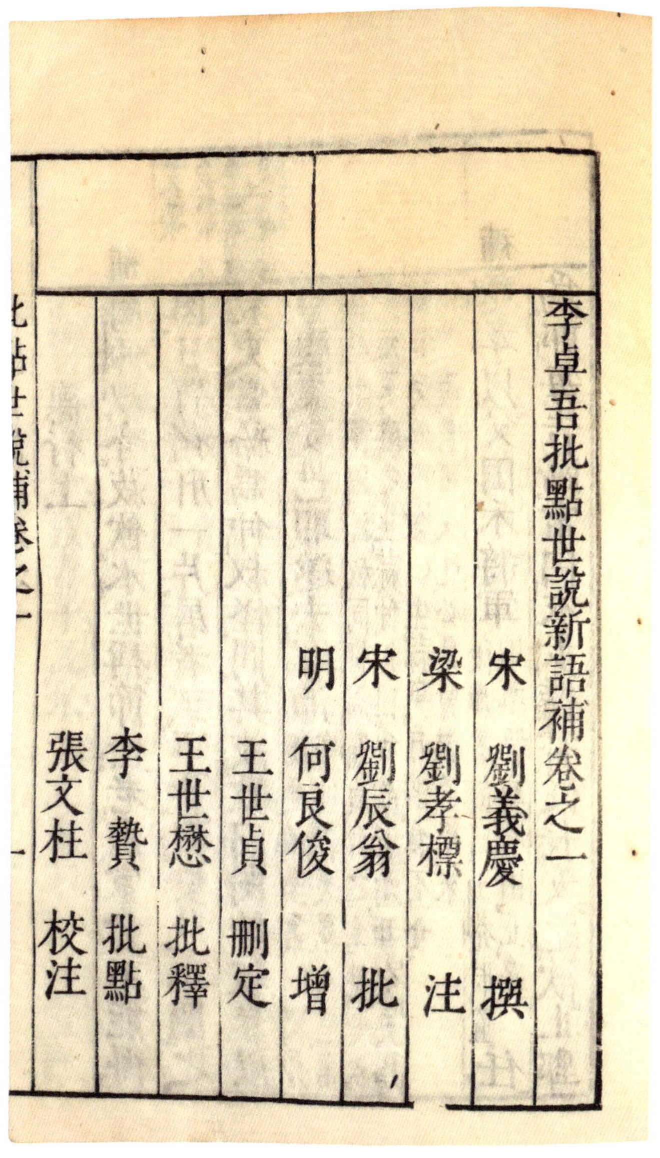
李卓吾批點世說新語補卷之一
宋 劉義慶 撰
梁 劉孝標 注
宋 劉辰翁 批
明 何良俊 增
王世貞 刪定
王世懋 批釋
李贄 批點
張文柱 校注

李卓吾批点世说新语补二十卷

（南朝宋）刘义庆撰 （南朝梁）刘孝标注 （宋）刘辰翁批 （明）何良俊增 （明）王世贞删定 （明）李贽批点 （明）张文柱校注 日本安永八年（1779）刻本 五册 宁夏大学图书馆藏

半叶九行十八字，小字双行同，白口，无鱼尾，四周单边，版框 22.4 厘米 ×14.7 厘米，开本 26.9 厘米 ×18.9 厘米。

刘义庆、刘孝标简介见《世说新语六卷》提要。刘辰翁、王世贞简介见《南华经十六卷》提要。何良俊（1506—1573），字元朗，号柘湖居士，华亭（今上海松江）人。李贽（1527—1602），号卓吾，又号宏甫，别号温陵居士，福建晋江人。张文柱（生卒年不详），字仲立，江苏昆山人。《世说新语补》为王世贞据刘义庆《世说新语》与何良俊《何氏语林》二书删定而成，是书为李贽在此基础上批注圈点、批评议论而成。

虞初新志卷之一

新安張　潮山來氏輯

大鐵椎傳　魏禧冰叔

大鐵椎不知何許人北平陳子燦省兄河南與遇宋將軍家宋懷慶青華鎮人工技擊七省好事者皆來學人以其雄健呼宋將軍云宋弟子高信之亦懷慶人多力善射長子燦七歲少同學故嘗與過宋將軍時座上有健啖客貌甚寢右脅夾大鐵椎重四五十

虞初新志　卷之一　一

虞初新志二十卷

（清）张潮辑　清康熙三十九年（1700）刻本　八册　宁夏回族自治区图书馆藏

半叶九行二十字，白口，单黑鱼尾，四周单边，版框 18.7 厘米×13.6 厘米，开本 24.6 厘米×15.7 厘米。

张潮（1650—？），字山来，号心斋，安徽歙县人。是书所收大多为明末清初时期文人的文言小说，坚持当代之人选当代之文，内容以传奇小说为主，还包括传记、志怪、游记、寓言、随笔等。是书刊行后，很快成为畅销书，并且远播到日本。

朱熹曰揚子雲作太玄只據他立名便是既定却三才九州二十七部八十一家不知如何相錯得八卦

揚子太玄經卷之一

錢塘張　墉石宗閱

同社　洪吉臣載之　朱天璧子玄　較

太玄

諸家皆謂之太玄經陳曰吏以雄非聖人而作經猶吳楚之君僭號稱王蓋誅絕之罪也按子雲法言解嘲等書上云太玄然則非子雲自稱當時爲了侯芭之徒從而尊之耳今從之宋陸依揚子舊本分玄之贊辭爲三卷一方爲上二方爲中三方爲下文列首衝錯測攡瑩數文棿圖告凡十一篇范散首逮於贊辭之間王因之小宋

揚子太玄經　卷之一

扬子太玄经十卷

（汉）扬雄撰　（明）张墉等校阅　明刻本　二册　宁夏回族自治区图书馆藏

半叶九行十八字，小字双行同，白口，无鱼尾，四周单边，版框 19.7 厘米×14.4 厘米，开本 26.5 厘米×16.9 厘米。

扬雄（前 53—18），字子云，蜀郡成都（今属四川）人。张墉（生卒年不详），字石宗，钱塘（今浙江杭州）人。是书以“玄”为中心思想，又糅合了儒家、道家、阴阳家的思想，包含朴素的辩证法观点，如对祸福、动静、寒暑等矛盾关系及其相互转化情况均做了阐述。

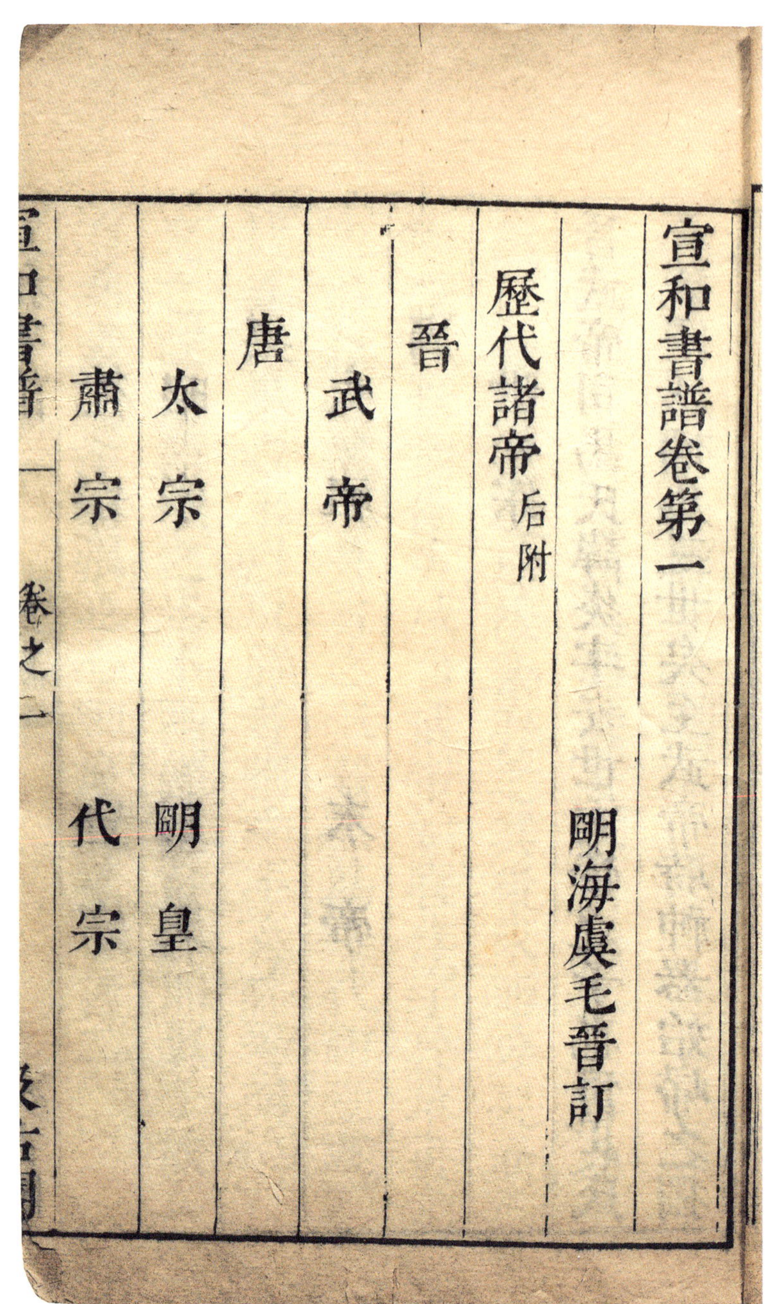
宣和書譜卷第一　明海虞毛晉訂
歷代諸帝后附
晉
武帝
唐
太宗　明皇
肅宗　代宗
宣和書譜　卷之一　汲古閣

宣和书谱二十卷

（宋）□□撰　（明）毛晋订　明崇祯虞山毛氏汲古阁刻津逮秘书本　二册　宁夏回族自治区图书馆藏

半叶八行十九字，白口，无鱼尾，左右双边，版框18.7厘米×13.7厘米，开本23.5厘米×15.9厘米。

毛晋简介见《泉志十五卷》提要。是书为宋徽宗宣和年间由官方编撰的宫廷所藏书法作品之目录，包括历代诸帝王书、篆书、隶书、正书、行书、草书、八分书等。自篆书以下各有叙论，并为每位书者立传，还为内府所藏法帖编目。

明汲古閣板本

宣和書譜

乙卯年華農題

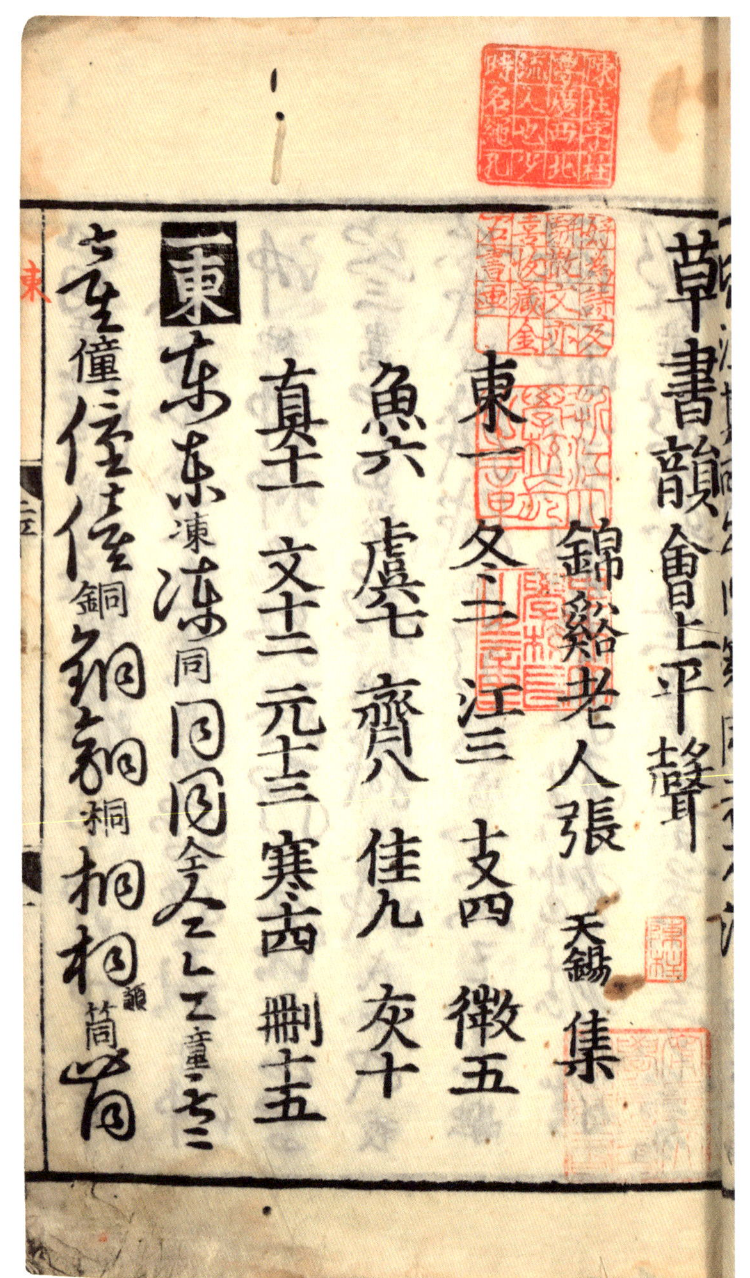
草書韻會上平聲
錦谿老人張天錫集
東一 冬二 江三 支四 微五
魚六 虞七 齊八 佳九 灰十
真十一 文十二 元十三 寒十四 删十五
東

草书韵会五卷

（金）张天锡辑　日本庆安四年（1651）秋田屋平左卫门刻本　二册　宁夏大学图书馆藏

半叶七行字数不等，白口，双顺黑鱼尾，四周单边，版框 21.8 厘米 ×15.5 厘米，开本 27.2 厘米 ×17.8 厘米。

张天锡（生卒年不详），字君用，号锦溪老人，河中（今山西永济）人。是书为根据今韵韵部编集的一部草书字典。全书收集汉至金朝百余位名家草书之字形，依韵编次。馆藏是书为陈柱旧藏，钤有“陈柱”“好为诗及骈散文亦喜收藏金石书画”“陈柱字柱尊广西北流人也少时名绳孔”等印。

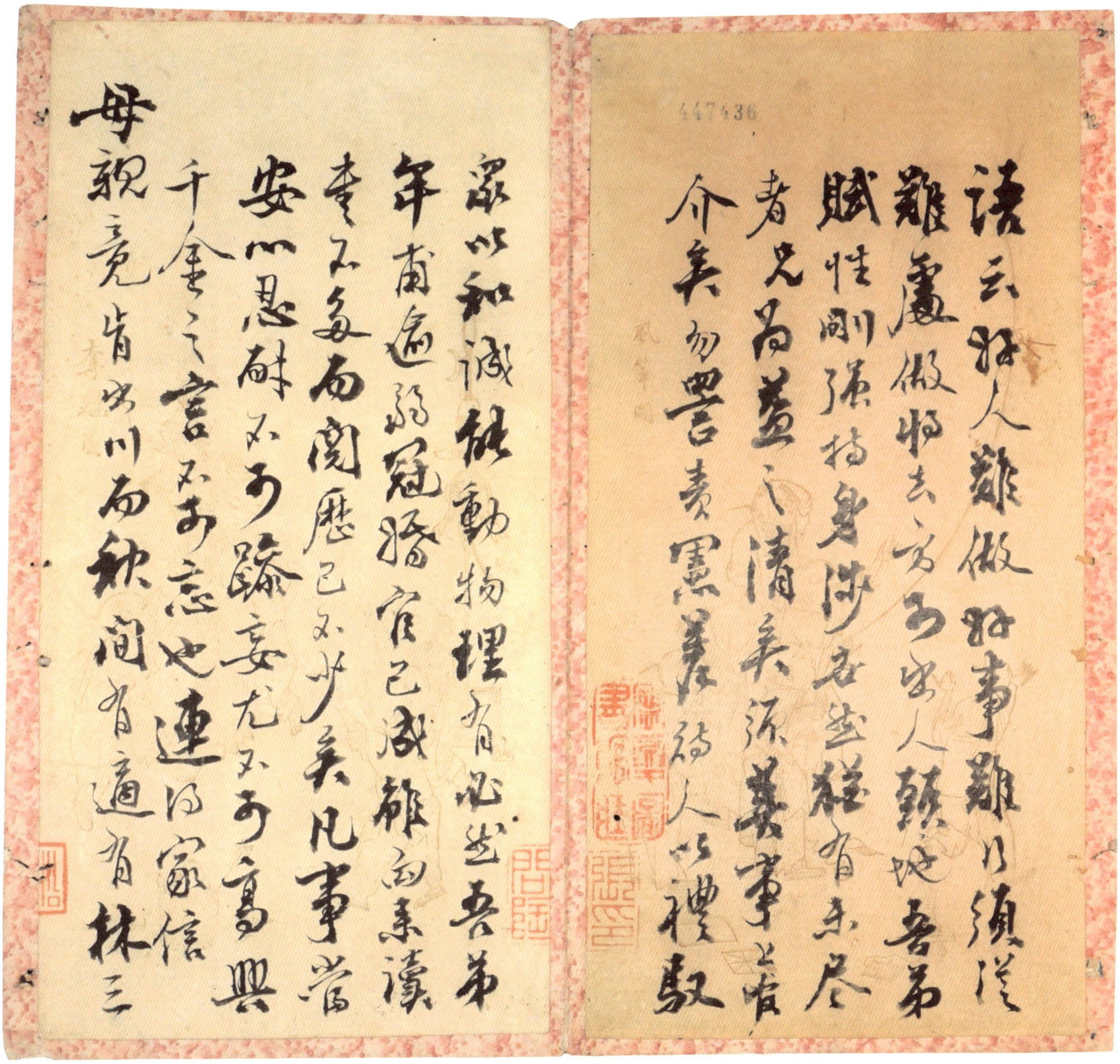

张船山太史墨迹册不分卷

（清）张问陶书　清嘉庆九年（1804）稿本　一册　宁夏回族自治区图书馆藏
半叶行数不等字数不等，开本 24.7 厘米×13.4 厘米。

张问陶（1764—1814），字仲治，号船山，四川遂宁人。乾隆进士。馆藏这本墨迹册用行草书书写，飘逸洒脱，足可见张问陶之书法功力非同一般。馆藏是书钤有“张印”“问陶”“船山”等印。

佩文齋書畫譜卷第一

論書一 書體上

伏羲書

古者伏羲氏之王天下也始畫八卦造書契以代結繩之政由是文籍生焉 孔安國尚書序

倉頡書

倉頡之初作書蓋依類象形故謂之文其後形聲相益即謂之字字者言孳乳而浸多也著於竹帛謂之書書者如也以迄五帝三王之世改易殊體封於泰山者七十有二代靡有同焉 許慎說文序

周六書

書畫譜卷一 論書一

佩文斋书画谱一百卷

（清）孙岳颁等纂　清康熙刻本　四十册　宁夏回族自治区图书馆藏

半叶十一行二十一字，小字双行不等，白口，单黑鱼尾，左右双边，版框 17.0 厘米 ×11.7 厘米，开本 25.2 厘米 ×16.1 厘米。

孙岳颁（1639—1708），字云韶，号树峰，吴县（今江苏苏州）人。康熙进士。是书为书画艺术之类书，历来被认为是清以前书画文献的集中表现，清圣祖玄烨御制的序言称："凡书画之源流、古今工于此者之姓氏，以至闻人之题跋、历代之鉴藏，悉备考而慎其择，亦可谓详且尽矣。"全书征引古籍近 2000 种，且逐条注明出处，便于稽考。

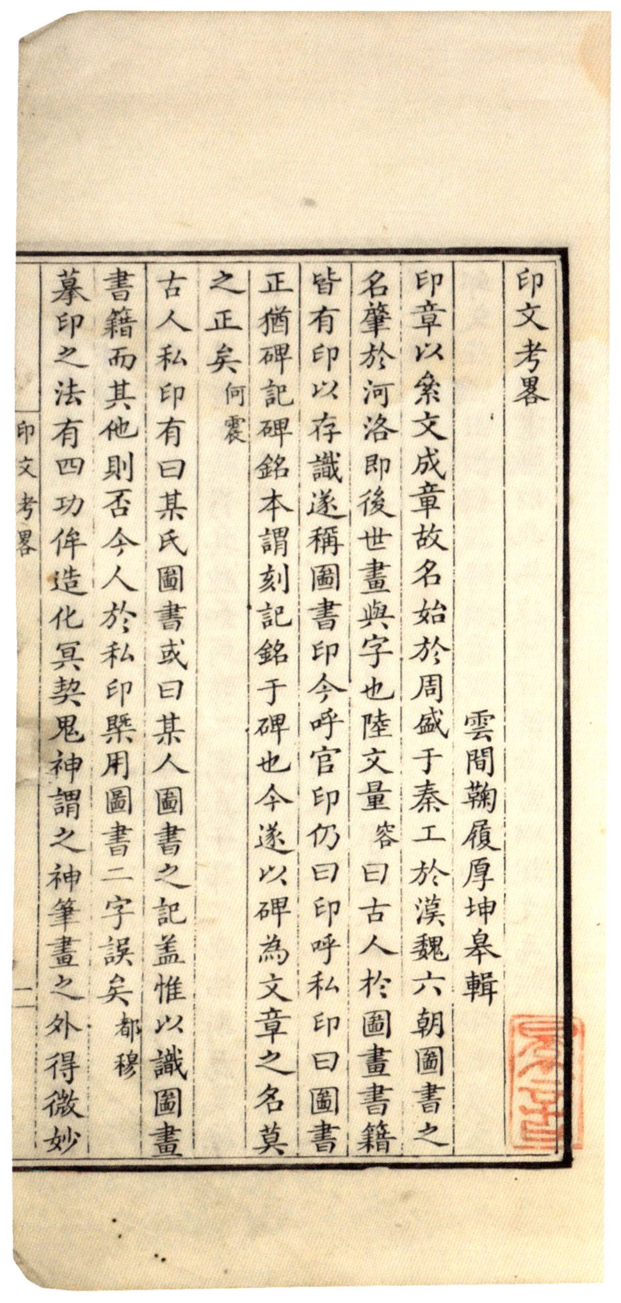

印文考畧

雲間鞠履厚坤皋輯

印章以篆文成章故名始於周盛于秦工於漢魏六朝圖書之名肇於河洛即後世畫與字也陸文量容曰古人於圖畫書籍皆有印以存識遂稱圖書印今呼官印仍曰印呼私印曰圖書正猶碑記碑銘本謂刻記銘于碑也今遂以碑為文章之名莫之正矣何震

古人私印有曰某氏圖書或曰某人圖書之記蓋惟以識圖畫書籍而其他則否今人於私印槩用圖書二字誤矣都穆

摹印之法有四功侔造化冥契鬼神謂之神筆畫之外得微妙

印文考畧　一

印文考略一卷

（清）鞠履厚辑　清乾隆二十一年（1756）留耕堂刻本　一册　宁夏回族自治区图书馆藏

半叶十行二十四字，小字双行同，白口，无鱼尾，四周双边，版框 19.7 厘米×12.3 厘米，开本 27.6 厘米×15.5 厘米。

鞠履厚（1723—1786 后），字坤皋，一字樵霞，号一草主人，奉贤（今属上海）人。是书主要收集元代以来印人著作、印谱序跋中的论印文字，包括李阳冰、吾邱衍、徐官、朱圭、文彭、何震、周亮工等人对篆刻艺术之字形、章法及刀法之议论。馆藏是书钤有“臣折桂印”“道南”“景音”等印。

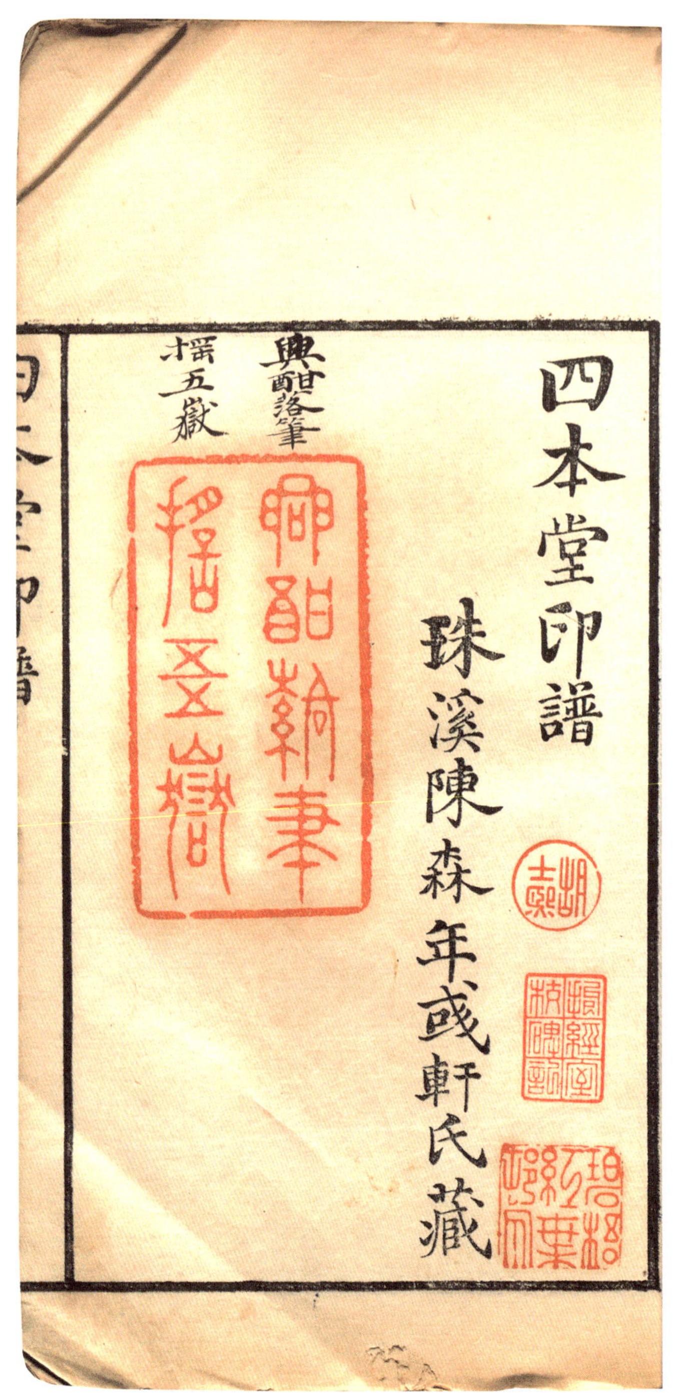

四本堂印谱不分卷

（清）陈森年辑　清乾隆五十一年（1786）钤印本　二册　宁夏回族自治区图书馆藏
白口，无鱼尾，四周单边，版框 15.1 厘米 ×10.3 厘米，开本 21.5 厘米 ×12.7 厘米。

陈森年（生卒年不详），字茂庭，号彧轩，安徽休宁人。是谱为陈森年集拓当时名家手刻及自刻古文印谱汇编而成，以元、亨、利、贞顺序编次。馆藏是书钤有“碧梧红叶村人”“抱经堂校碑记”“胡士熙”等印。

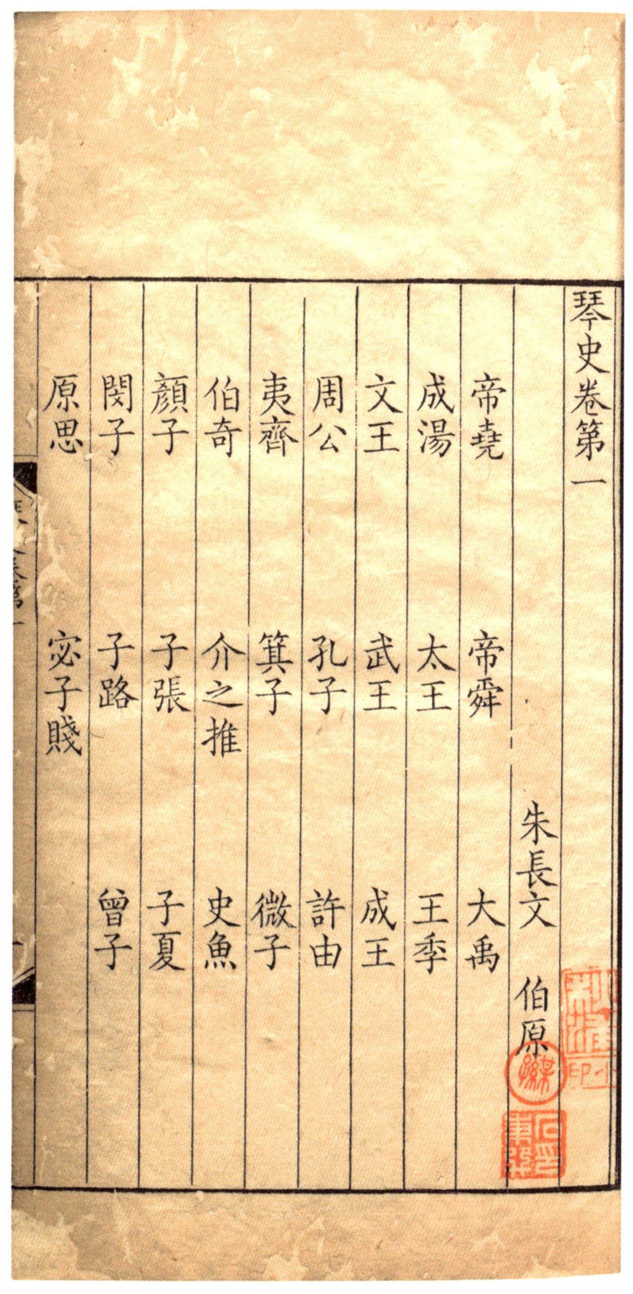

琴史六卷

（宋）朱长文撰　清康熙四十五年（1706）扬州诗局刻楝亭藏书十二种本　四册　宁夏回族自治区图书馆藏

半叶十一行二十一字，小字双行三十二字，白口，双对黑鱼尾，左右双边，版框 16.7 厘米×11.6 厘米，开本 23.2 厘米×14.5 厘米。

朱长文（1039—1098），字伯原，号乐圃，自号潜溪隐夫，吴县（今江苏苏州）人。嘉祐进士。是书前五卷为历代琴家的述评，末卷为专题评论。馆藏是书钤有“陈鸿斌印”“臣鸿斌印”“梅阁留春荷亭销夏自娱而已”等印。

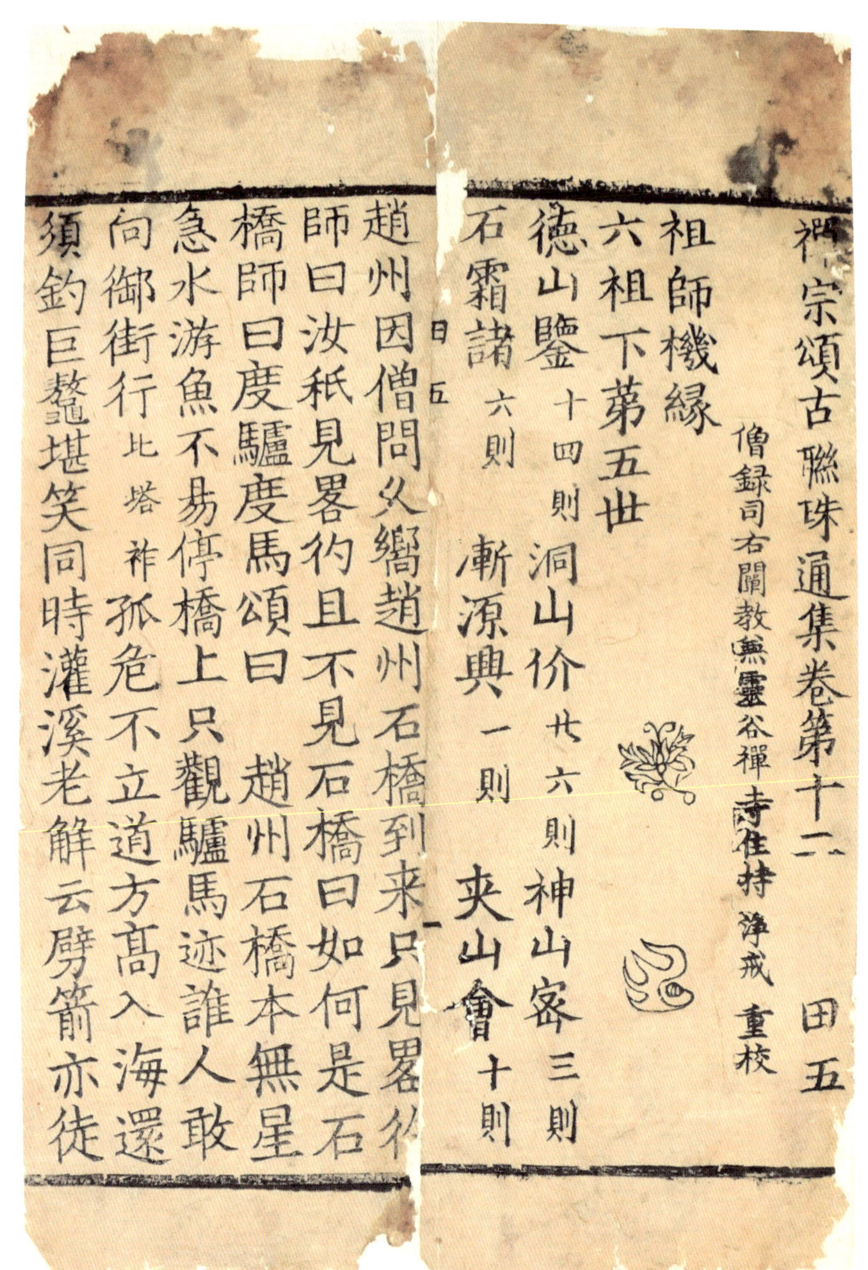

禪宗頌古聯珠通集卷第十二　田五
僧録司右闡教兼靈谷禪寺住持淨戒　重校
祖師機緣
六祖下第五世
德山鑒十四則　洞山价廿六則　神山密三則
石霜諸六則　漸源興一則　夾山會十則

趙州因僧問久嚮趙州石橋到來只見畧彴
師曰汝秖見畧彴且不見石橋曰如何是石
橋師曰度驢度馬頌曰　趙州石橋本無星
急水游魚不易停橋上只觀驢馬迹誰人敢
向御街行北塔祚　孤危不立道方高入海還
須釣巨鼇堪笑同時灌溪老解云劈箭亦徒

禅宗颂古联珠通集四十卷

（宋）释法应集　（元）释普会续集　（明）释净戒重校　明刻本　一册　存卷十二　宁夏回族自治区同心县文物管理所藏

半叶六行十七字，小字双行同，上下单边，开本 31.3 厘米 ×11.1 厘米。

法应（生卒年不详），号宝鉴，会稽（今浙江绍兴）人。普会（生卒年不详），号鲁庵，钱塘（今浙江杭州）人。净戒（？—1418），字定岩，号幻居，吴兴（今浙江湖州）人。是书为宋元时期禅宗颂古作品总集，汇集了多则公案，公案后附颂古。是书对阐释禅宗公案、辑佚宋元僧诗、明确所涉僧人之间的师承关系都有一定价值。

册府千華

宁夏回族自治区珍贵古籍特展图录

文学大观 百代风骚

文学大观
百代风骚

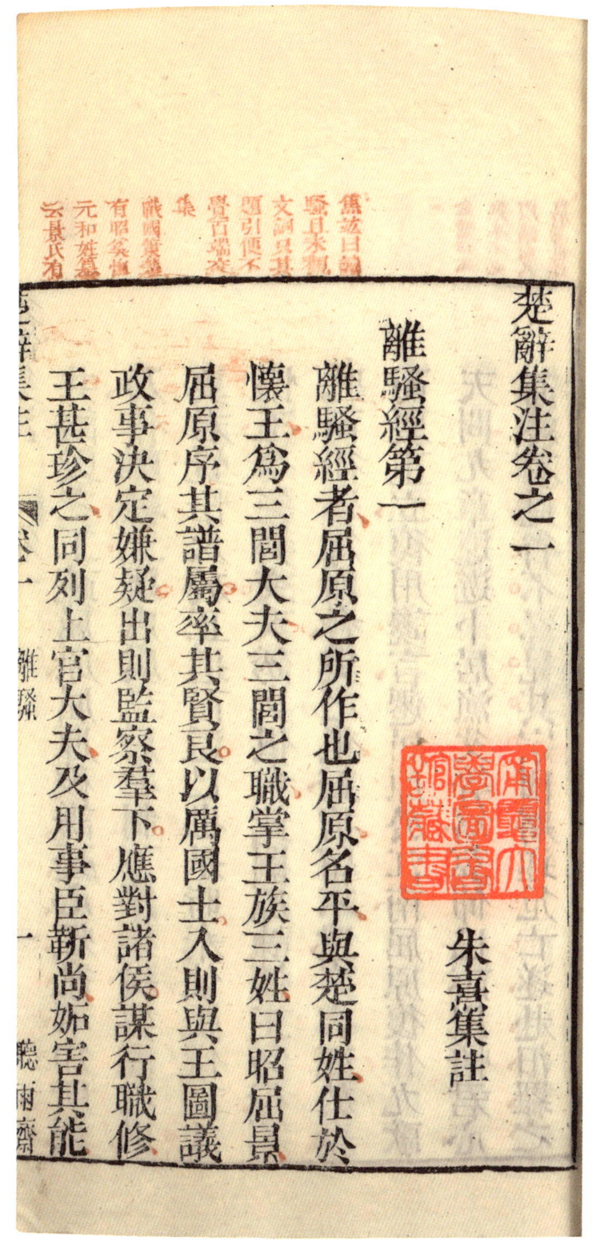

楚辞集注八卷

（战国）屈原撰　（宋）朱熹集注　清乾隆五十三年（1788）听雨斋刻朱墨套印本　四册　宁夏大学图书馆藏

半叶八行二十二字，白口，单黑鱼尾，左右双边，版框 19.3 厘米 ×13.1 厘米，开本 27.0 厘米 ×14.6 厘米。

屈原（约前 340—约前 278），名平，字原，战国楚人。朱熹简介见《论语十卷》提要。《楚辞》是我国文学史上第一部浪漫主义诗歌总集。朱熹《楚辞集注》是在汲取东汉王逸《楚辞章句》与南宋洪兴祖《楚辞补注》精华的基础上撰写而成，一方面肯定了《楚辞》的文学性，另一方面也强调其政治教化作用。

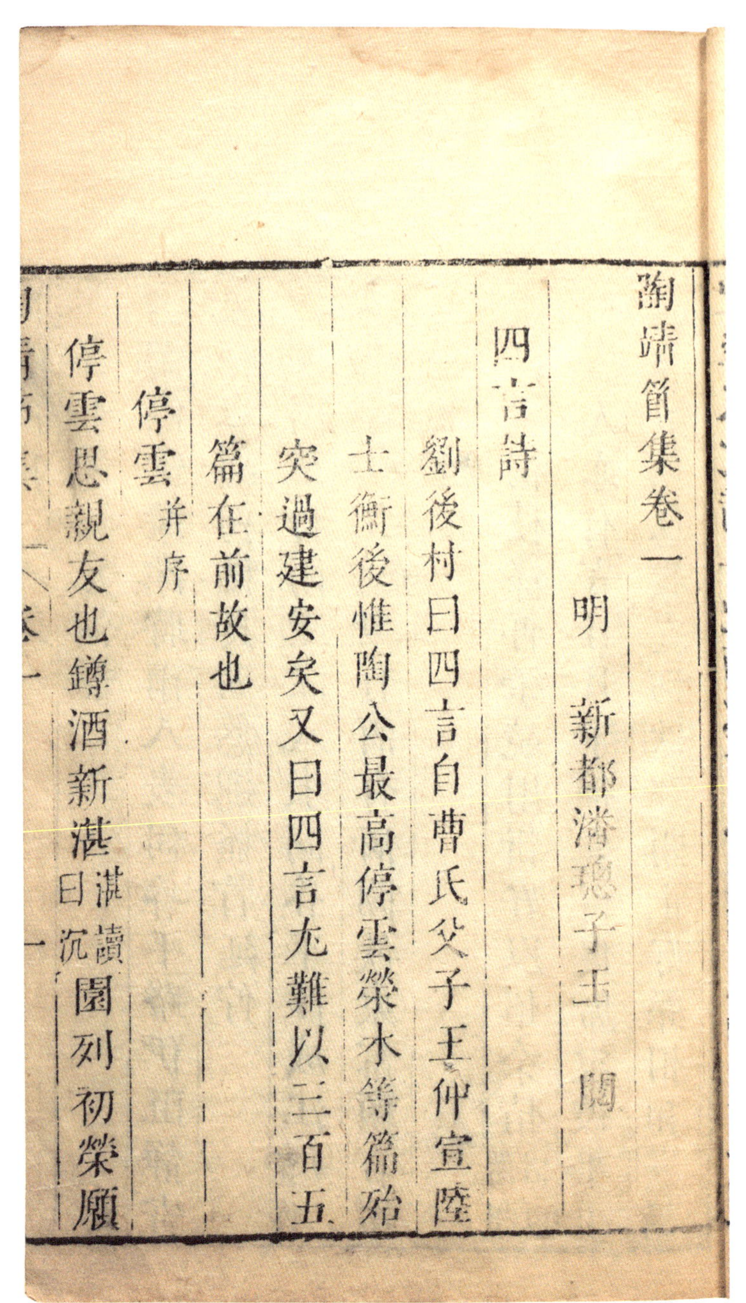
陶靖節集卷一
明　新都潘璁子玉　閱
四言詩
劉後村曰四言自曹氏父子王仲宣陸士衡後惟陶公最高停雲榮木等篇殆突過建安矣又曰四言尤難以三百五篇在前故也
停雲　并序
停雲思親友也罇酒新湛（湛讀曰沉）園列初榮願

陶靖节集八卷附录一卷

（晋）陶渊明撰　（明）潘璁阅　明崇德堂刻本　四册　宁夏回族自治区图书馆藏

半叶九行十八字，小字双行同，白口，单白鱼尾，左右双边，版框 19.6 厘米 ×14.4 厘米，开本 25.6 厘米 ×15.5 厘米。

陶渊明（365—427），字元亮，一名潜，字渊明，别号五柳先生，私谥靖节，浔阳柴桑（今江西九江）人。潘璁（大约活动于明末），字子玉，新都（今四川成都）人。是书集陶渊明诗 125 首，其中四言诗 9 首、五言诗 116 首；文 12 篇，其中辞 3 篇、韵文 5 篇、散文 4 篇。馆藏是书钤有“致和堂藏书”印。

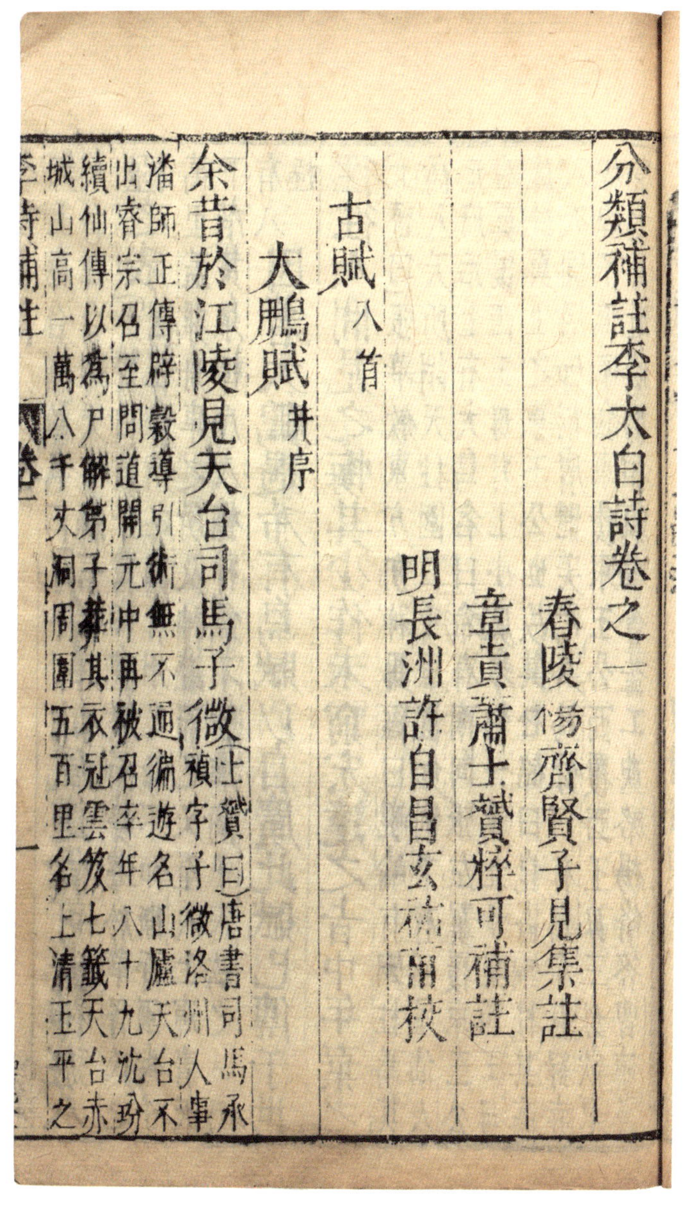
分類補註李太白詩卷之一

春陵楊齊賢子見集註

章貢蕭士贇粹可補註

明長洲許自昌玄祐甫校

古賦八首

大鵬賦并序

余昔於江陵見天台司馬子微（士贇曰）唐書司馬承禎字子微洛州人事潘師正傳辟穀導引術無不通徧遊名山廬天台不出睿宗召至問道開元中再被召卒年八十九沈汾續仙傳以為尸解弟子葬其衣冠雲笈七籤天台赤城山高一萬八千丈洞周圍五百里名上清玉平之

李詩補註　卷一　一

分类补注李太白诗二十五卷年谱一卷

（唐）李白撰　（宋）杨齐贤集注　（元）萧士赟补注　（明）许自昌校　明万历许自昌刻本　八册　宁夏回族自治区图书馆藏

半叶九行二十字，小字双行同，白口，单黑鱼尾，左右双边，版框 21.2 厘米 ×14.5 厘米，开本 25.6 厘米 ×16.1 厘米。

李白（701—762），字太白，号青莲居士，祖籍陇西成纪（今甘肃天水）。杨齐贤（生卒年不详），字子见，湖南宁远人。庆元进士。萧士赟（生卒年不详），字粹可，号粹斋，江西宁都人。许自昌（1578—1623），字玄祐，号樗斋，别署梅花墅主人，长洲（今江苏苏州）人。是书分为古赋、古风、乐府、歌吟、游宴、登览、行役、怀古、写怀、咏物等类，对李白作品的阐释与流传起到很大作用。

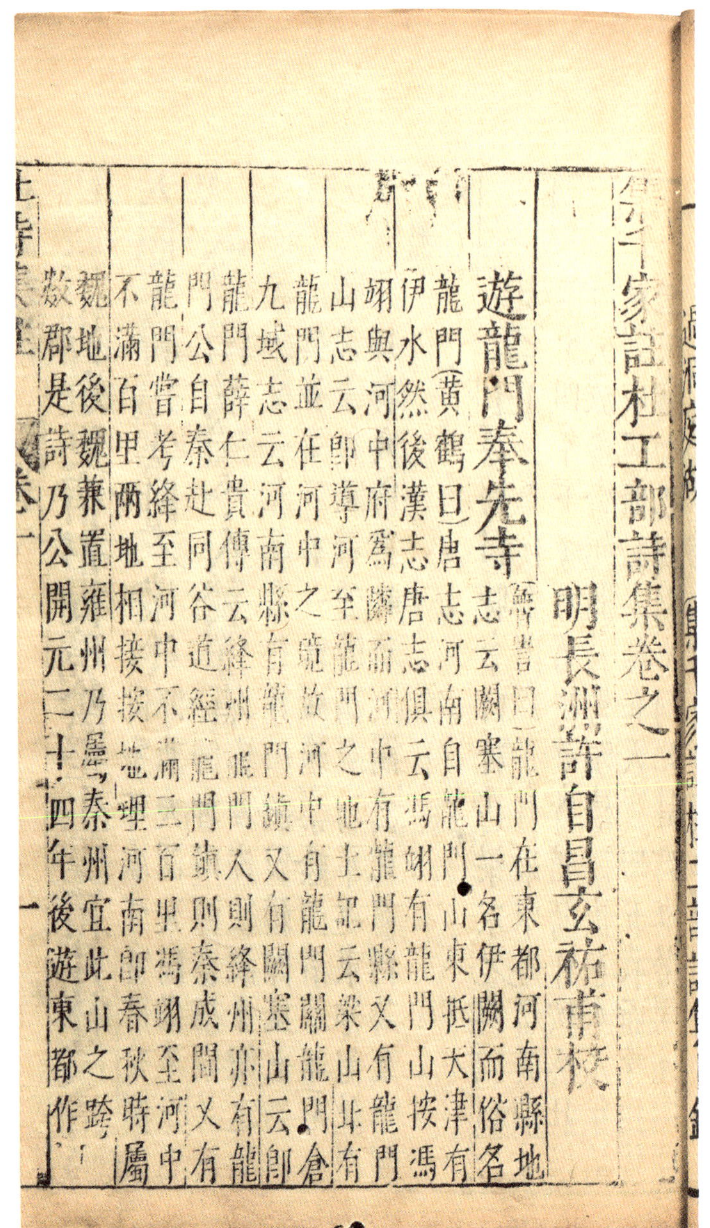

集千家註杜工部詩集卷之一

明長洲許自昌玄祐甫校

遊龍門奉先寺（舊書曰龍門在東都河南縣地志云闕塞山一名伊闕而俗名）龍門（黃鶴曰）唐志河南自龍門山東抵大津有伊水然後漢志唐志俱云馮翊有龍門山按馮翊與河中府爲鄰而河中有龍門縣又有龍門山志云郎導河至龍門之地土記云梁山北有龍門並在河中之境故河中有龍門關龍門倉九域志云河南縣有龍門鎮又有闕塞山云郎龍門薛仁貴傳云絳州龍門人則絳州亦有龍門公自秦赴同谷道經龍門鎮則秦成間又有龍門嘗考絳至河中不滿三百里馮翊至河中不滿百里兩地相接按地理河南郎春秋時屬魏地後魏兼置雍州乃屬秦州宜此山之跨數郡是詩乃公開元二十四年後遊東都作

集千家注杜工部诗集二十卷

（唐）杜甫撰　（宋）黄鹤补注　（明）许自昌校　明万历许自昌刻本　八册　宁夏回族自治区图书馆藏

半叶九行二十字，小字双行同，白口，单黑鱼尾，左右双边，版框 21.2 厘米 × 14.5 厘米，开本 25.6 厘米 × 16.1 厘米。

杜甫（712—770），字子美，自号少陵野老，祖籍湖北襄阳，曾祖时迁居河南巩义。黄鹤（约 1190—1216），字叔似，自号牧隐，江西宜黄人。许自昌简介见《分类补注李太白诗二十五卷年谱一卷》提要。黄鹤在前人批点杜诗的基础上删繁就简，重新订补，使之便于阅读。许自昌校刊此本原与《分类补注李太白诗二十五卷年谱一卷》合刻，总题为《李杜合集》。

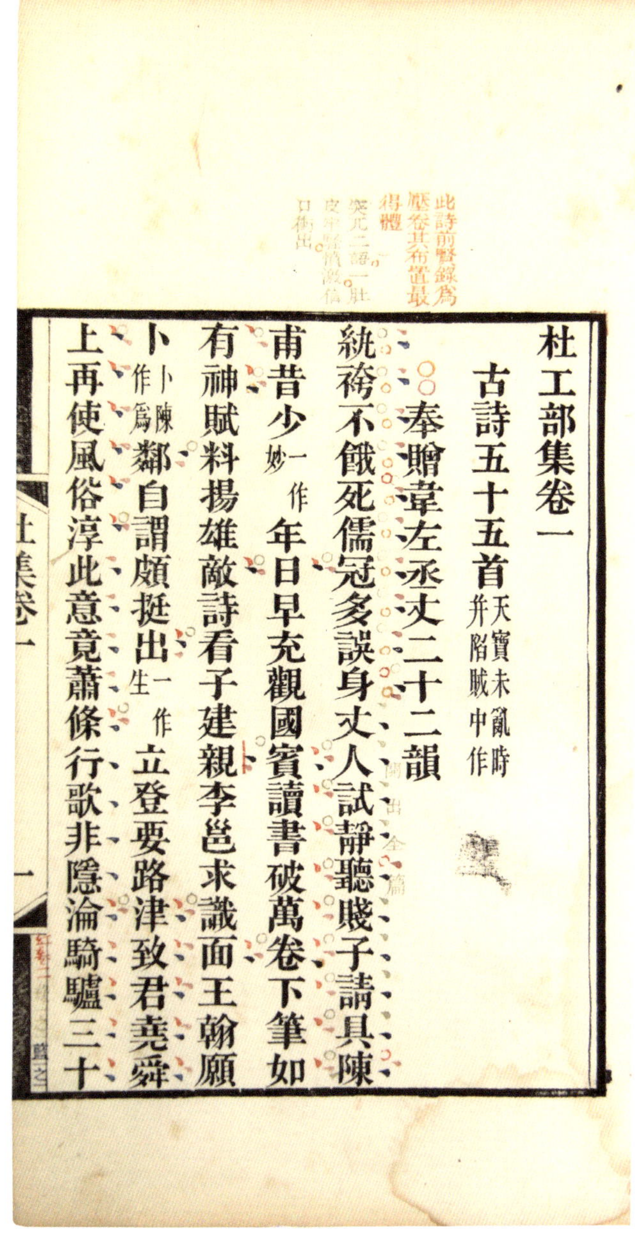
此詩前賢錄爲壓卷其布置最得體。突兀二語一肚皮牢騷激憤信口衝出。

杜工部集卷一

古詩五十五首

奉贈韋左丞丈二十二韻天寶未亂時幷陷賊中作

紈袴不餓死儒冠多誤身丈人試靜聽賤子請具陳甫昔少一作妙年日早充觀國賓讀書破萬卷下筆如有神賦料揚雄敵詩看子建親李邕求識面王翰願卜卜陳作爲鄰自謂頗挺出一作生立登要路津致君堯舜上再使風俗淳此意竟蕭條行歌非隱淪騎驢三十

杜集卷一　一

杜工部集二十卷首一卷

（唐）杜甫撰　（明）王世贞等评　（清）卢坤辑　清道光十四年（1834）芸叶庵刻六色套印本　十二册　宁夏大学图书馆藏

半叶八行二十字，小字双行同，黑口，双对黑鱼尾，左右双边，版框 17.9 厘米 ×13.6 厘米，开本 28.2 厘米 ×17.6 厘米。

杜甫简介见《集千家注杜工部诗集二十卷》提要。王世贞简介见《南华经十六卷》提要。卢坤（1772—1835），字厚山，顺天涿州（今属河北）人。嘉庆进士。是书包含杜甫所作古体诗、近体诗、文、赋等。馆藏是书为五家评本，其中王世贞紫笔，王慎中蓝笔，王士禛朱墨笔，邵长蘅绿笔，宋荦黄笔。在诗文旁标有五色圈点，评语简洁凝练，散见于多处，以眉批居多。

耳又曰秦山五字甚高奇句他人空費語言不能五字便了

後八句殊不成文理于游覽間寓感慨時事自不應如此苦刻沈晦徒然無味

窟始出（一作驚）枝撐幽七星在北戶（一云戶北）河漢聲西流羲和鞭白日少昊行清秋秦（一作秦非）山忽破碎涇渭不可求俯視但一氣焉能辨皇州迴首叫虞舜蒼梧雲正愁惜哉瑤池飲（一作燕）日晏崑崙邱黃鵠去不息哀鳴何所投君看隨陽雁各有稻粱謀

○示從孫濟

平明跨驢出未知（一作委）適誰門權門多噂沓且復尋諸孫諸孫貧無事宅舍如荒村堂前自生竹堂後自生萱萱草秋已死竹枝霜不蕃（一作翻）淘米少汲水汲多井水渾刈葵莫放手放手傷葵根阿翁嬾惰久覺兒行步奔所來（一作求）為宗族亦不為盤飧小人利口實（一云小人實利口）薄俗難可（一作具）論勿受外嫌猜同姓古所敦

笑柄

精悍高古唐人盡拜下風

○九日寄岑參

出門復入門兩（陳作雨）脚但（一作仍）如（一作但仍）舊所向泥活活（一作浩浩）思君令人瘦沈吟坐西（一作秋）軒（一云吟臥軒窗下）飲

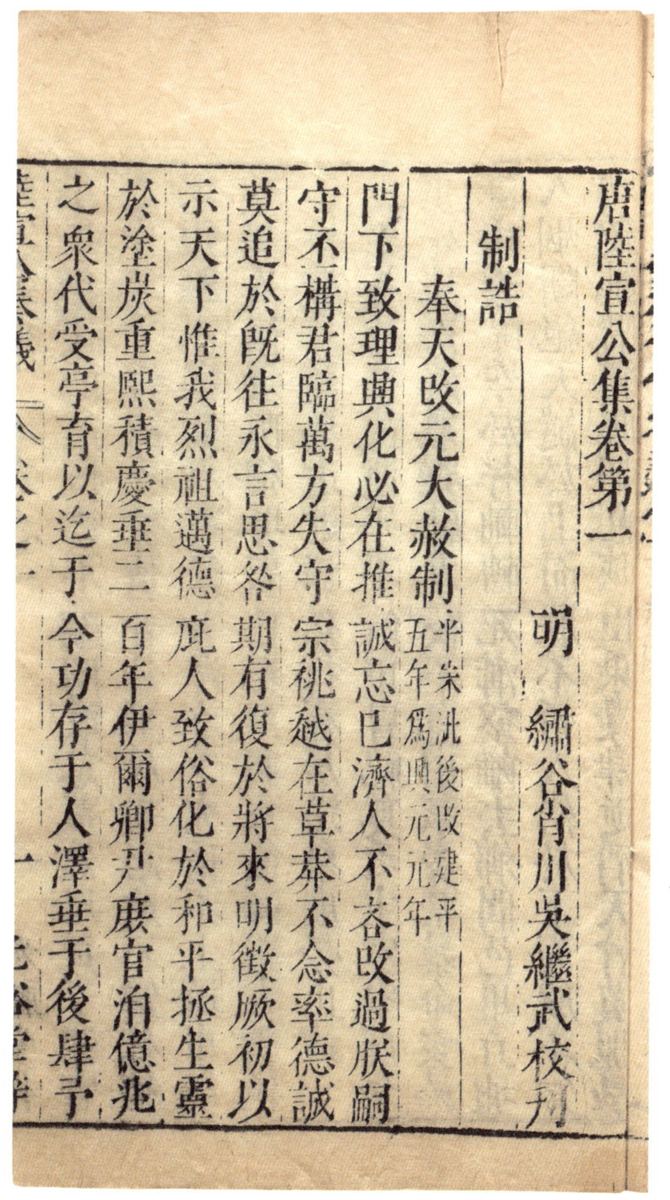

唐陸宣公集卷第一

明　繡谷肖川吳繼武校刊

制誥

奉天改元大赦制（平朱泚後改建平五年爲興元元年）

門下致理興化必在推誠忘己濟人不吝改過朕嗣守丕構君臨萬方失守宗祧越在草莽不念率德誠莫追於既往永言思咎期有復於將來明徵厥初以示天下惟我烈祖邁德庇人致俗化於和平拯生靈於塗炭重熙積慶垂二百年伊爾卿尹庶官洎億兆之衆代受亭育以迄于今功存于人澤垂于後肆予

陸宣公集卷之一　一　光裕堂

唐陆宣公集二十二卷

（唐）陆贽撰　（明）吴继武校　明万历三十四年（1606）吴继武光裕堂刻本　八册　宁夏回族自治区图书馆藏

半叶十行二十字，小字双行同，白口，单白鱼尾，四周单边，版框 21.5 厘米 ×14.5 厘米，开本 26.3 厘米 ×16.3 厘米。

陆贽（754—805），字敬舆，苏州嘉兴（今属浙江）人。大历进士。吴继武（生卒年不详），安徽歙县人，寓金陵（今江苏南京）。是书按文种分类编排，包括制诰十卷、奏本六卷、中书奏议六卷。《四库全书总目》评价说：“盖其文虽多出于一时匡救规切之语，而于古今来政治得失之故，无不深切著明，有足为万世龟鉴者，故历代宝重焉。”馆藏是书钤有“文汇堂江氏藏书”印。

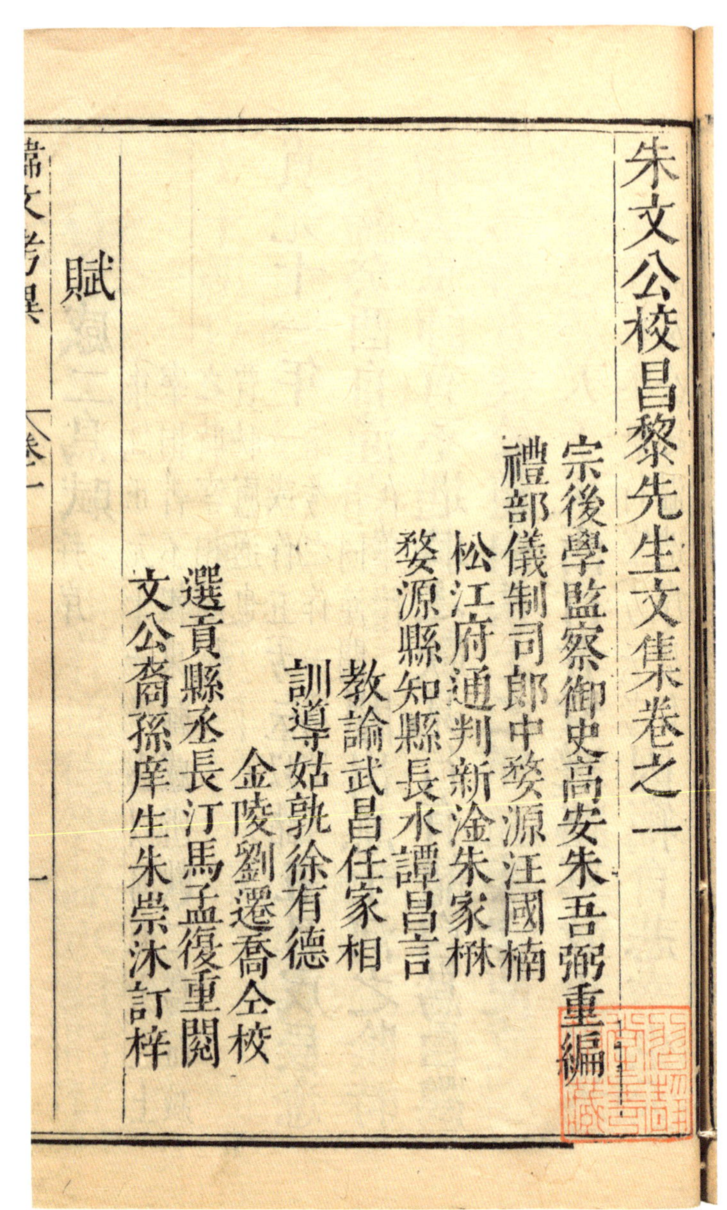

朱文公校昌黎先生文集卷之一

宗後學監察御史高安朱吾弼重編
禮部儀制司郎中婺源汪國楠
松江府通判新淦朱家栐
婺源縣知縣長水譚昌言
教諭武昌任家相
訓導姑孰徐有德
金陵劉還喬仝校
選貢縣丞長汀馬孟復重閱
文公裔孫庠生朱崇沐訂梓

賦

韓文考異　卷一

朱文公校昌黎先生文集四十卷外集十卷集传一卷遗文一卷

（唐）韩愈撰　（宋）朱熹考异　（宋）王伯大音释　（明）朱吾弼重编　明万历三十三年（1605）朱崇沐刻本　十六册　宁夏回族自治区图书馆藏

半叶九行十八字，小字双行同，白口，单白鱼尾，四周双边，版框 22.2 厘米×15.0 厘米，开本 25.4 厘米×16.1 厘米。

韩愈（768—824），字退之，自谓郡望昌黎，世称韩昌黎，河阳（今河南孟州）人。贞元进士。朱熹简介见《论语十卷》提要。王伯大（？—1253），字幼学，号留耕，福州长溪（今福建霞浦）人。嘉定进士。朱吾弼（生卒年不详），字谐卿，瑞州高安（今属江西）人。万历进士。是书内容包含赋、古诗、律诗、杂著、哀辞、祭文、碑志、表状等。馆藏是书钤有“习静堂主人珍藏”印。

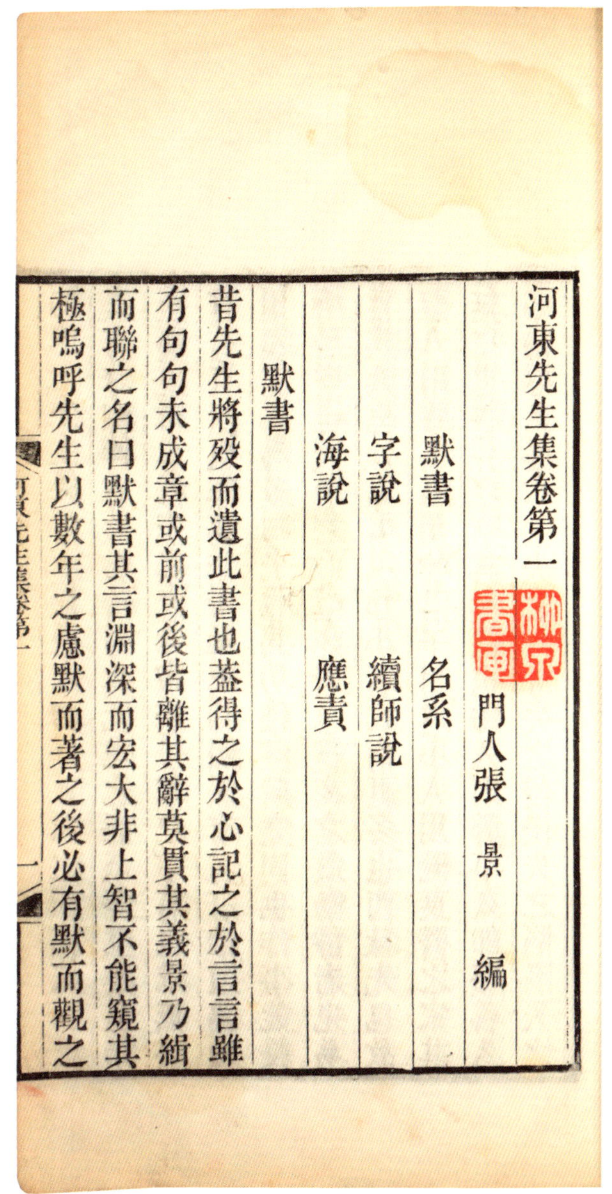
河東先生集卷第一

門人張　景　編

默書　名系

字說　續師說

海說　應責

默書

昔先生將歿而遺此書也葢得之於心記之於言言雖有句句未成章或前或後皆離其辭莫貫其義景乃緝而聯之名曰默書其言淵深而宏大非上智不能窺其極嗚呼先生以數年之慮默而著之後必有默而觀之

河東先生集卷第一　一

河东先生集十五卷

（宋）柳开撰　（宋）张景编　**行状一卷**　（宋）张景撰　清乾隆六十年（1795）兰溪文印堂刻本　二册　宁夏大学图书馆藏

半叶十行二十一字，小字双行同，黑口，双对黑鱼尾，左右双边，版框 18.1 厘米×13.1 厘米，开本 26.9 厘米×16.1 厘米。

柳开（947—1000），原名肩愈，字绍先，后更名开，字仲涂，号东郊野夫、补亡先生，大名（今属河北）人。开宝进士。张景（971—1019），字晦之，江陵公安（今属湖北）人。是书为北宋古文运动的先驱柳开的作品集，其生前一直未能刊行，去世后才由张景汇编而成，为人所知。馆藏是书为清徐时栋旧藏，钤有“城西草堂”“柳泉书画”“柳泉”等印，并有其亲笔题跋一则及批校多处。入选第六批《国家珍贵古籍名录》，名录号 12743。

何殊謾侮古雲柳

自命聖人之道而屑屑之懷於富貴是真無乎此皆冒勢屑屑之屑諸賢志之士不屑爲也柳

公卿之位可得古人與今人窮達此理一致耳無如是有遭逢者求而且爲難矣上天景命下屬聖君萬方承平遠絕古昔是天命之永歸於皇家也高坐廟堂密運籌策子視稷契奴命蕭曹是人主之大用相公也開自應舉歷官出入門下屈伸動靜鉅細承恩是遭逢於相公也而開不能愼守名器大掇悔尤退黜朝行沈落坑穽苟無此事卽相公於開也豈惜公卿之位乎嗚呼每一念之不覺心死古謂噬臍不及者正在開耳惟相公憫察苟不至惠則柳氏之族必也哀亡開再拜

與河北都轉運樊諫議書

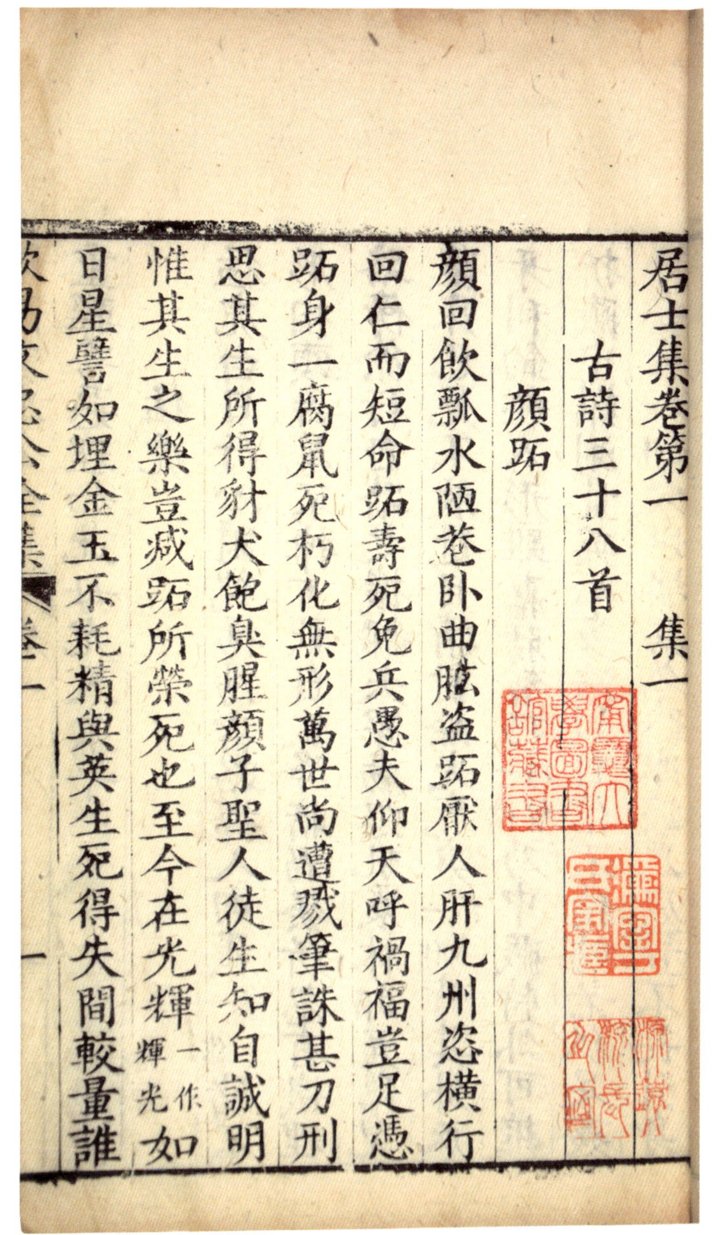

居士集卷第一　集一

古詩三十八首

顏跖

顏回飲瓢水陋巷卧曲肱盜跖厭人肝九州恣橫行回仁而短命跖壽死免兵愚夫仰天呼禍福豈足憑跖身一腐鼠死朽化無形萬世尚遭戮筆誅甚刀刑思其生所得豺犬飽臭腥顏子聖人徒生知自誠明惟其生之樂豈減跖所榮死也至今在光輝一作輝光如日星譬如埋金玉不耗精與英生死得失間較量誰

歐陽文忠公全集　卷一　一

欧阳文忠公全集一百五十三卷首一卷附录五卷

（宋）欧阳修撰　清乾隆十一年（1746）孝思堂刻本　二十四册　宁夏大学图书馆藏

半叶九行二十字，小字双行同，白口，单黑鱼尾，左右双边，版框 22.0 厘米×16.5 厘米，开本 28.6 厘米×18.6 厘米。

欧阳修（1007—1072），字永叔，号醉翁、六一居士，吉州庐陵（今江西吉安）人。天圣进士。是书包括《居士集》五十卷、《外集》二十五卷、《外制集》三卷、《内制集》八卷、《奏议》十八卷等，其中《居士集》是著者晚年自己编定，其余由南宋周必大编定。馆藏是书钤有“汭宁丁氏家藏”“源远流长之室”“臣士鼎印”“丁氏伯子号彝伯字追坡别号习胆居士”等印。

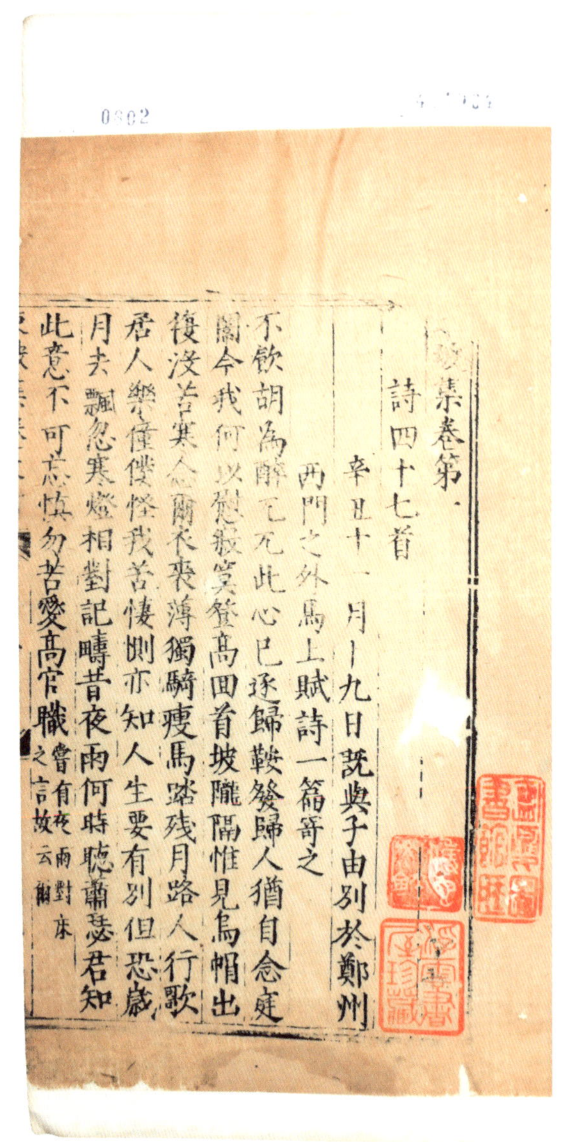

東坡集卷第一
詩四十七首
辛丑十一月十九日既與子由別於鄭州
西門之外馬上賦詩一篇寄之
不飲胡為醉兀兀此心已逐歸鞍發歸人猶自念庭
闈今我何以慰寂寞登高回首坡隴隔惟見烏帽出
復沒苦寒念爾衣裘薄獨騎瘦馬踏殘月路人行歌
居人樂僮僕怪我苦悽惻亦知人生要有別但恐歲
月去飄忽寒燈相對記疇昔夜雨何時聽蕭瑟君知
此意不可忘慎勿苦愛高官職嘗有夜雨對床之言故云爾

苏文忠公全集一百十卷

（宋）苏轼撰　**年谱一卷**　（宋）王宗稷撰　明嘉靖十三年（1534）江西布政司刻本　一百册　宁夏回族自治区图书馆藏

半叶十行二十字，小字双行同，白口，双对黑鱼尾，四周双边，版框 20.0 厘米 ×12.9 厘米，开本 30.6 厘米 ×18.2 厘米。

苏轼（1037—1101），字子瞻，号东坡居士，眉州眉山（今属四川）人。嘉祐进士。王宗稷（生卒年不详），字伯言，五羊（今广东广州）人。是书搜集苏轼一生的作品，包括《东坡集》四十卷、《后集》二十卷、《奏议集》十五卷、《内制集》十卷、《外制集》三卷、《应诏集》十卷、《续集》十二卷。内容丰富，资料翔实，是了解、研究苏轼的珍贵资料。馆藏是书钤有“浮云书屋”“浮云书屋珍藏”“白鹿堂”等印。入选第四批《国家珍贵古籍名录》，名录号 10634。

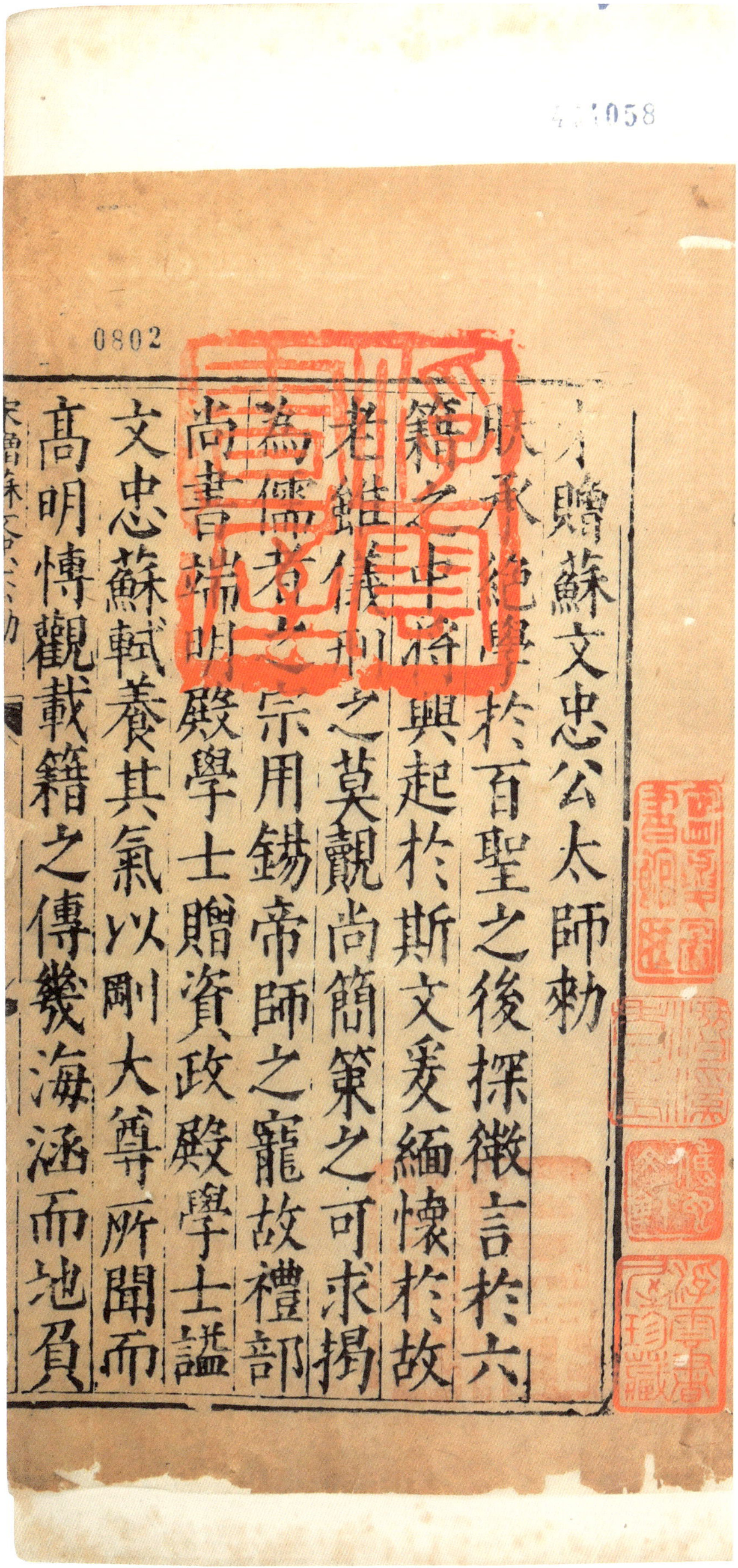

宋贈蘇文忠公太師勑

朕承絕學於百聖之後探微言於六籍之中將興起於斯文爰緬懷於故老雖儀刑之莫覿尚簡策之可求揭為儒者之宗用錫帝師之寵故禮部尚書端明殿學士贈資政殿學士謚文忠蘇軾養其氣以剛大尊所聞而高明博觀載籍之傳幾海涵而地負

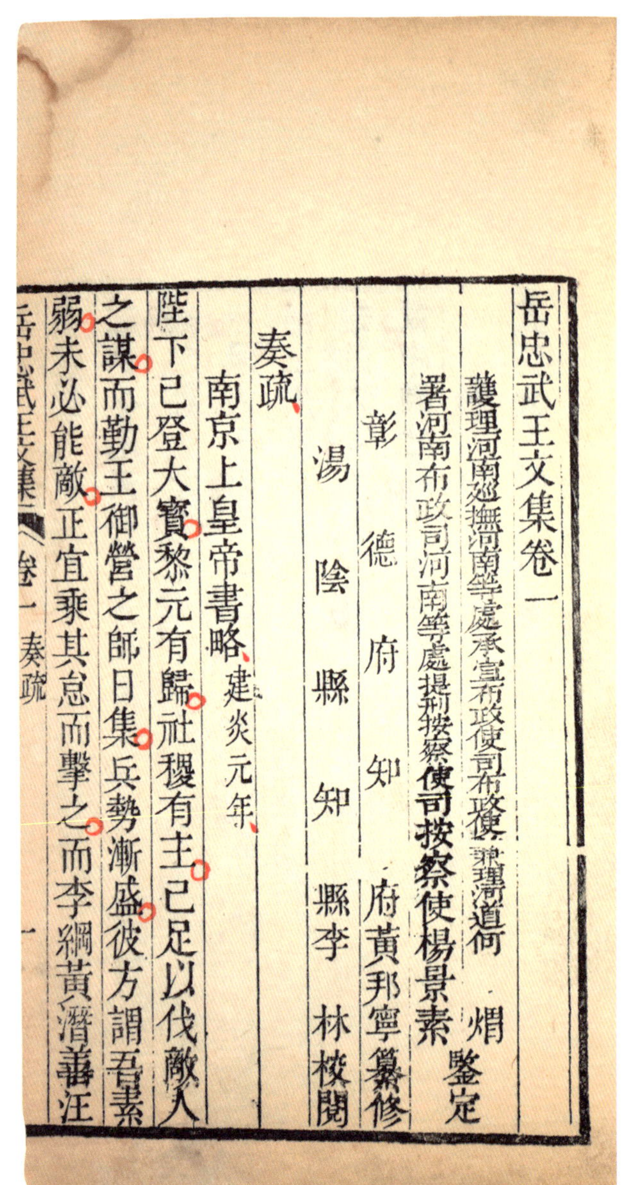
岳忠武王文集卷一

護理河南巡撫河南等處承宣布政使司布政使兼理河道何　煟　鑒定
署河南布政司河南等處提刑按察使司按察使楊景素
彰　德　府　知　府黃邦寧纂修
湯　陰　縣　知　縣李　林校閱

奏疏

南京上皇帝書略 建炎元年

陛下已登大寶黎元有歸社稷有主已足以伐敵人之謀而勤王御營之師日集兵勢漸盛彼方謂吾素弱未必能敵正宜乘其怠而擊之而李綱黃潛善汪

岳忠武王文集　卷一　奏疏　一

岳忠武王文集八卷首一卷末一卷

（宋）岳飞撰　（清）黄邦宁纂修　（清）何煟　（清）杨景素鉴定　清乾隆三十五年（1770）刻本　四册　宁夏大学图书馆藏

半叶十行二十字，小字双行同，白口，单黑鱼尾，左右双边，版框 17.7 厘米 ×12.1 厘米，开本 24.3 厘米 ×15.3 厘米。

岳飞（1103—1142），字鹏举，相州汤阴（今属河南）人。黄邦宁（生卒年不详），字远亭，福建同安人。何煟（？—1774），字谦之，山阴（今浙江绍兴）人。杨景素（1711—1799），字朴园，江南甘泉（今江苏扬州）人。是书收录了岳飞一生所作的一些重要文章，包括奏疏、书启、诗词等。馆藏是书钤有“张午庄藏书印记”印，并有汤铁樵民国四年（1915）题记一则。

廟碑

後跋

今日為 大總統五十八歲壽辰各部院休假一天予因偶遊隆福寺街向各書肆中搜詢古籍適有 岳忠武王文集一部計四本蓋有一章文曰我午莊藏書印記知此書前為我某所有大約子孫不賢又義以兵亂而遠落於此亦未可知即其價值亦貴謂此為古董之一種也乃出銅元式多枚購為我有公餘之暇展而讀之英雄之文真足令

渭南文集卷第二十一

仁和縣重修先聖廟記

聖人之道位天地育萬物可謂大矣然常寓之
於宮室祭祀器服度數之間非如後世佛老子
廢禮棄樂掃除名分務爲玄默寂滅浩然不可
致詰也夫子生於周故其尊以爲師者文王周
公也使夫子生於今有不奉孔子顏子孟子以
爲先聖先師者乎則今之郡學校以春秋舍奠

渭南文集　卷之廿一　汲古閣

陆放翁全集一百六十七卷

（宋）陆游撰　明末毛氏汲古阁刻本　七十二册　缺老学庵笔记卷一至十　宁夏回族自治区图书馆藏

半叶八行十八字，白口，无鱼尾，左右双边，版框 18.7 厘米×14.2 厘米，开本 24.1 厘米×15.8 厘米。

陆游简介见《老学庵笔记十卷》提要。是书包括《渭南文集》五十卷、《剑南诗稿》八十五卷、《南唐书》十八卷、《放翁逸稿》二卷、《斋居纪事》一卷、《家世旧闻》一卷等，系将陆游毕生著作汇集编纂而成，为研究陆游其人其文提供了全面丰富的资料。

句曲外史集卷之上

錢塘張雨伯雨

五言絶句

東漢高士詠

八月十三夜風雨淒其慨念東漢諸逸民取大蘇公中秋冷坐無因醉半月長齋未肯辭爲韻

子相足周旋（一作也）破此家產豐陰功誰爲書得來華陽中

句曲外史集　卷之上　汲古閣

句曲外史集三卷

（元）张雨撰　明末毛氏汲古阁刻本　二册　宁夏回族自治区图书馆藏

半叶九行十九字，小字双行同，白口，无鱼尾，左右双边，版框 19.1 厘米 ×14.4 厘米，开本 24.9 厘米 ×17.3 厘米。

张雨（1277—1348），字伯雨，号贞居子，钱塘（今浙江杭州）人。张雨自号句曲外史，书名据此而来。馆藏是书钤有“沈桐”“苕溪沈氏所藏”等印，并有多处朱笔圈点及批校。

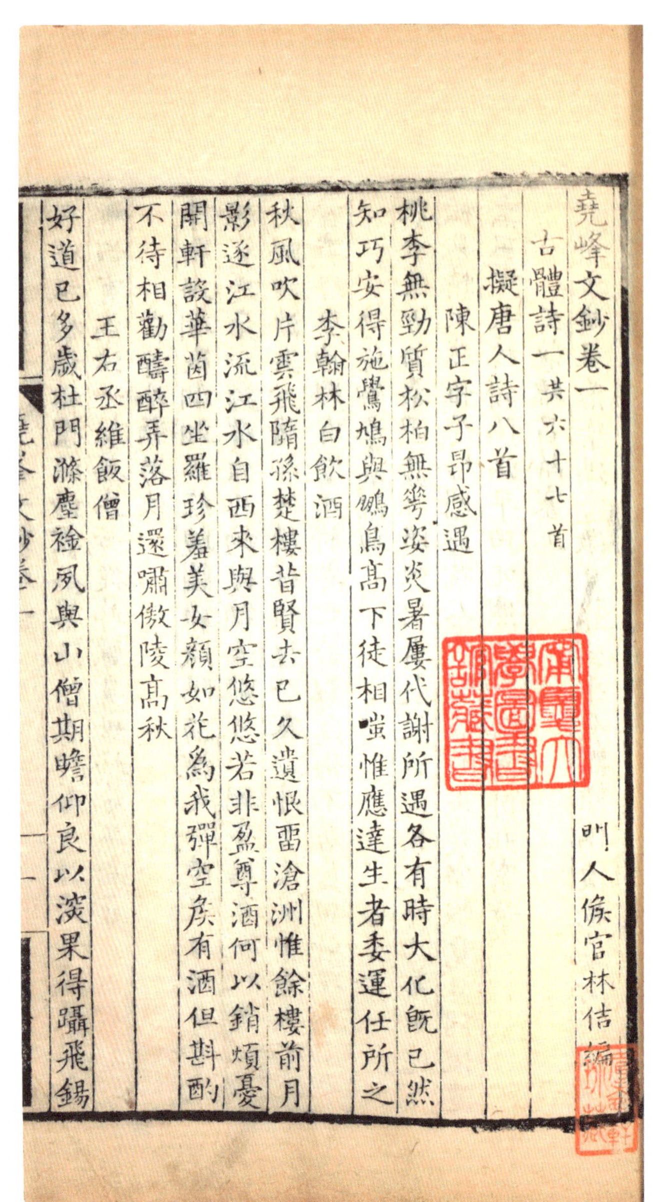

堯峰文鈔卷一

古體詩一 共六十七首

門人侯官林佶編

擬唐人詩八首

陳正字子昂感遇

桃李無勁質松柏無孌姿炎暑屢代謝所遇各有時大化既已然知巧安得施鷽鳩與鵰鳥高下徒相嗤惟應達生者委運任所之

李翰林白飲酒

秋風吹片雲飛隨孫楚樓昔賢去已久遺恨留滄洲惟餘樓前月影逐江水流江水自西來與月空悠悠若非盈尊酒何以銷煩憂開軒設華茵四坐羅珍羞美女顏如花為我彈空矦有酒但斟酌不待相勸醻醉弄落月還嘯傲陵高秋

王右丞維飯僧

好道已多歲杜門滌塵襟夙與山僧期瞻仰良以深果得躡飛錫

尧峰文钞四十卷诗十卷

（清）汪琬撰　（清）林佶编　清康熙三十二年（1693）林佶写刻本　六册　宁夏大学图书馆藏

半叶十三行二十五字，黑口，单黑鱼尾，左右双边，版框 20.7 厘米 ×14.4 厘米，开本 26.2 厘米 ×16.4 厘米。

汪琬（1624—1691），字苕文，号钝庵，世称尧峰先生，长洲（今江苏苏州）人。顺治进士。林佶（1660—？），字吉人，号鹿原，别号紫微内史，侯官（今福建闽侯）人。康熙进士。是书系著者从其所著各类诗文中辑选而得，凡文四十卷、诗十卷，并由其门人林佶手书上版，付梓刊印。林佶写刻精美，历来为文坛与藏书界所推崇，成为清代写刻书籍之代表。馆藏是书钤有“眉寿轩珍藏”“三径别墅珍藏”等印。

堯峰文鈔五十卷　入集部別集類

國朝汪琬撰　琬與魏禧侯方域竝以古文擅名

宋犖嘗合刻之　睢方域才人之文　禧策士之文　惟琬

根柢經典　不失爲儒者之文　歐蘇曾王固未易數

以接跡王慎中唐順之歸有光等無愧色也

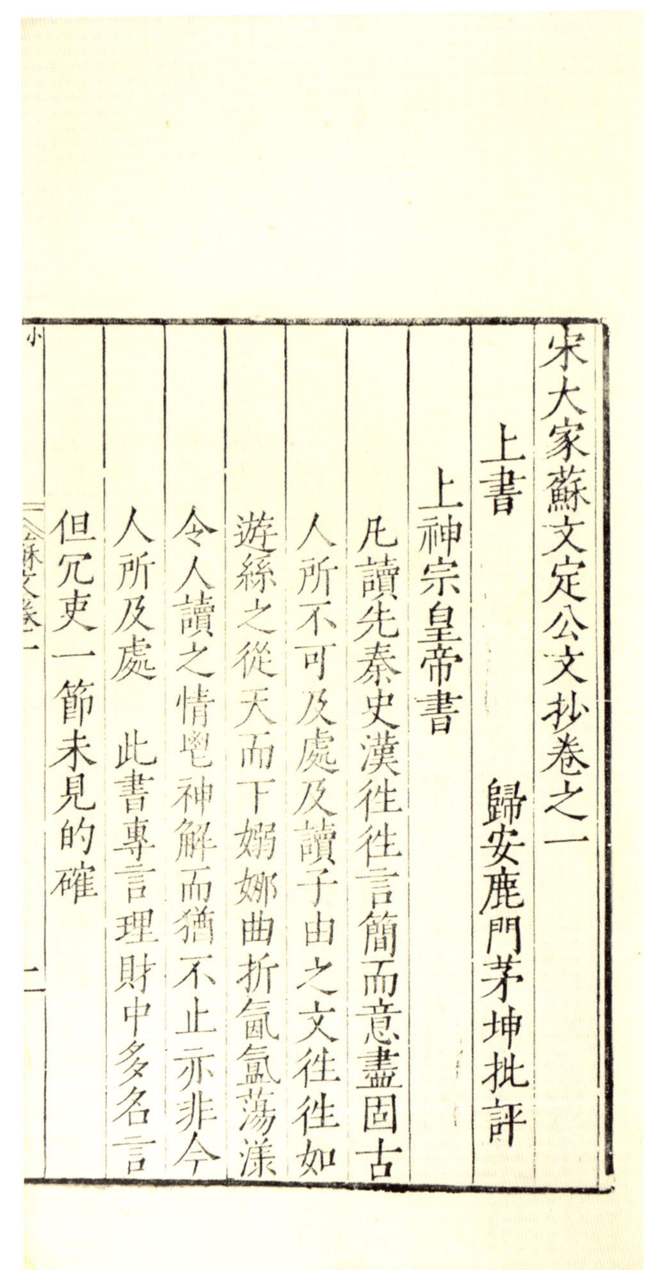
宋大家蘇文定公文抄卷之一

上書　歸安鹿門茅坤批評

上神宗皇帝書

凡讀先秦史漢往往言簡而意盡固古人所不可及處及讀子由之文往往如遊絲之從天而下婀娜曲折氤氳蕩漾令人讀之情思神解而猶不止亦非今人所及處　此書專言理財中多名言但冗吏一節未見的確

小　宋蘇文卷一　二

唐宋八大家文抄一百四十四卷

（明）茅坤编　明万历七年（1579）茅一桂刻本　六十册　宁夏大学图书馆藏

半叶九行十九字，白口，单白鱼尾，左右双边，版框 20.4 厘米 ×14.0 厘米，开本 29.7 厘米 ×17.4 厘米。

茅坤简介见《史记抄九十一卷首一卷》提要。茅坤选辑韩愈、柳宗元、苏洵、苏轼、苏辙、王安石、曾巩、欧阳修八位散文大家的文章编成一百四十四卷，所选文章集中体现了唐宋派的文学主张，被奉为唐宋散文之典范，成为后人学习之范例，在民间流传非常广泛，“唐宋八大家”之名由此而来。

王氏漁洋詩鈔卷一

寄趙子

日落揚子江江上丹青樹寒雁下蕪城遙山隱瓜步天末懷佳人前期邈煙霧

寄任同年

陽羨六斑茶蘭陵十千酒古來佳麗區遙當五湖口君家罨畫溪花竹使人迷牕內溪流滿雲中煙樹齊我家東海澨不識吳中路昨日懷佳人夜夢江南渡彷彿渡江船見子滆湖邊飄搖碧雲裏嘯傲青峰巔憶昔燕山別楊柳花如雪望遠抱遙悲傷離紛暮節邇聞顧丹陽

王氏漁洋詩鈔卷一 一

二家诗钞二十卷

（清）邵长蘅编　清康熙三十四年（1695）刻本　五册　宁夏大学图书馆藏

半叶十行二十一字，小字双行三十字，黑口，单黑鱼尾，四周单边，版框 18.4 厘米×13.5 厘米，开本 26.7 厘米×17.5 厘米。

邵长蘅（1637—1704），一名衡，字子湘，号青门山人，武进（今江苏常州）人。是书为邵长蘅选编王士禛及宋荦二人诗歌之合集，其中《王氏渔洋诗钞》十二卷、《宋氏绵津诗钞》八卷。二人皆为清代著名诗人，尤其王士禛提出的“神韵说”颇具影响。邵长蘅在序中云：“今海内称诗家，并称新城、商丘两先生无异辞。”可见对二人之推崇。馆藏是书有朱笔圈点及墨笔眉批多处。

此情此景引人入勝

寄慨甚深

宋氏綿津詩鈔卷一

齋居

窮秋風雨積茫茫失昏曉擁被臥匡牀檐前囀孤鳥披衣啟蓬户千林忽如掃黄葉滿階除菊華亦已槁顧此歲云晏抑鬱傷懷抱空簾閉幽獨遺編恣探討今古兩難名寒颸盪叢篠

空城雀

空城雀聲啾啾羣飛往來求其儔蓬科有子壕有水朝夕飲啄樂無已慎勿飛向人家裏少年挾彈子兒童把黏竿人家待爾供盤餐嗟哉爾雀百憂攢

侯朝宗文鈔卷之一

序

贈鄭大夫序

八年冬十月朔郡太守王公奉制行鄉飲酒禮以鄉大夫鄭公爲大老先期遣博士造於其廬具述　天子所以尚賢羞老之意乃集生儒勑人吏設筵於明倫之堂太守暨僚屬胥蠲胥恪迎鄭公至就賔位酒醴旣陳三歌鹿鳴鄭公北向拜手稽首謝　天子而退是日也觀者傾城僉謂以公之賢克副大典今相國宋公曰是不可無以誌盛事爰率先其族執爵於公而都人咸繼以進嗚乎風化之所以盛衰其由來者漸矣昔者禮教大行鄉國一俗莫不尊延耆耇象其德音馴而習之敬讓之心生悖亂之萌息比屋之間蒸蒸如也傳所

国朝三家文钞三十二卷

（清）宋荦　（清）许汝霖编　清康熙三十三年（1694）刻本　十册　宁夏回族自治区图书馆藏

半叶十二行二十三字，黑口，单黑鱼尾，左右双边，版框 18.5 厘米 ×14.2 厘米，开本 25.4 厘米 ×17.1 厘米。

宋荦（1634—1713），字牧仲，号漫堂，又号西陂，河南商丘人。许汝霖（生卒年不详），字时庵，浙江海宁人。康熙进士。是书选编侯方域文八卷，魏禧、汪琬之文各十二卷。三人之文各有所长，《四库全书总目》评曰：“方域才人之文，禧策士之文，琬儒者之文。”是书一出，“清初三大家”始得其名，并对清初文风的确立具有引领作用。馆藏是书钤有“佣书所得”“曾在许玉成处”等印。

魏叔子文鈔卷之一

論

伊尹論

嘗讀孟子湯之於伊尹學焉而後臣又言伊尹就湯而説之以伐夏救民是則伐夏皆伊尹意也竊疑其語爲過及讀商書而知伐夏之舉果出於尹之獨斷無疑也今夫人臣之放伐其天子者自古以來所未嘗有唯后羿距太康逐相爲不臣羿因民之不忍而距太康湯以救民伐桀其跡與羿無異夫以湯而行羿之事爲自古聖賢之所不爲湯雖躬聖人之德無富天下之心有危疑而不敢輒發者矣使非有任如伊尹者灼然於天命人心之故犯天下之大不韙不以芥蔕其心變易千古君臣之義而無慚於堯舜以别嫌疑定猶豫主

汪鈍翁文鈔卷之一

論

春秋論一 平王隱公

按左氏惠公繼室以聲子生隱公孔穎達引釋例曰夫人薨不更聘必以姪娣媵繼室是夫人之姪娣與二媵皆可以繼也雖攝治內事猶不得稱夫人又異於餘妾故謂之繼室然則孟子未卒以前聲子與仲子皆妾也及其繼室則衆妾俱不敢與聲子齒而何有於仲子哉然考春秋隱公元年天王來歸仲子之賵五年考仲子之宮夫仲子特惠公之妾耳顧得蒙此禮而聲子皆不與何與汪子曰甚矣鍾巫之禍平王啓之而隱公自取之也蓋仲子固家之妒妾而桓公又其驕子也惟爲之君若兄者稍能制之以禮然後可以逆折其非

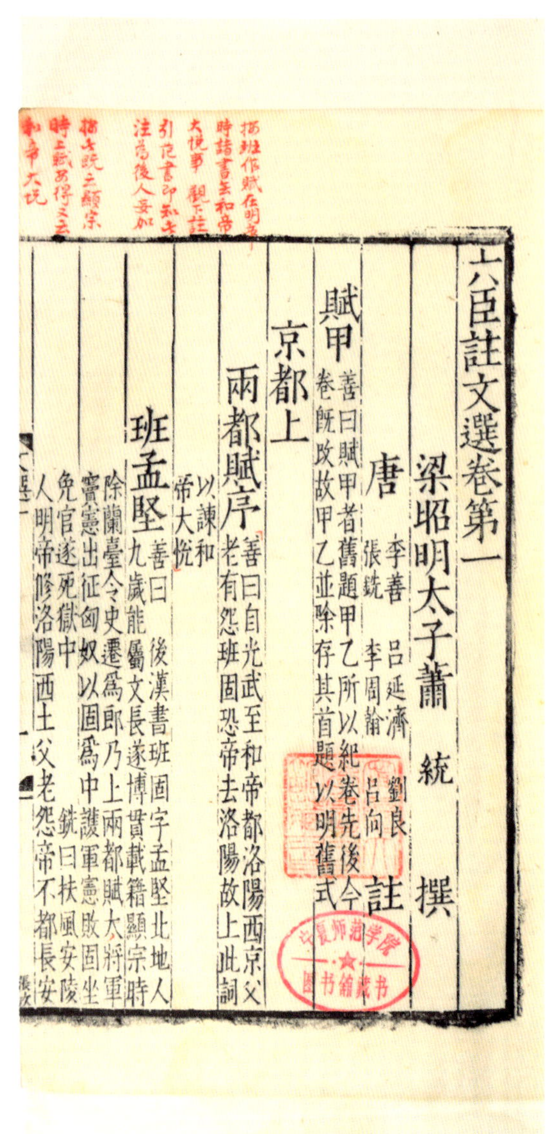

六臣注文选六十卷

（南朝梁）萧统撰　（唐）李善等注　明嘉靖重刻元茶陵东山陈氏古迂书院刻本　六十册　宁夏大学图书馆藏

半叶十行十八字，小字双行二十三字，白口，双对黑鱼尾，四周单边，版框20.9厘米×14.1厘米，开本30.6厘米×17.7厘米。

萧统（501—531），字德施，南兰陵（今江苏常州）人。李善（？—689），江都（今江苏扬州）人。《文选》是我国现存最早的一部诗文总集，由萧统组织文人共同编选而成。是书因李善、吕延济、刘良、张铣、李周翰、吕向六臣注而得名，其注准确精当，体例严谨。馆藏是书书根处题“叶德辉旧藏”，钤有“叶德辉”“观古堂”“郎园”“叶氏启勋读过”“叶启发东明审定善本”“叶启蕃”“康侯”“莲溪鉴藏书画”等印。有朱笔批校多处，疑似清何焯旧批，另有批者朱笔按语若干。

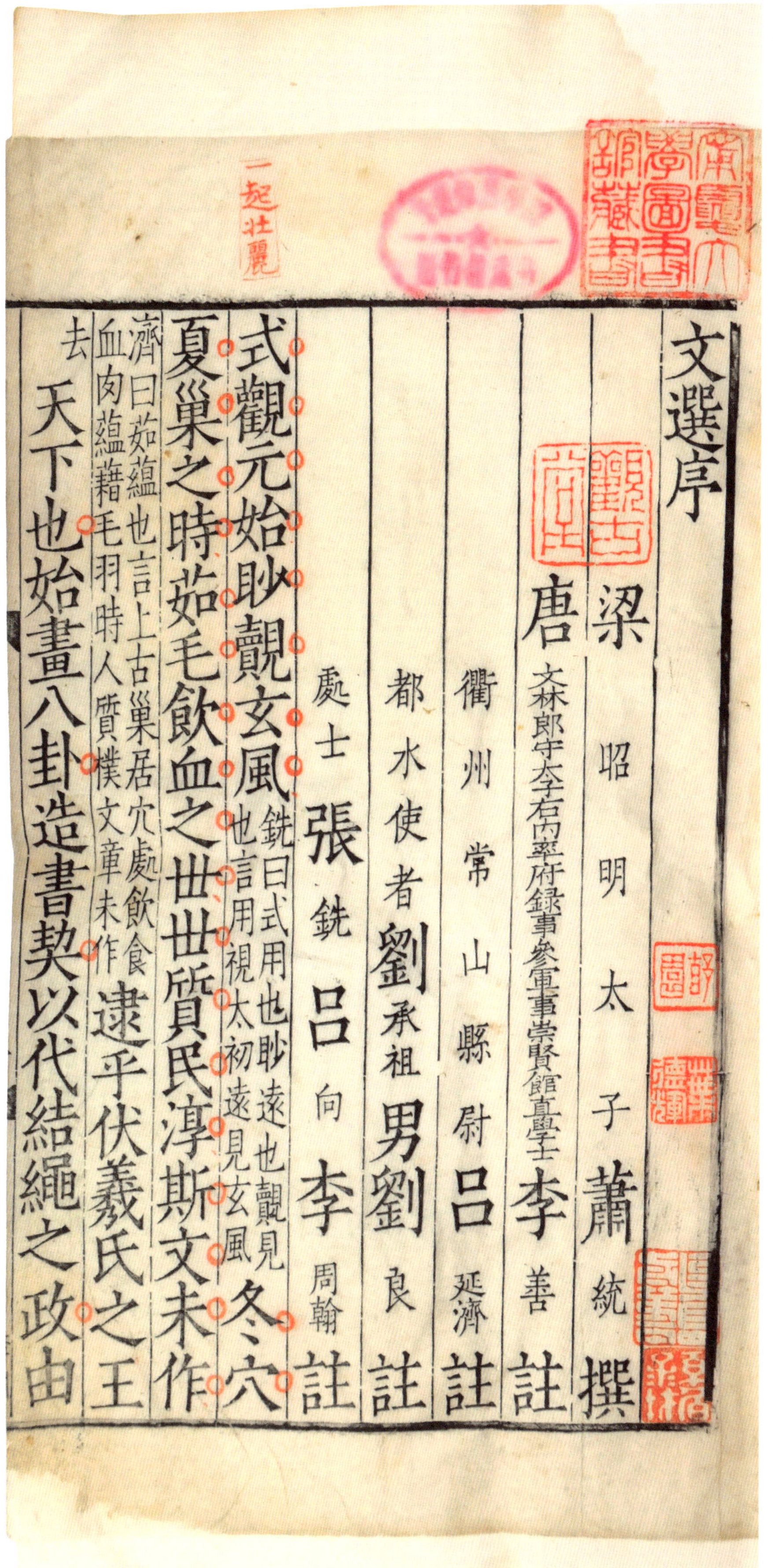
一起壯麗

文選序

梁　昭明太子蕭統撰

唐　文林郎守李右內率府録事參軍事崇賢館直學士李善註

衢州常山縣尉呂延濟註

都水使者劉承祖男劉良註

處士張銑呂向李周翰註

式觀元始眇覿玄風銑曰式用也眇遠也覿見也言用視太初遠見玄風冬穴夏巢之時茹毛飲血之世世質民淳斯文未作濟曰茹蘊也言上古巢居穴處飲食血肉蘊藉毛羽時人質樸文章未作逮乎伏羲氏之王去天下也始畫八卦造書契以代結繩之政由

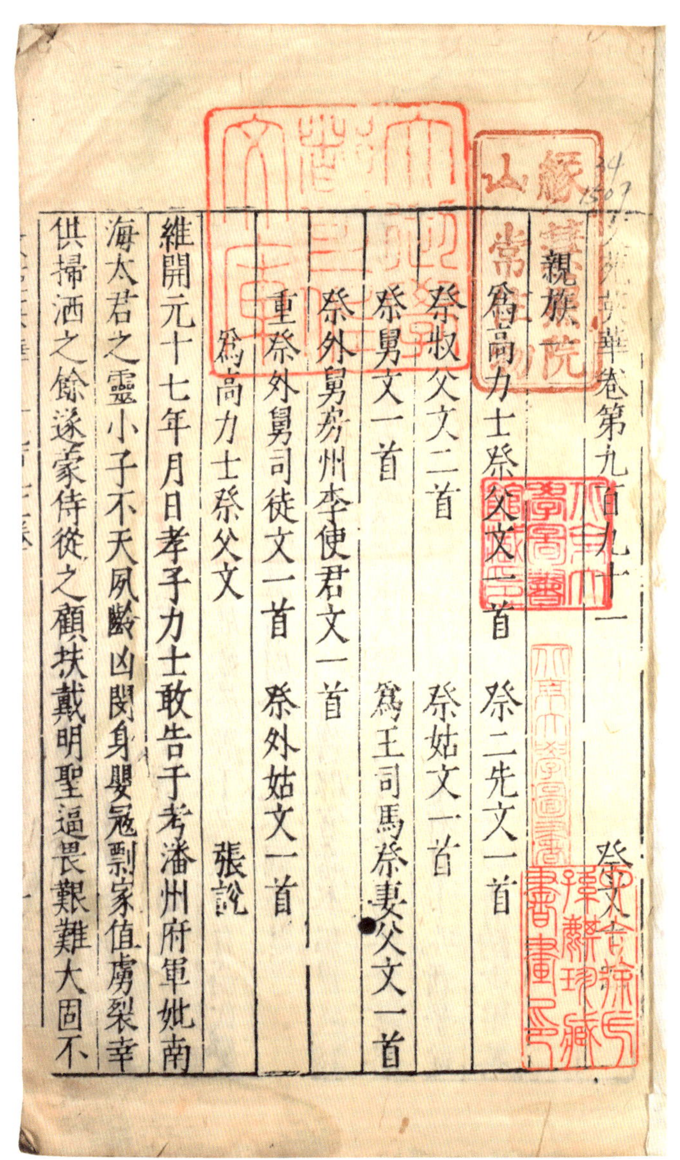

文苑英華卷第九百九十一

祭文

親族一

爲高力士祭父文一首　祭二先文一首

祭叔父文二首　祭姑文一首

祭舅文一首　爲王司馬祭妻父文一首

祭外舅虢州李使君文一首

重祭外舅司徒文一首　祭外姑文一首

爲高力士祭父文　張説

維開元十七年月日孝子力士敢告于考潘州府君妣南海太君之靈小子不天夙齡凶閔身嬰寇剽家值虜裂幸供掃洒之餘遂豢侍從之顏扶戴明聖逼畏艱難大固不

文苑英华一千卷

（宋）李昉等辑　明隆庆元年（1567）刻本　一册　存卷九百九十一至一千　宁夏大学图书馆藏

半叶十一行二十二字，小字双行同，白口，无鱼尾，四周单边，版框 21.0 厘米 ×15.7 厘米，开本 27.6 厘米 ×17.5 厘米。

李昉（925—996），字明远，真定（今河北正定）人，一作深州饶阳（今属河北）人。乾祐进士。是书为南朝梁至唐五代的文学总集，所收唐代作品最多，约占十分之九。按文体分赋、诗、歌行、杂文、翰林制诏与中书制诰等门类，每类之中又按题材分若干子目。书中收录不少诏诰、书判、表疏、碑志等内容，保存了许多有价值的文献资料。馆藏是书钤有“京都学校藏书之印”“大御学都可佐文库”“六合徐氏孙麒珍藏书画印”“缘慧照院山常住物”等印。

御選唐宋文醇卷之一

昌黎韓愈文一

原毁

古之君子其責已也重以周其待人也輕以約重以周故不怠輕以約故人樂為善聞古之人有舜者其為人也仁義人也求其所以為舜者責於已曰彼人也予人也彼能是而我乃不能是早夜以思去其不如舜者就其如舜者聞古之人有周公者其為人也多才與藝人也求其所以為周公者責於已曰彼人也予人也彼能是而我乃不能

御選唐宋文醇 卷一 韓愈 雜著 二

御选唐宋文醇五十八卷

（清）高宗弘历辑　清乾隆三年（1738）武英殿刻四色套印本　二十册　宁夏回族自治区图书馆藏

半叶九行二十二字，白口，单黑鱼尾，四周单边，版框 19.7 厘米 ×14.3 厘米，开本 27.6 厘米 ×18.2 厘米。

清高宗弘历（1711—1799），爱新觉罗氏，1735—1796 年在位，年号乾隆，庙号高宗。是书收录唐宋八大家及唐李翱、孙樵之文，各家文章以书、序、论、记等分类。馆藏是书正文用墨色，不同人之评论、题跋以及相关人物介绍分别用不同颜色区分。全书色彩斑斓，为殿版套印中的上品。

聖祖御評
前幅舉其成功
後幅勉其建績
下語不繁而屯
制之宜已瞭然
指掌

送水陸運使韓侍御歸所治序

六年冬振武軍吏走驛馬詣闕告飢公卿廷議以轉運使不得其人宜選才幹之士往換之吾族子重華適當其任至則出贓罪吏九百餘人脫其桎梏給耒耜與牛使耕其傍便近地以償所負釋其粟之在吏者四十萬斛不徵吏得去罪死假種糧齒平人有以自效莫不涕泣感奮相率盡力以奉其令而又為之奔走經營相原隰之宜指授方法故連二歲大熟吏得盡償其所亡失四十萬斛者而私其羸餘得以蘇息軍不復飢君曰此未足為天子言請益

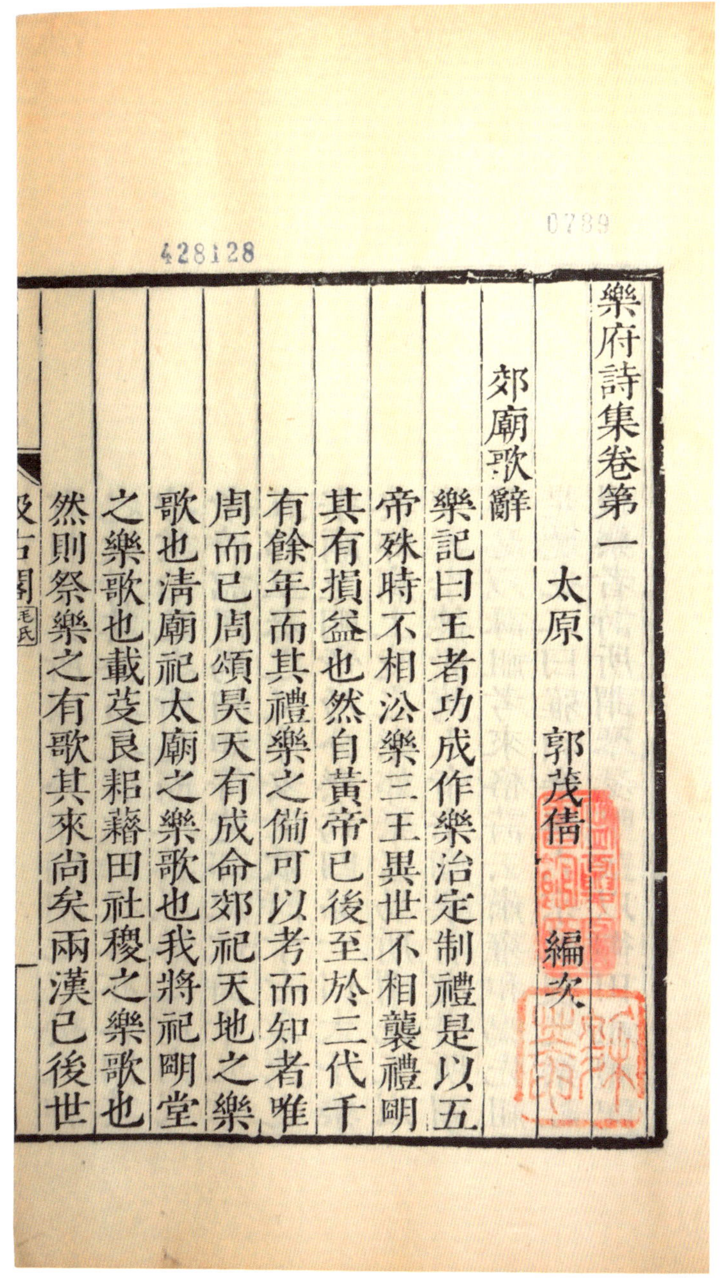

樂府詩集卷第一　太原　郭茂倩　編次

郊廟歌辭

樂記曰王者功成作樂治定制禮是以五帝殊時不相沿樂三王異世不相襲禮明其有損益也然自黄帝已後至於三代千有餘年而其禮樂之備可以考而知者唯周而已周頌昊天有成命郊祀天地之樂歌也清廟祀太廟之樂歌也我將祀明堂之樂歌也載芟良耜藉田社稷之樂歌也然則祭樂之有歌其來尚矣兩漢已後世

汲古閣　毛氏

乐府诗集一百卷目录二卷

（宋）郭茂倩编　明末毛氏汲古阁刻本　十二册　宁夏回族自治区图书馆藏

半叶十一行二十一字，小字双行同，白口，单黑鱼尾，左右双边，版框 18.7 厘米 × 14.5 厘米，开本 27.1 厘米 × 17.7 厘米。

郭茂倩（1041—1099），字德粲，郓州须城（今山东东平）人。是书分为 12 个门类，辑录宋代之前乐府歌辞、歌谣 5000 余首，是现存收集乐府歌辞最完备的一部总集。毛晋跋云："采陶唐迄李唐歌谣辞曲，略无遗轶，可谓抗行《周雅》，长揖《楚词》，当与《三百篇》并垂不朽。"《四库全书总目》言其"诚乐府中第一善本"。馆藏是书钤有"穆庵"等印。

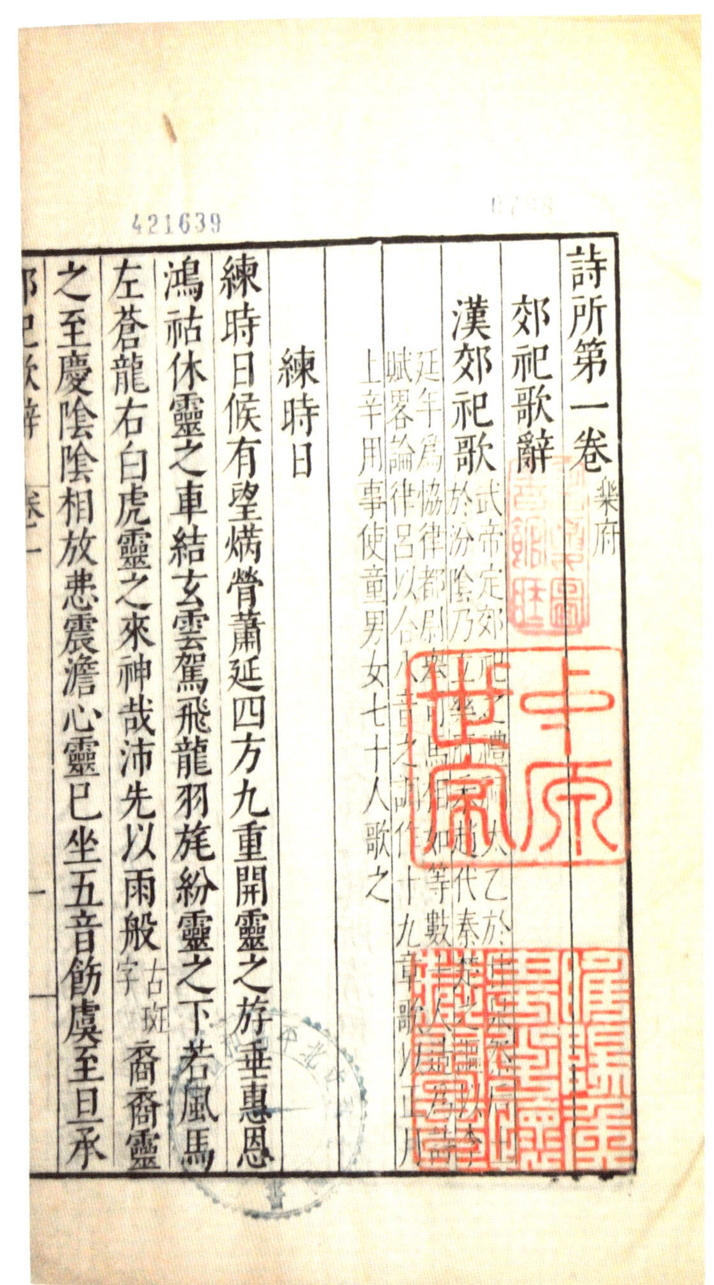

詩所第一卷 樂府

郊祀歌辭

漢郊祀歌 武帝定郊祀之禮祠太乙於甘泉祭后土於汾陰乃立樂府采詩夜誦有趙代秦楚之謳以李延年爲協律都尉多舉司馬相如等數十人造爲詩賦畧論律呂以合八音之調作十九章之歌以正月上辛用事使童男女七十人歌之

練時日

練時日候有望焫膋蕭延四方九重開靈之斿垂惠恩鴻祜休靈之車結玄雲駕飛龍羽旄紛靈之下若風馬左蒼龍右白虎靈之來神哉沛先以雨般（古班字）裔裔靈之至慶陰陰相放悲震澹心靈已坐五音飭虡至旦承

郊祀歌辭 卷一 一

诗所五十六卷历代名氏爵里一卷

（明）臧懋循编　明万历间徐智刻本　十二册　宁夏回族自治区图书馆藏

半叶十行二十一字，小字双行同，白口，无鱼尾，四周单边，版框 20.9 厘米×13.6 厘米，开本 28.0 厘米×17.6 厘米。

臧懋循（1550—1620），字晋叔，号顾渚，浙江长兴人。万历进士。是书又名《古诗所》，依据诗歌体裁编排，资料主要来源于明冯惟讷的《古诗纪》，但又对其有所订补勘误，内容涵盖歌辞、曲辞、谣辞、古语古谚、古诗等。馆藏是书钤有“中原世家”“祖父珍藏子孙是教鬻及借人兹为不孝”等印。

悅心集卷一

樂志論　　仲長統

使居有良田廣宅。背山臨流。溝池環帀。竹木周布。場圃築前。果園樹後。舟車足以代步涉之難。使令足以息四體之役。養親有兼珍之膳。妻孥無苦身之勞。良朋萃止。則陳酒肴以娛之。嘉時吉日。則亨羔豚以奉之。躊躇畦苑。遊戲平林。濯清水。追涼風。釣游鯉。弋高鴻。風於舞雩之下。詠歸高堂之上。安神閨房。思老氏之元虛。呼吸精神。求至人之彷彿。與達者數子。論道講書。俯仰二儀。錯綜人物。彈南風之

悅心集　卷一　一

悦心集四卷

（清）世宗胤禛辑　清雍正四年（1726）刻本　四册　宁夏大学图书馆藏

半叶九行二十二字，白口，单黑鱼尾，四周单边，版框 17.8 厘米 ×12.4 厘米，开本 28.2 厘米 ×16.8 厘米。

清世宗胤禛简介见《硃批谕旨三百六十卷》提要。是书为其登基之前编成，收录自东汉末年至明代的各种人物如官吏、隐士、释道、名士、庶人等所写的短文、诗赋、格言，以及社会上流传的趣事、谐语、歌诀等。所收诗文篇幅短小、内容轻松，易于阅读。

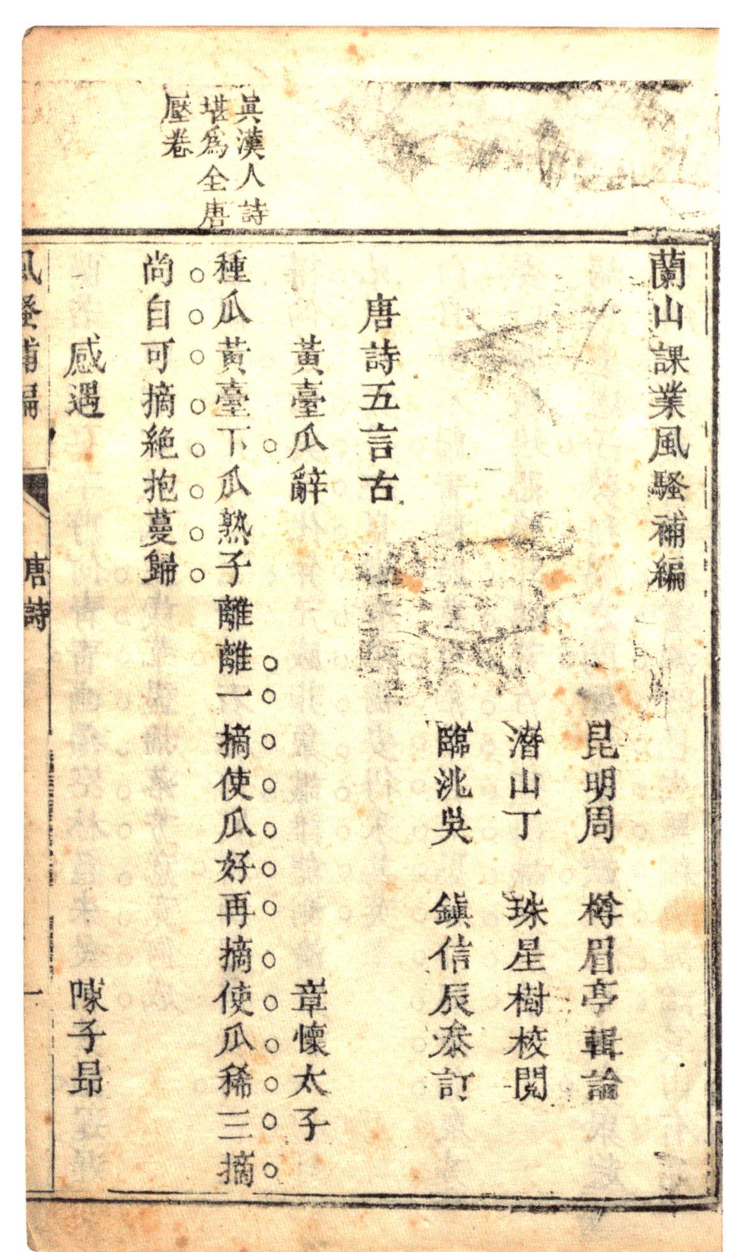

眞漢人詩堪爲全唐壓卷

蘭山課業風騷補編

昆明周　樽眉亭輯論

潛山丁　珠星樹校閱

臨洮吴　鎮信辰參訂

唐詩五言古

黄臺瓜辭　章懷太子

種瓜黄臺下瓜熟子離離一摘使瓜好再摘使瓜稀三摘尚自可摘絶抱蔓歸

感遇　陳子昂

風騷補編　唐詩　一

兰山课业风骚补编三卷

（清）周樽辑论　（清）丁珠校阅　（清）吴镇参订　清乾隆五十七年（1792）刻本　二册　宁夏回族自治区图书馆藏

半叶九行二十二字，小字双行同，白口，单黑鱼尾，四周双边，版框 20.2 厘米 ×14.8 厘米，开本 25.3 厘米 ×17.0 厘米。

周樽（生卒年不详），字寿南，号眉亭，云南昆明人。丁珠（生卒年不详），字星树，安徽潜山人。吴镇（1721—1797），字信辰，一字士安，号松崖，甘肃临洮人。是书为清代甘肃最大的一所省立书院——兰山书院所用的教学书籍，书前有吴镇在乾隆五十七年（1792）所作的序，提及编写是书之缘由。馆藏还有《兰山课业松厓诗录》《兰山课业经训约编》等。

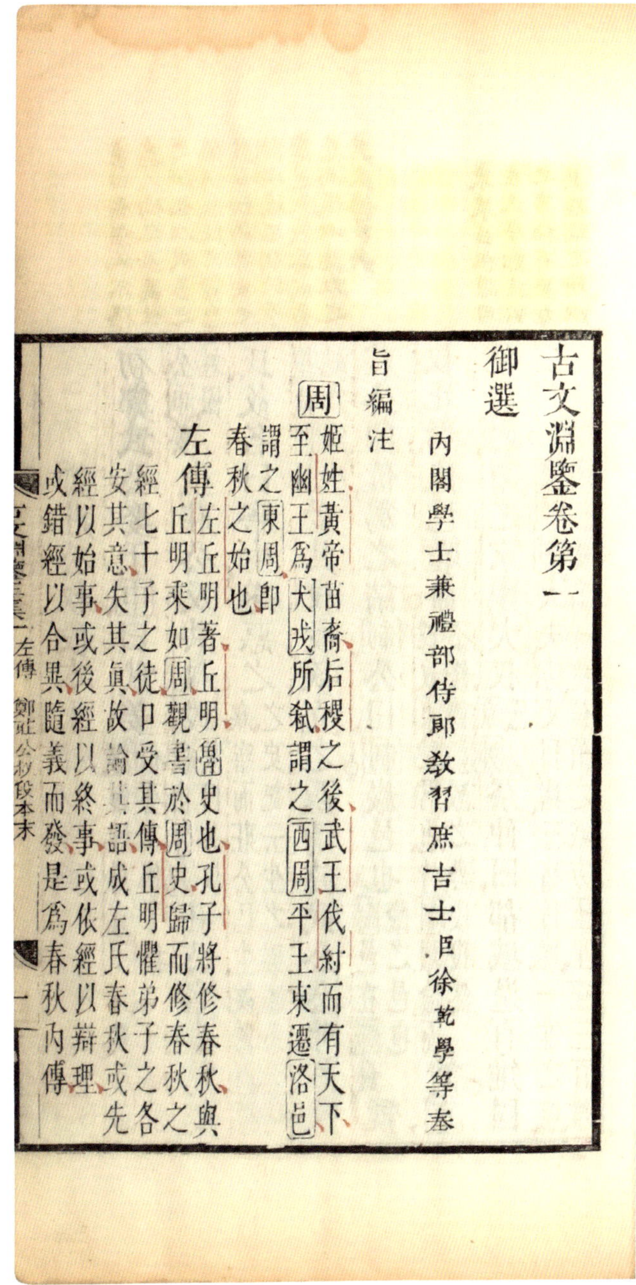
古文淵鑒卷第一
御選
内閣學士兼禮部侍郎教習庶吉士臣徐乾學等奉
旨編注
周 姬姓黄帝苗裔后稷之後武王伐紂而有天下
至幽王爲犬戎所弑謂之西周平王東遷洛邑
謂之東周即
春秋之始也
左傳 左丘明著丘明魯史也孔子將修春秋與
丘明乘如周觀書於周史歸而修春秋之
經七十子之徒口受其傳丘明懼弟子之各
安其意失其真故論其語成左氏春秋或先
經以始事或後經以終事或依經以辯理
或錯經以合異隨義而發是爲春秋内傳

古文淵鑒卷一 左傳 鄭莊公叔段本末 一

古文渊鉴六十四卷

（清）徐乾学等编　清康熙二十四年（1685）武英殿刻五色套印本　三十七册　存卷一至四十九　宁夏回族自治区图书馆藏

半叶九行二十字，小字双行同，黑口，双顺黑鱼尾，四周单边，版框 19.0 厘米 ×14.1 厘米，开本 29.9 厘米 ×17.3 厘米。

徐乾学（1631—1694），字原一，号健庵，江苏昆山人。康熙进士。是书是奉清圣祖玄烨之命编选而成，所选文章上起春秋、下讫宋代，依作者时代先后编次。书成后武英殿以五色套印颁行，其雕刻、刷印皆精致，历来被藏书家视为珍品。

臣士奇曰辛伯所諗四事是千古亂源左氏特爲拈出

楚勢日強召陵一盟而使肯聽命齊桓屈服之功大矣

不孝棄事不忠雖知其寒惡不可取子其死之大子將戰狐突諫曰不可昔辛伯 周大夫 諗周桓公 名黑肩 諗告也 云內寵並后外寵二政嬖子配適大都耦國亂之本也周公弗從故及於難今亂本成矣立可必乎孝而安民子其圖之 奉身爲孝不戰爲安民 與其危身以速罪也 有功益見害故言孰與危身以名罪

楚屈完對齊侯 僖公四年

四年春齊侯以諸侯之師侵蔡蔡潰遂伐楚楚子使與師言曰君處北海寡人處南海唯是風馬牛不相及也 楚界猶未至南海因齊處北海遂稱所近牛馬風逸蓋末界之微事故以取喻 不虞君之涉吾地也何故管仲 齊大夫名夷吾 對曰昔召康公命我先君大公曰五侯九伯女實征之以夾輔周室 五等諸侯九州之伯皆得征討其罪 賜我先君履東至于海西至于河南至于穆陵北至于無棣 履所履踐之界淮南有故穆陵關是楚之境無棣在遼西孤竹 爾貢包茅不入王祭不共無以縮酒寡人是徵 包裹束也茅菁茅也束茅而灌之以酒爲縮酒尚書包匭菁茅 昭王南征而不復寡人是問 昭王成王之孫南巡狩涉漢船壞而溺 對曰貢之不入寡君之罪也敢不共給昭王之不復君其問諸水濱師進次于陘

西山真德秀曰齊不責楚之僭王而顧責以不必責何哉蓋齊之內失德而外失義者多矣我以大惡責之彼必斥吾之惡以對豈不爲諸侯羞故舍其所當責而及其不必責庶幾楚人不盡力以抗我而亦可以不勞而成功矣

晦庵朱熹曰諸侯有罪則天子

自古以天子能文章者漢而已其臣皆不如也

西漢文統卷之一

山陰王思任季重定　會稽王紹美子璵參　童養正聖功選

入關告諭　高帝

父老苦秦苛法久矣誹謗者族耦語者棄市吾與諸侯約先入關者王之吾當王關中與父老約法三章耳殺人者死傷人及盜抵罪餘悉除去秦法吏民皆按堵如故凡吾所以來爲父兄除害非有所侵暴毋恐且吾所以軍霸上待諸侯至而定要束耳

西漢文統　卷一

西汉文统五卷东汉文统五卷

（明）王思任定　（明）王绍美参　（明）童养正选　明崇祯刻本　六册　宁夏回族自治区图书馆藏

半叶九行二十字，小字双行同，白口，单白鱼尾，四周单边，版框 20.5 厘米 ×14.1 厘米，开本 26.7 厘米 ×17.1 厘米。

王思任（1575—1646），字季重，号遂东、谑庵，山阴（今浙江绍兴）人。万历进士。王绍美（生卒年不详），字子玙，会稽（今浙江绍兴）人。崇祯进士。童养正（生卒年不详），字圣功，会稽（今浙江绍兴）人。著者分录两汉之文，并对其加以评点，评点博采众长又有个人见地。其中《西汉文统》选文多来自《汉书》，《东汉文统》选文来自《后汉书》《三国志》等。著者另有《史记统》五卷，三种合称为《史汉文统》。馆藏是书有朱墨笔圈点。

全唐詩
太宗皇帝
帝姓李氏諱世民神堯次子聰明英武貞觀之治庶幾
成康功德兼隆由漢以來未之有也而銳情經術初建
秦邸即開文學館召名儒十八人爲學士既即位殿左
置弘文館悉引内學士番宿更休聽朝之間則與討論
典籍雜以文詠或日昃夜艾未嘗少怠詩筆草隸卓越
前古至於天文秀發沈麗高朗有唐三百年風雅之盛
帝實有以啓之焉在位二十四年謚曰文集四十卷館
閣書目詩一卷六十九首今編詩一卷
帝京篇十首 幷序

太宗皇帝　全唐詩　一

全唐诗九百卷总目十二卷

（清）曹寅等辑　清康熙四十四年至四十六年（1705—1707）扬州诗局刻本　一百二十册
宁夏社会科学院图书资料中心藏

半叶十一行二十一字，小字双行三十二字，白口，双对黑鱼尾，左右双边，版框 16.5 厘米×11.2 厘米，开本 23.1 厘米×14.3 厘米。

曹寅（1658—1712），字子清，号荔轩、楝亭、雪樵，祖籍辽宁辽阳（一说河北唐山）。是书共收唐及五代诗歌近 50000 首，涉及诗人 2000 多人，以帝王后妃、乐章乐府、各家诗作及其他各类作品的顺序编排，是一部收录唐诗多、影响大的古典诗歌总集。

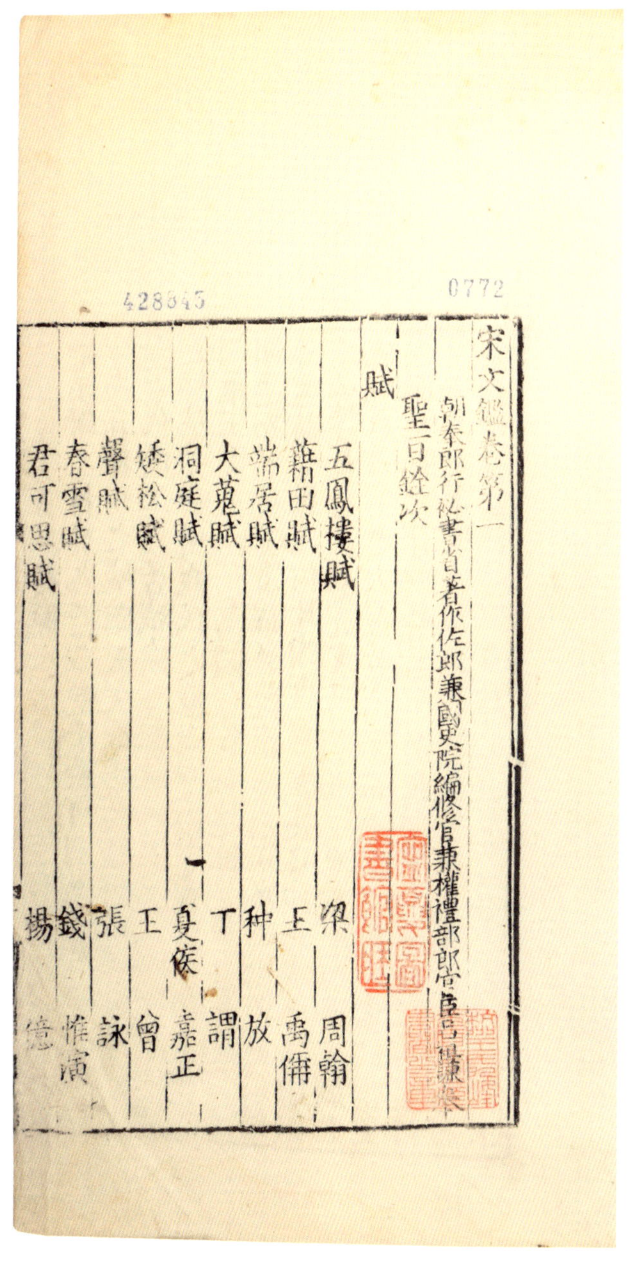
宋文鑑卷第一
朝奉郎行秘書省著作佐郎兼國史院編修官兼權禮部郎官臣呂祖謙奉
聖旨銓次
賦
五鳳樓賦　梁周翰
籍田賦　王禹偁
端居賦　种放
大蒐賦　丁謂
洞庭賦　夏侯嘉正
矮松賦　王曾
聲賦　張詠
春雪賦　錢惟演
君可思賦　楊億

宋文鉴一百五十卷目录三卷

（宋）吕祖谦辑　明嘉靖七年（1528）晋藩养德书院刻本　二十册　宁夏回族自治区图书馆藏

半叶十三行二十一字，小字双行同，黑口，双顺黑鱼尾，左右双边，版框 19.8 厘米 ×12.9 厘米，开本 30.0 厘米 ×18.1 厘米。

吕祖谦（1137—1181），字伯恭，世称东莱先生，婺州（今浙江金华）人。隆兴进士。是书原名《皇朝文鉴》，为吕祖谦奉宋孝宗赵昚之命编辑而成的宋代诗文总集，搜罗广博，将诗文分为 61 个小类。因采集资料所用原书多已失传，故部分古书信息借此书得以保存，实属难得。馆藏是书钤有“杭州王氏九峰旧庐藏书之章”等印。

中州集卷第一　　甲集
河東人元好問裕之集
宇文大學虛中　五十首
虛中字叔通成都人宋黄門侍郎以奉使
見留仕為翰林學士承旨皇統初上京諸
虜俘謀奉叔通為帥奪兵仗南奔事覺繫
詔獄諸貴先被叔通嘲笑積不平必欲殺
之乃鍜鍊所藏圖書為反具叔通歎曰死

中州集　卷之一　汲古閣

中州集十卷首一卷中州乐府集一卷

（金）元好问辑　明末毛氏汲古阁刻本　十一册　宁夏回族自治区图书馆藏

半叶八行十九字，白口，无鱼尾，左右双边，版框 19.3 厘米 ×13.7 厘米，开本 26.0 厘米 ×16.8 厘米。

元好问（1190—1257），字裕之，号遗山，秀容（今山西忻州）人。兴定进士。是书为金朝的诗歌总集，收录金代 200 多位诗人的作品。内容涉及大量金朝历史事件，为《金史》资料来源之一。馆藏是书钤有“海虞曾氏雨苍考藏记”“兰枝印信”“曹大铁考藏记”“菱花馆”“常熟曹大铁评书读画记”“泰州刘汉臣麓樵氏印”“寂庵”等印。

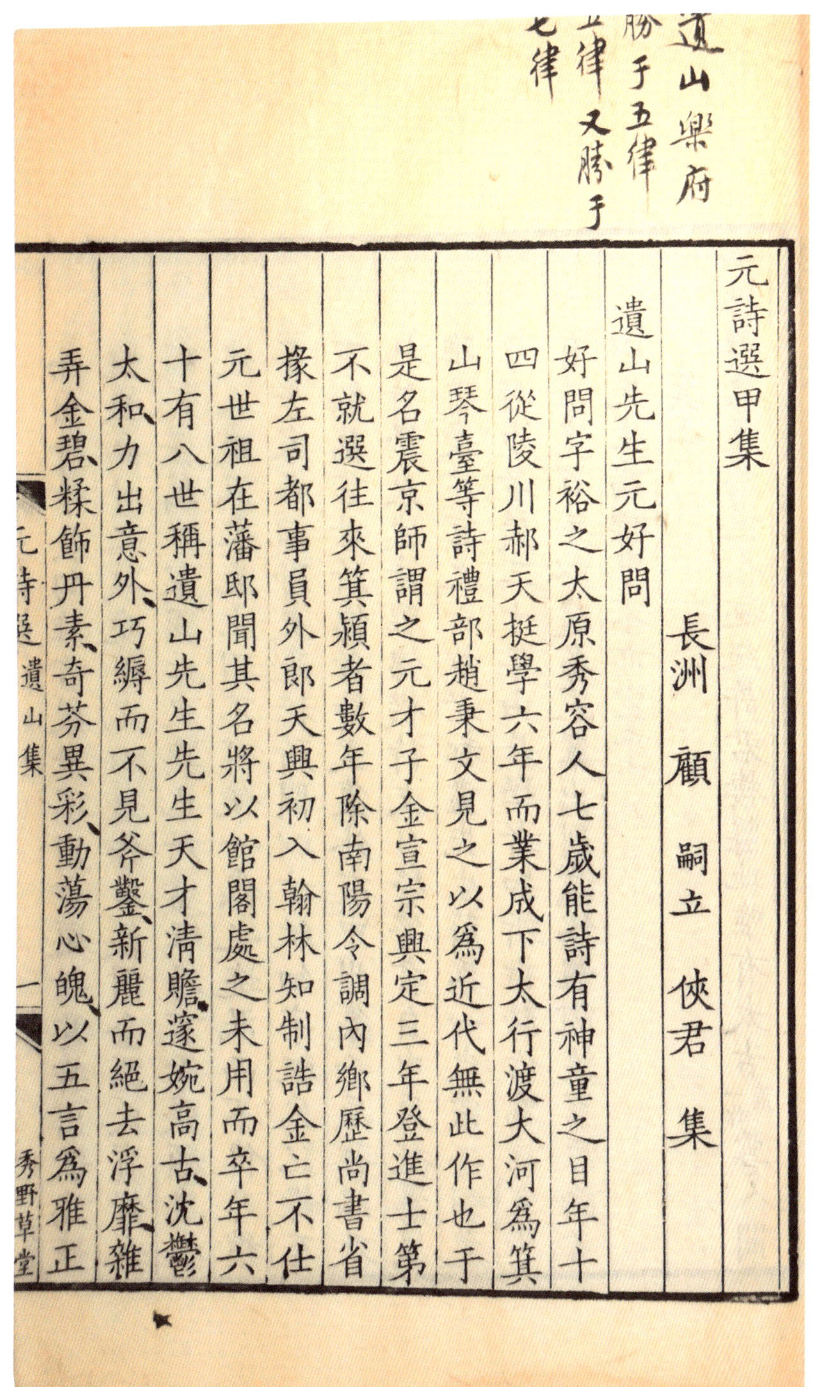
遺山樂府勝于五律五律又勝于七律

元詩選甲集

長洲　顧嗣立　俠君　集

遺山先生元好問

好問字裕之太原秀容人七歲能詩有神童之目年十四從陵川郝天挺學六年而業成下太行渡大河爲箕山琴臺等詩禮部趙秉文見之以爲近代無此作也于是名震京師謂之元才子金宣宗興定三年登進士第不就選往來箕潁者數年除南陽令調內鄉歷尚書省掾左司都事員外郎天興初入翰林知制誥金亡不仕元世祖在藩邸聞其名將以館閣處之未用而卒年六十有八世稱遺山先生先生天才清贍邃婉高古沈鬱太和力出意外巧縟而不見斧鑿新麗而絕去浮靡雜弄金碧糅飾丹素奇芬異彩動蕩心魄以五言爲雅正

元詩選　遺山集　一　秀野草堂

元诗选三集三百二十卷

（清）顾嗣立辑　清康熙长洲顾氏秀野草堂刻本　三十五册　宁夏回族自治区图书馆藏

半叶十三行二十三字，小字双行不等，白口，双顺黑鱼尾，左右双边，版框 19.3 厘米×14.8 厘米，开本 25.2 厘米×16.9 厘米。

顾嗣立（1665—1722），字侠君，长洲（今江苏苏州）人。康熙进士。是书体例仿《中州集》，收罗宏富，并附小传，对于研究元诗有较高的参考价值。馆藏是书有墨笔批校多处。

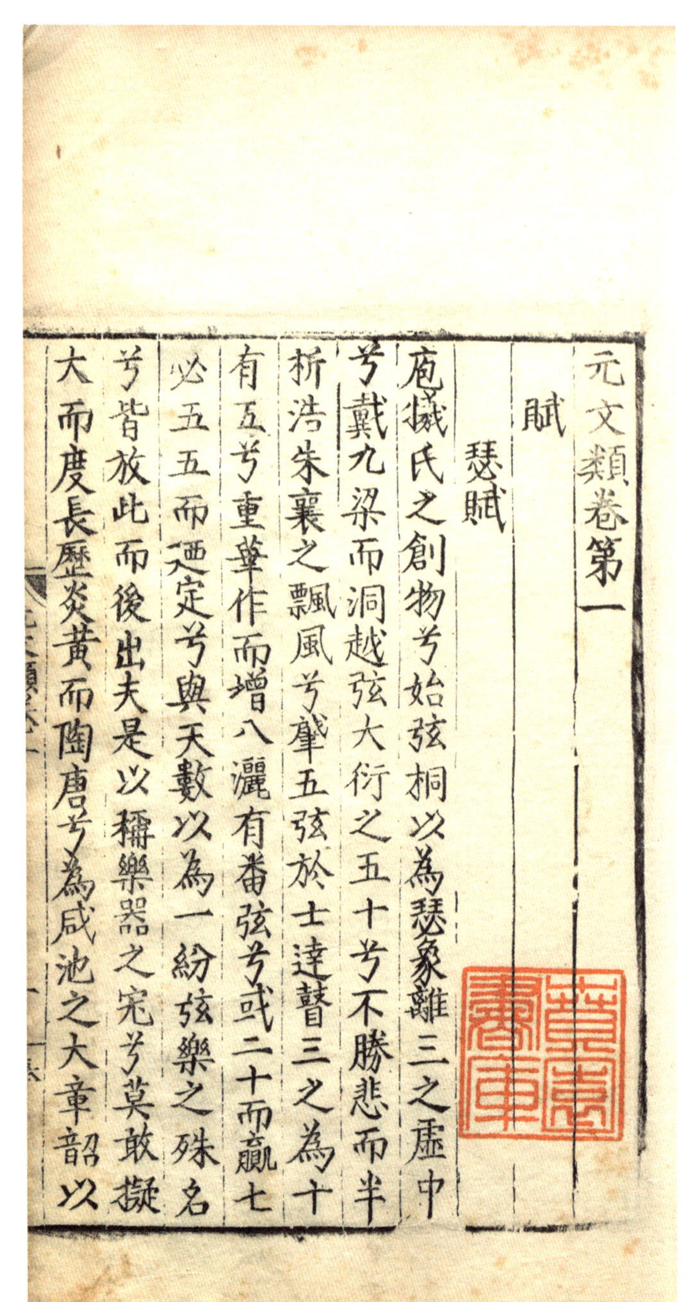
元文類卷第一
賦
瑟賦
庖犧氏之創物兮始弦桐以為瑟象離三之虛中
兮戴九梁而洞越弦大衍之五十兮不勝悲而半
折浩朱襄之飄風兮聲五弦於士達瞽三之為十
有五兮重華作而增八灑有番弦兮或二十而覼七
必五五而迺定兮與天數以為一紛弦樂之殊名
兮皆放此而後出夫是以稱樂器之宪兮莫敢擬
大而度長歷炎黃而陶唐兮為咸池之大章韶以

元文类七十卷目录三卷

（元）苏天爵辑　明嘉靖十六年（1537）晋藩刻本　二十册　宁夏回族自治区图书馆藏

半叶十行十九字至二十字不等，白口，单黑鱼尾，四周单边，版框 20.6 厘米 ×14.8 厘米，开本 30.5 厘米 ×18.3 厘米。

苏天爵（1294—1352），字伯修，人称滋溪先生，真定（今河北正定）人。是书原名《国朝文类》，按内容和体裁分为 43 类，收录元代初期至中期名家诗文 800 余篇，其中诗八卷、文六十二卷。书中保存了一些散佚书籍的内容，具有一定的文献价值。馆藏是书钤有“贲园书库”等印。

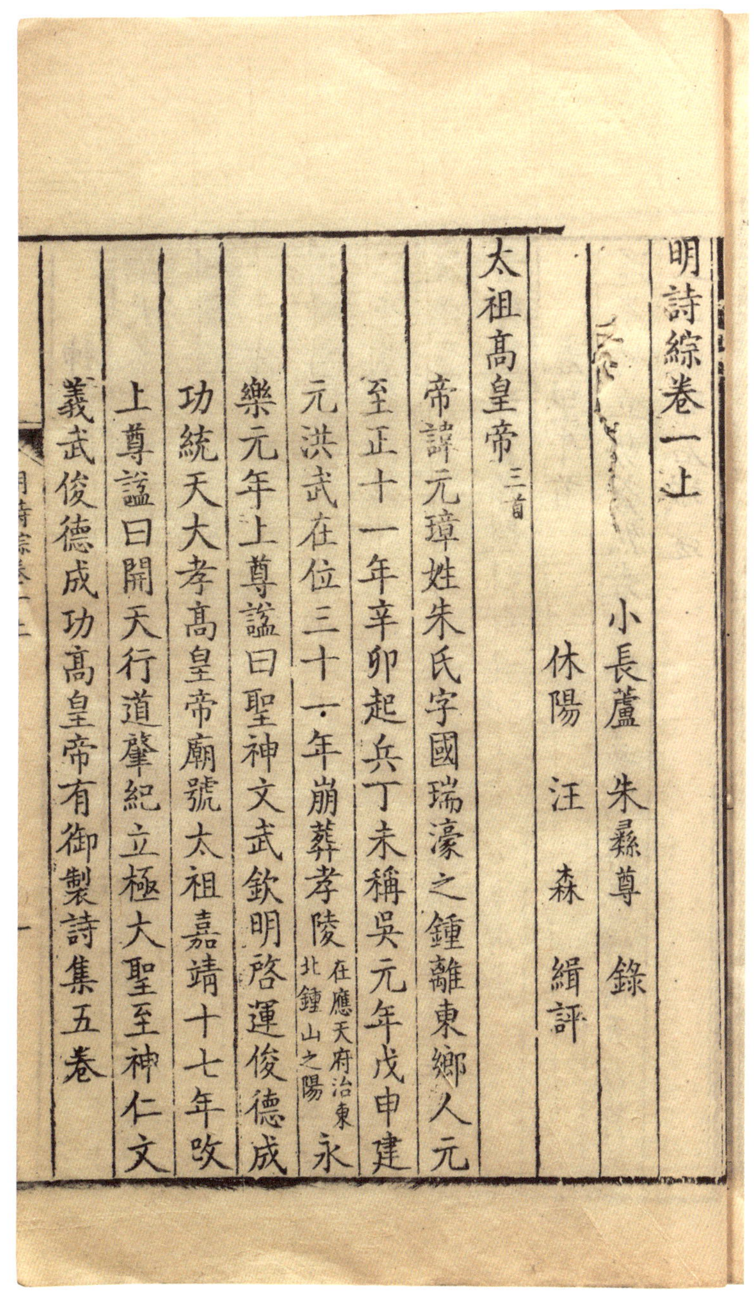
明詩綜卷一上
小長蘆 朱彝尊 錄
休陽 汪 森 緝評
太祖高皇帝 三首
帝諱元璋姓朱氏字國瑞濠之鍾離東鄉人元至正十一年辛卯起兵丁未稱吳元年戊申建元洪武在位三十一年崩葬孝陵在應天府治東北鍾山之陽永樂元年上尊謚曰聖神文武欽明啓運俊德成功統天大孝高皇帝廟號太祖嘉靖十七年改上尊謚曰開天行道肇紀立極大聖至神仁文義武俊德成功高皇帝有御製詩集五卷

明诗综一百卷家数一卷

（清）朱彝尊录 （清）汪森缉评 清西泠清来堂吴氏刻本 三十二册 宁夏回族自治区图书馆藏

半叶十一行二十一字，小字双行三十一字，白口，单黑鱼尾，左右双边，版框 18.6 厘米 ×14.4 厘米，开本 25.0 厘米 ×15.9 厘米。

朱彝尊（1629—1709），字锡鬯，号竹垞，又号金风亭长、小长芦钓鱼师，秀水（今浙江嘉兴）人。汪森（1653—1726），字晋贤，号碧巢，浙江桐乡人。是书收录明代各朝诗人以及明亡后遗民及殉节大臣共 3000 多人的作品，所收作品均有著者小传，并附诸家评论。

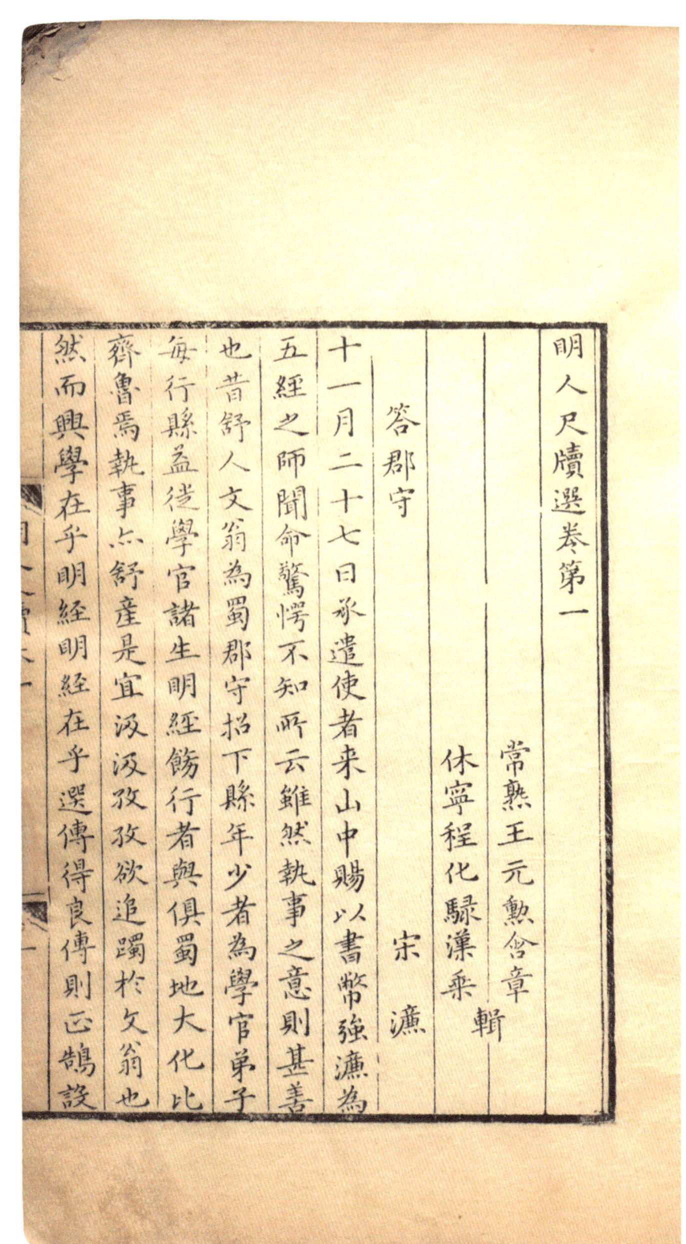

明人尺牘選卷第一

常熟王元勲含章

休寧程化騄漢乘 輯

答郡守 宋濂

十一月二十七日承遣使者来山中賜以書幣強濂為五經之師聞命驚愕不知所云雖然執事之意則甚善也昔舒人文翁為蜀郡守招下縣年少者為學官弟子每行縣益從學官諸生明經飭行者與俱蜀地大化比齊魯焉執事亦舒産是宜汲汲孜孜欲追躅於文翁也然而興學在乎明經明經在乎選傅得良傅則正鵠設

明人尺牍选四卷

（清）王元勋 （清）程化騄辑 清康熙四十四年（1705）碧云楼刻本 二册 宁夏回族自治区图书馆藏

半叶十行二十一字，白口，双顺黑鱼尾，左右双边，版框 17.6 厘米 ×13.4 厘米，开本 27.1 厘米 ×17.7 厘米。

王元勋（生卒年不详），字含章，江苏常熟人。程化騄（生卒年不详），字汉乘，安徽休宁人。是书收录明代百余位名人尺牍，包括宋濂、祝允明、唐伯虎等。内容涉及友朋酬答、生活琐事等，是研究明代文人生活的重要资料。馆藏是书有“姑苏阊门内官厅左间壁绿荫堂书坊发兑图章记”戳记。

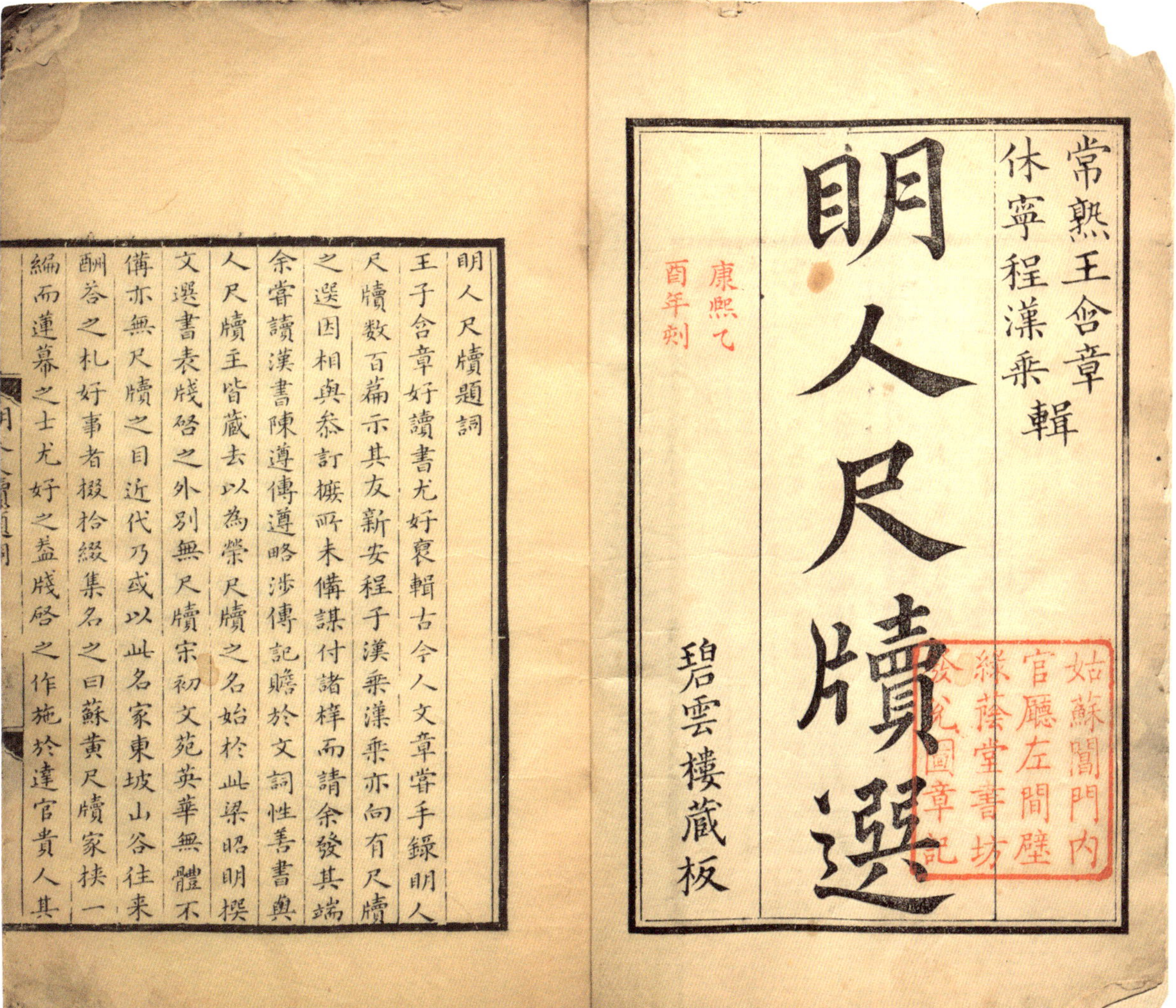
常熟王含章
休寧程漢乘 輯

明人尺牘選

康熙乙酉年刻

碧雲樓藏板

姑蘇閶門內官廳左間壁綠蔭堂書坊發兌圖章記

明人尺牘題詞

王子含章好讀書尤好裒輯古今人文章嘗手錄明人尺牘數百篇示其友新安程子漢乘漢乘亦向有尺牘之選因相與参訂㮣所未備謀付諸梓而請余發其端余嘗讀漢書陳遵傳遵略涉傳記贍於文詞性善書與人尺牘主皆藏去以為榮尺牘之名始於此梁昭明撰文選書表牋啓之外別無尺牘宋初文苑英華無體不備亦無尺牘之目近代乃或以此名家東坡山谷往來酬荅之札好事者掇拾綴集名之曰蘇黃尺牘家挾一編而蓮幕之士尤好之盖牋啓之作施於達官貴人其

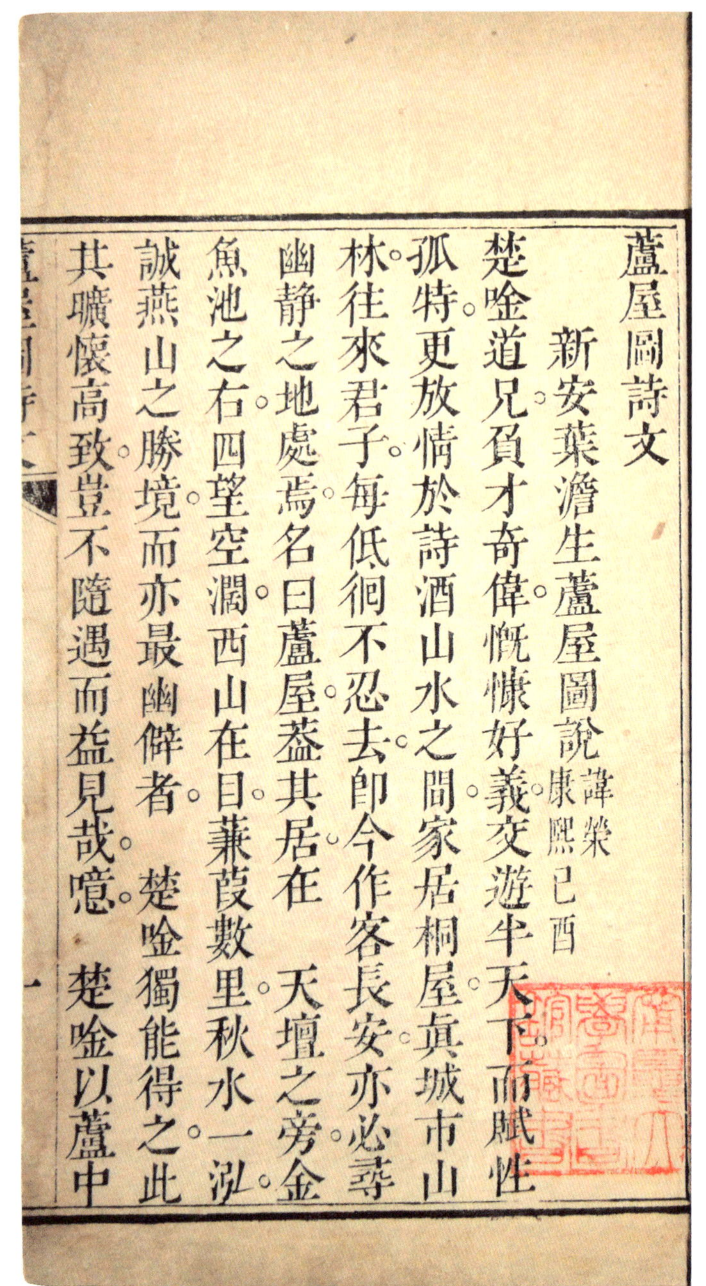
蘆屋圖詩文

新安葉澹生蘆屋圖說 諱榮 康熙己酉

楚昤道兄負才奇偉慨慷好義交遊半天下而賦性孤特更放情於詩酒山水之間家居桐屋眞城市山林往來君子每低徊不忍去即今作客長安亦必尋幽靜之地處焉名曰蘆屋蓋其居在　天壇之旁金魚池之右四望空濶西山在目蒹葭數里秋水一泓誠燕山之勝境而亦最幽僻者　楚昤獨能得之此其曠懷高致豈不隨遇而益見哉噫　楚昤以蘆中

芦屋图诗文一卷

（清）潘荣陛辑　清乾隆刻本　二册　宁夏大学图书馆藏

半叶九行二十字，小字双行同，白口，单黑鱼尾，四周双边，版框 17.5 厘米 ×12.3 厘米，开本 22.6 厘米 ×14.4 厘米。

潘荣陛（生卒年不详），字在廷，号止轩，直隶大兴（今属北京）人。“芦屋”为潘荣陛祖父潘楚吟读书之所。清叶荣为其绘《芦屋图》，清朝名士多有题咏。潘荣陛汇辑《芦屋图》及各名士题咏，刻成此书。全书共收录 90 多位名士的诗文 140 余篇，按诗文写作时间先后排序。

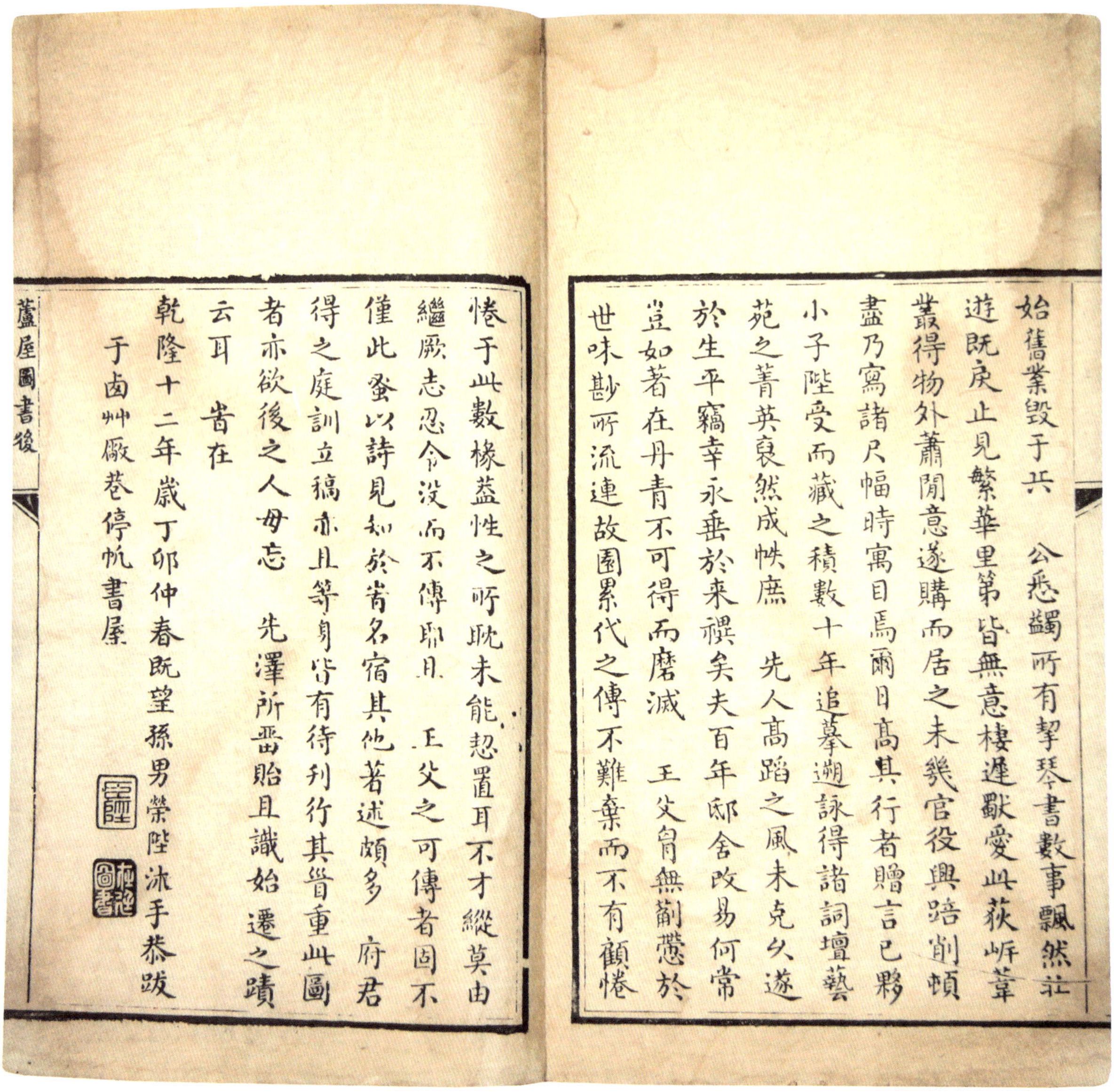

始舊業毀于兵　公悉蠲所有挈琴書數事飄然壯
遊既庚止見繁華里第皆無意棲遲獸愛此荻峁葦
叢得物外蕭閒意遂購而居之未幾官役興踣削頓
盡乃寫諸尺幅時寓目焉爾日高其行者贈言已夥
小子陞受而藏之積數十年追摹迺詠得諸詞壇藝
苑之菁英裒然成帙庶　先人高蹈之風未克久遂
於生平竊幸永垂於來禩矣夫百年邸舍改易何常
豈如著在丹青不可得而磨滅　王父胄無蒯甍於
世味尠所流連故園累代之傳不難棄而不有顧惓

惓于此數椽蓋性之所耽未能恝置耳不才縱莫由
繼厥志忍令没而不傳耶且　王父之可傳者固不
僅此蚤以詩見知於當名宿其他著述頗多　府君
得之庭訓立稿亦且等身皆有待刊行其曾重此圖
者亦欲後之人毋忘　先澤所留貽且識始遷之蹟
云耳　眘在
乾隆十二年歲丁卯仲春既望孫男榮陞沐手恭跋
于卤艸廠巷停帆書屋

蘆屋圖書後

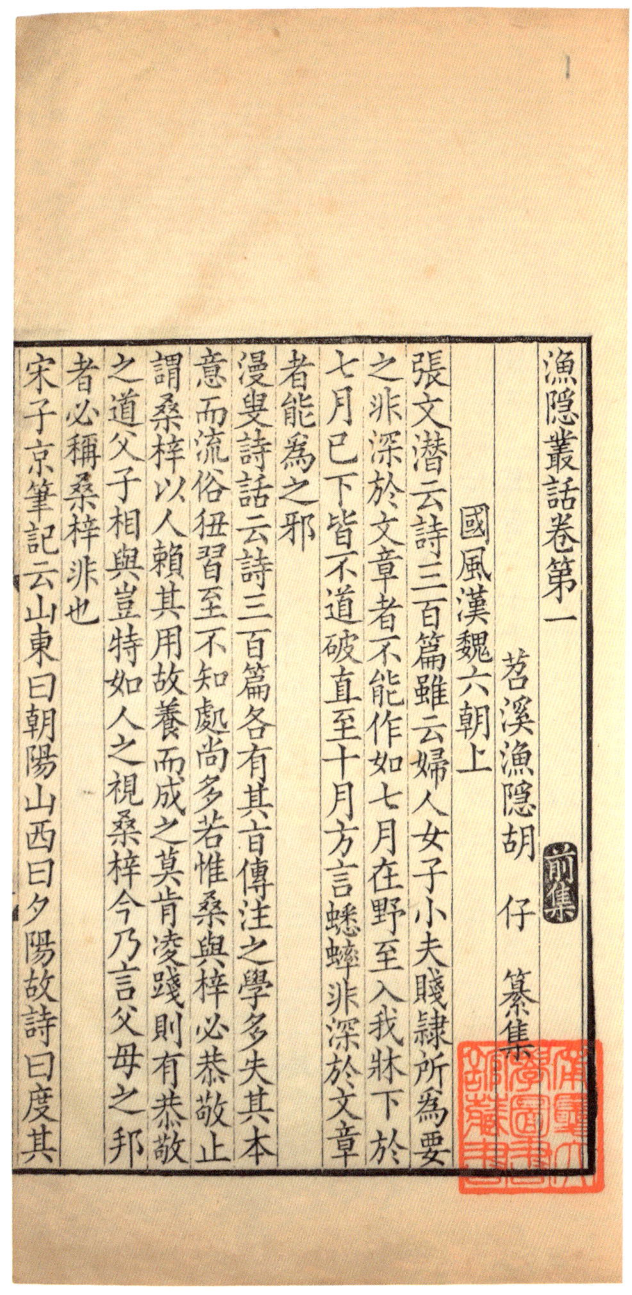
漁隱叢話卷第一　前集
苕溪漁隱胡　仔　纂集
國風漢魏六朝上
張文潛云詩三百篇雖云婦人女子小夫賤隸所爲要之非深於文章者不能作如七月在野至入我牀下於七月已下皆不道破直至十月方言蟋蟀非深於文章者能爲之邪
漫叟詩話云詩三百篇各有其旨傳注之學多失其本意而流俗狃習至不知處尚多若惟桑與梓必恭敬止謂桑梓以人賴其用故養而成之莫肯凌踐則有恭敬之道父子相與豈特如人之視桑梓今乃言父母之邦者必稱桑梓非也
宋子京筆記云山東曰朝陽山西曰夕陽故詩曰度其

渔隐丛话前集六十卷后集四十卷

（宋）胡仔纂集　清乾隆五年至六年（1740—1741）杨佑启耘经楼刻本　十册　宁夏大学图书馆藏

半叶十三行二十一字，黑口，双对黑鱼尾，左右双边，版框 18.3 厘米×13.3 厘米，开本 28.1 厘米×17.7 厘米。

胡仔（1110—1170），字元任，号苕溪渔隐，徽州绩溪（今属安徽）人。是书除纂集各家评论历代诗人的诗论资料外，还阐发著者议论，考订、补充各家之说。馆藏是书钤有“曾在阳湖恽氏”“眉公”等印，并有朱笔圈点及墨笔题字。

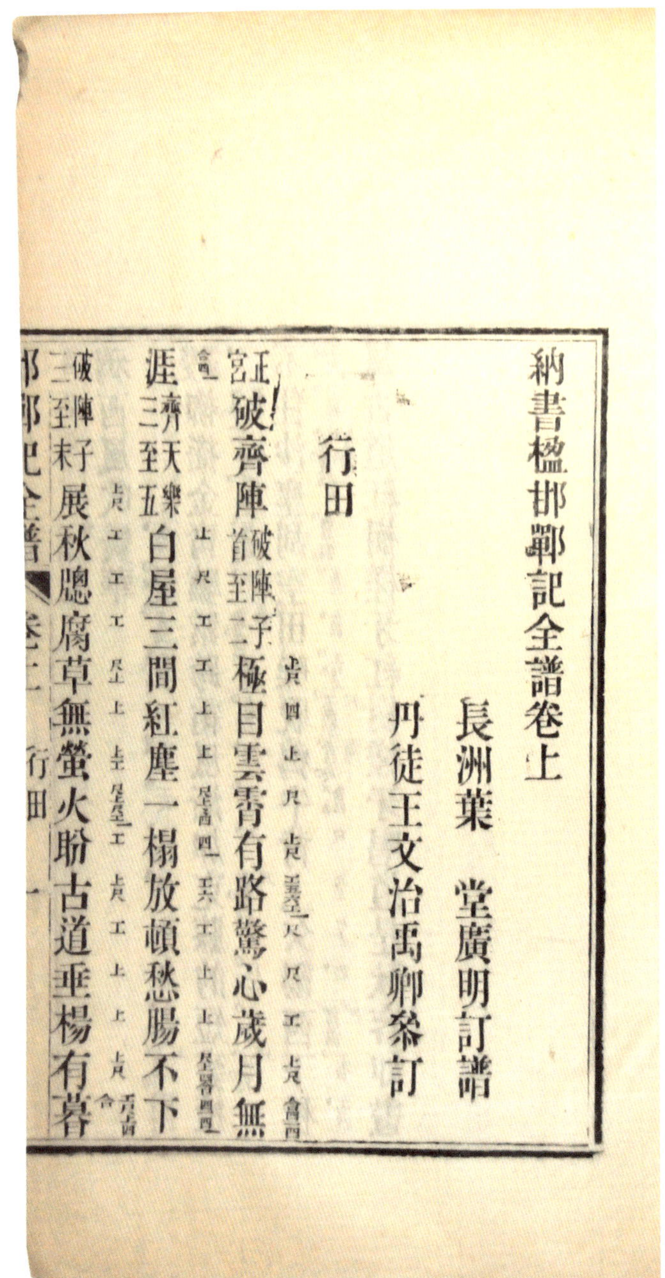
納書楹邯鄲記全譜卷上
長洲葉　堂廣明訂譜
丹徒王文治禹卿參訂
行田
正宮 破齊陣 破陣子首至二 極目雲霄有路驚心歲月無
涯 普天樂三至五 白屋三間紅塵一榻放頓愁腸不下
破陣子三至末 展秋窻腐草無螢火盼古道垂楊有暮
邯鄲記全譜　卷上　行田　一

纳书楹邯郸记全谱二卷

（清）叶堂订谱　（清）王文治参订　清乾隆五十七年（1792）长洲叶氏纳书楹刻本　二册　宁夏回族自治区图书馆藏

半叶七行十八字，小字双行不等，白口，单黑鱼尾，四周双边，版框 19.1 厘米 ×14.0 厘米，开本 29.4 厘米 ×18.2 厘米。

叶堂（生卒年不详），字广明、广平，号怀庭，长洲（今江苏苏州）人。王文治（1730—1802），字禹卿，号梦楼，丹徒（今江苏镇江）人。“纳书楹”为叶堂室名。这部曲谱，行腔细致考究，在一定程度上丰富了昆曲的演唱艺术，为清代后期清唱家所推崇。

册府千華

宁夏回族自治区珍贵古籍特展图录

群书汇编 嘉惠学林

群书汇编
嘉惠学林

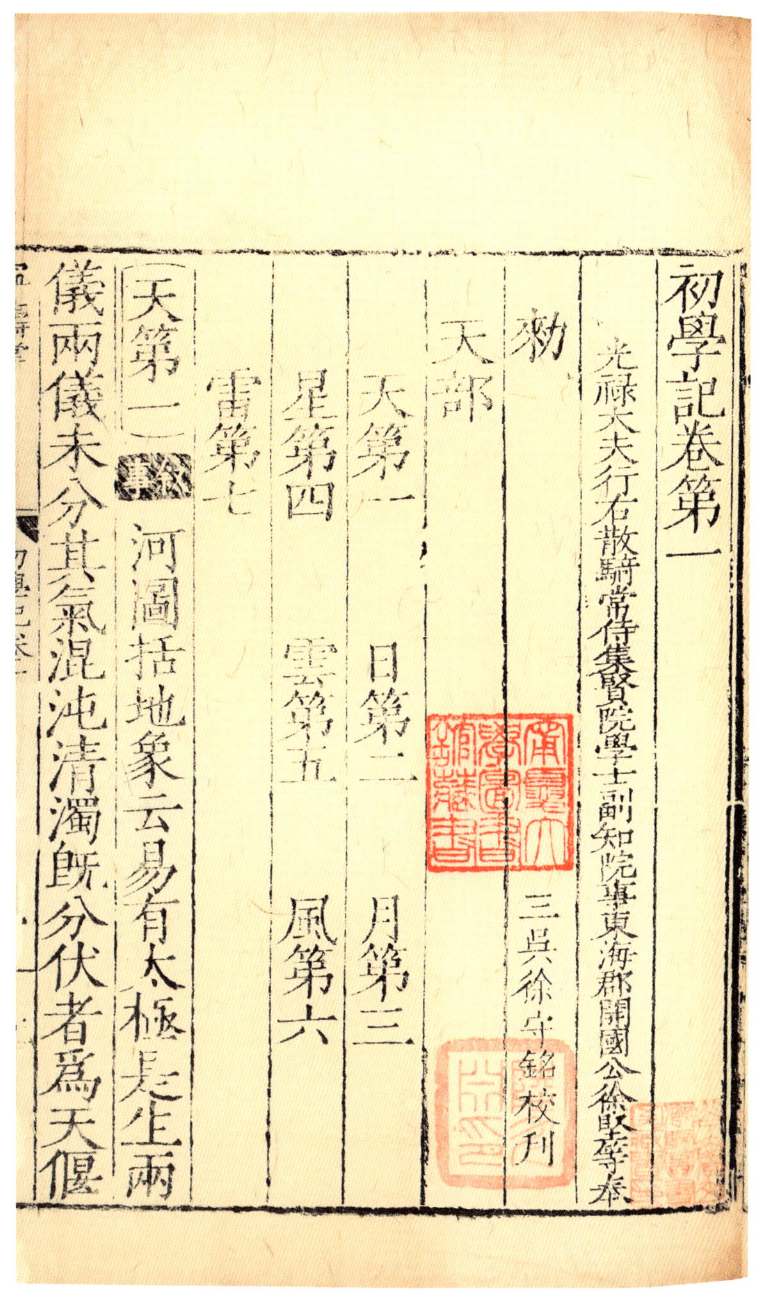
初學記卷第一

光祿大夫行右散騎常侍集賢院學士副知院事東海郡開國公徐堅等奉

勑　　三吳徐守銘校刊

天部

天第一　日第二　月第三

星第四　雲第五　風第六

雷第七

〔天第一〕敘事　河圖括地象云易有太極是生兩

儀兩儀未分其氣混沌清濁既分伏者爲天偃

初学记三十卷

（唐）徐坚等撰　明万历十五年（1587）徐守铭宁寿堂刻本　二十四册　宁夏大学图书馆藏

半叶九行十八字，小字双行二十四字，白口，单黑鱼尾，左右双边，版框 20.5 厘米 ×16.2 厘米，开本 27.1 厘米 ×18.7 厘米。

徐坚（659—729），字元固，湖州长城（今浙江长兴）人。是书为一部综合性类书，保存了大量珍贵的文献资料。全书分为天部、岁时部、地部、州郡部、帝王部等，内容取材于群经诸子、历代诗赋等。是书编纂缘起于唐玄宗时为方便皇子们作文引用典故、检查事类，故名《初学记》。馆藏是书钤有“陆九渊印”“赵氏子昂”等印，当为伪印。

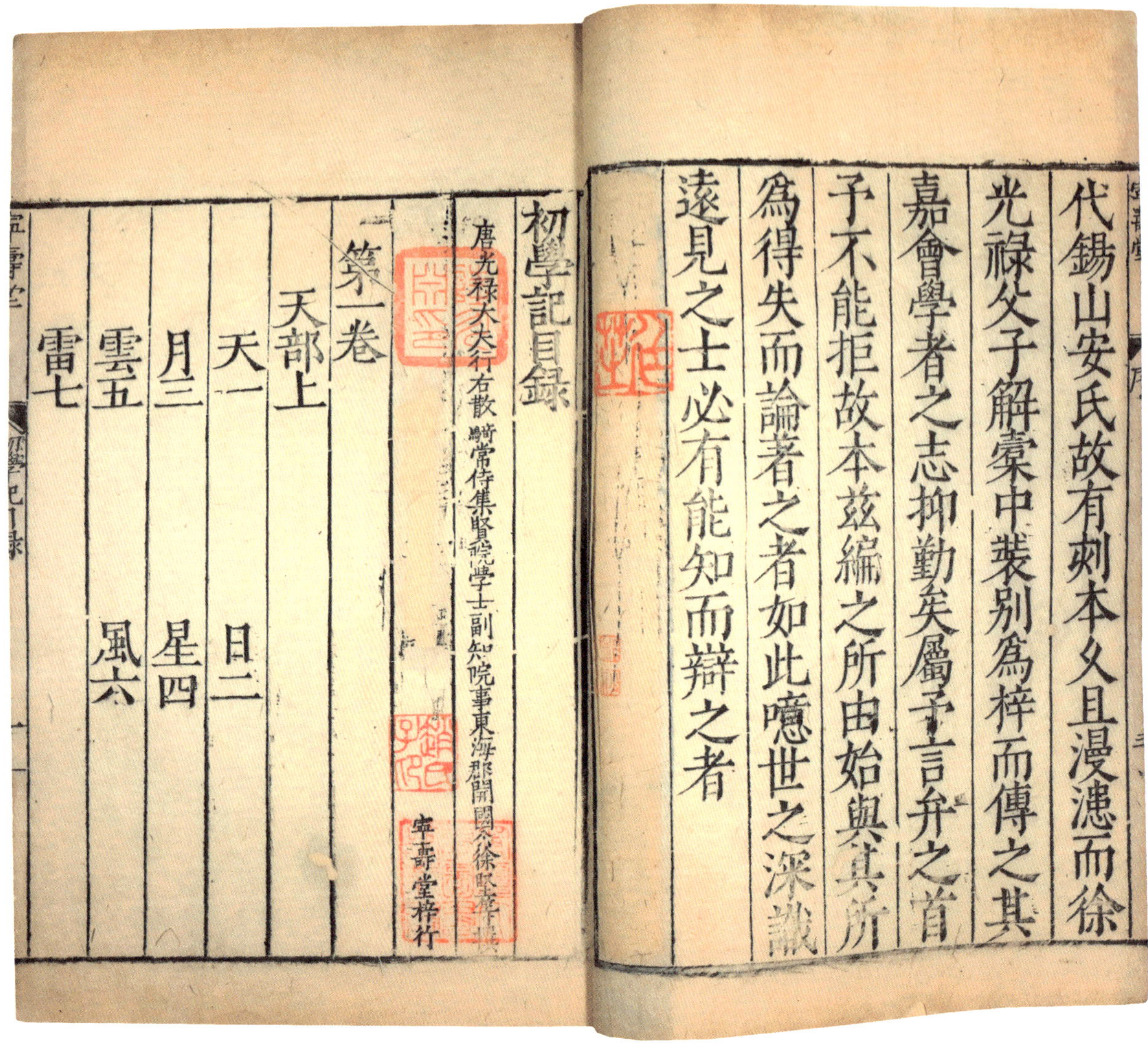

初學記目錄

唐光祿大夫行右散騎常侍集賢院學士副知院事東海郡開國公徐堅等撰

寧壽堂梓行

第一卷

天部上

天一 日二

月三 星四

雲五 風六

雷七

代錫山安氏故有刻本久且漫漶而徐光祿父子解橐中裝别爲梓而傳之其嘉會學者之志抑勤矣屬予一言弁之首予不能拒故本兹編之所由始與其所爲得失而論著之者如此噫世之深識遠見之士必有能知而辯之者

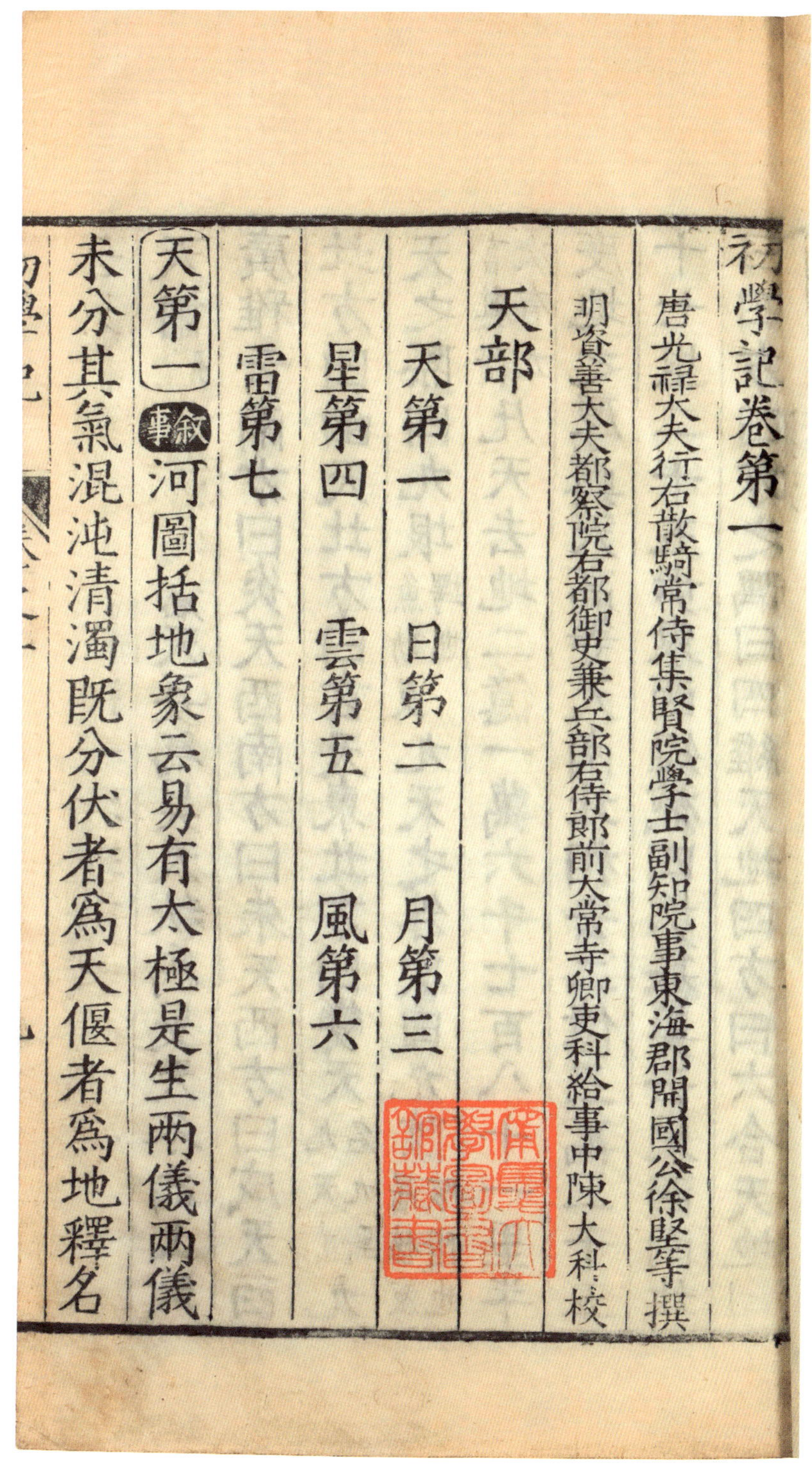

初学记三十卷

（唐）徐坚等撰　明万历二十五年至二十六年（1597—1598）维扬陈大科刻本　八册　宁夏大学图书馆藏

半叶九行二十字，小字双行同，白口，单黑鱼尾，左右双边，版框 21.1 厘米 ×15.3 厘米，开本 27.2 厘米 ×17.7 厘米。

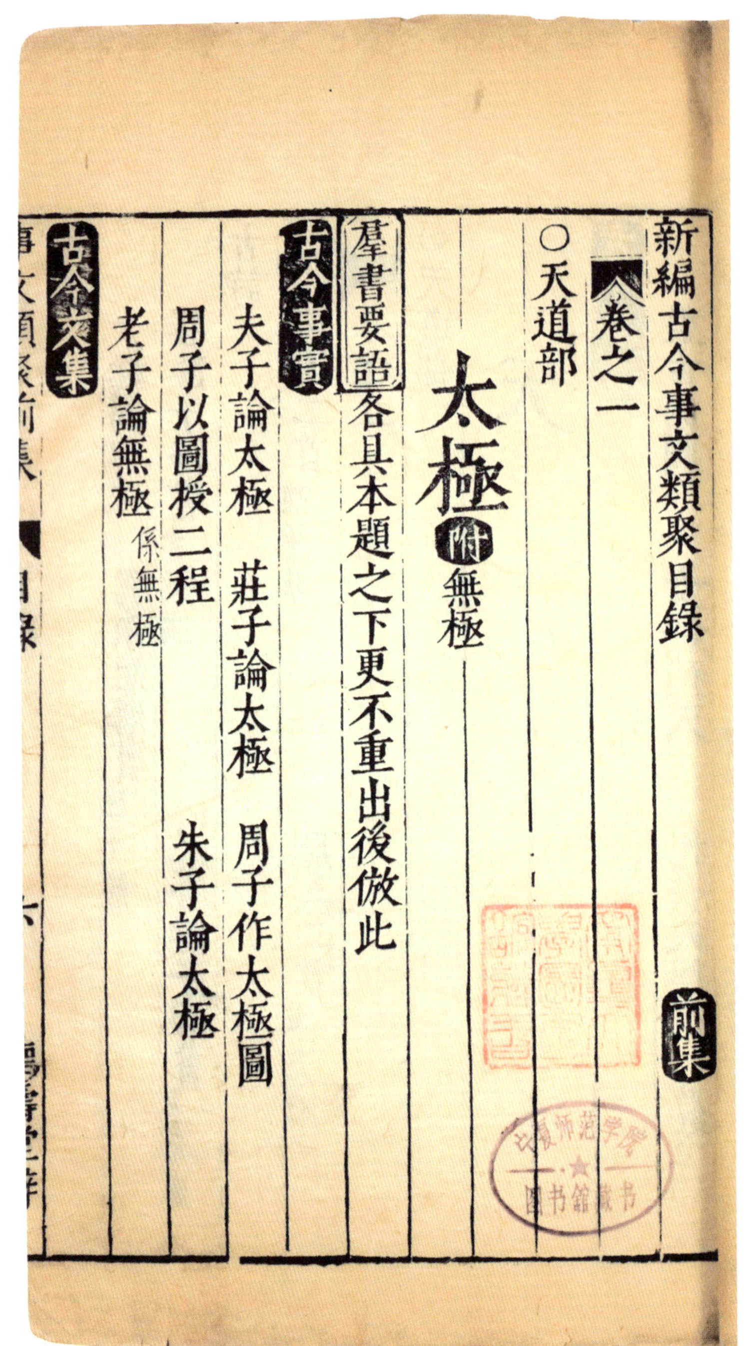
新編古今事文類聚目錄　前集
卷之一
○天道部
太極 附無極
羣書要語 各具本題之下更不重出後倣此
古今事實
夫子論太極　莊子論太極　周子作太極圖
周子以圖授二程　朱子論太極
老子論無極 係無極
古今文集
事文類聚前集　目錄　六　德壽堂梓

新编古今事文类聚前集六十卷后集五十卷续集二十八卷别集三十二卷

（宋）祝穆编　明万历三十二年（1604）唐锦池德寿堂刻本　六十册　宁夏大学图书馆藏

半叶十一行二十四字，白口，单黑鱼尾，四周单边，版框 21.2 厘米 ×14.9 厘米，开本 27.1 厘米 ×16.8 厘米。

祝穆（生卒年不详），初名丙，字和甫，歙州（今安徽歙县）人，后徙居建宁崇安（今福建武夷山）。是书编纂体例仿照《艺文类聚》《初学记》等书，将古今诗文等合编成书，用作检索和查验典故等。每条目下先是群书要语，其次是古今事实，最后是古今文集。

古今事文類聚

古吳集賢堂
唐錦池梓行

重刻事文類聚序

記問非講學所急而亦講學之一助焉昔上蔡謝公初謁明道程先生頗以記問自多至貽玩物喪志之戒非鄙之也特不欲專以此爲學耳竊謂講學固以窮理爲尚而考古訂今亦必資記問之博使有二書之未讀一

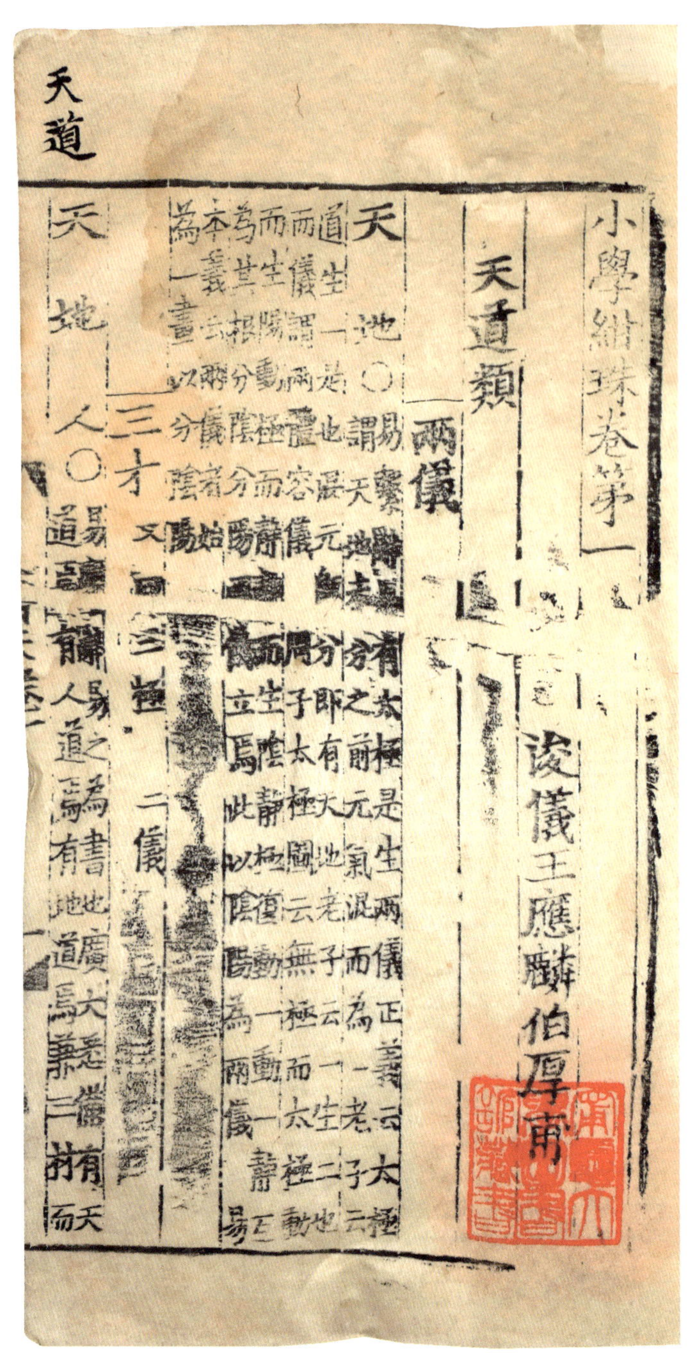
天道
小學紺珠卷第一
浚儀王應麟伯厚甫
天道類
兩儀
天地○
三才
天地人○

小学绀珠十卷

（宋）王应麟辑　元刻明递修本　十册　宁夏大学图书馆藏

半叶十行二十字，小字双行同，白口，双对黑鱼尾，左右双边，版框22.0厘米×13.5厘米，开本27.1厘米×16.7厘米。

王应麟（1223—1296），字伯厚，号厚斋，一号深宁居士，先世居浚仪（今河南开封），后迁居庆元鄞县（今浙江宁波）。淳祐进士。是书分门别类编纂各种知识供初学者检阅记诵，分天道、地理、人伦、艺文、历代、圣贤、名臣、制度、器用等17类。

小學紺珠序

昔張燕公患多讀少記得紺碧色大珠一顆握之自照則平生所讀所記了了不忘故後人摘書小說奇事名紺珠集浚儀王公厚齋先生應麟長回六歲以進士中宏博科仕與蘇長公端明翰長尚書同而德業文學亦似之守歙嘗造回家詳論彌日其談洽今無復有斯人矣公歿後數載始得見所著小學紺珠謂八歲入學者當讀回謂如初學記雖回七十四將十歲初學之年亦盍時時閱之回今齋此書過於張燕公之所照者也豈但始就外傅者宜寶之哉因具始志

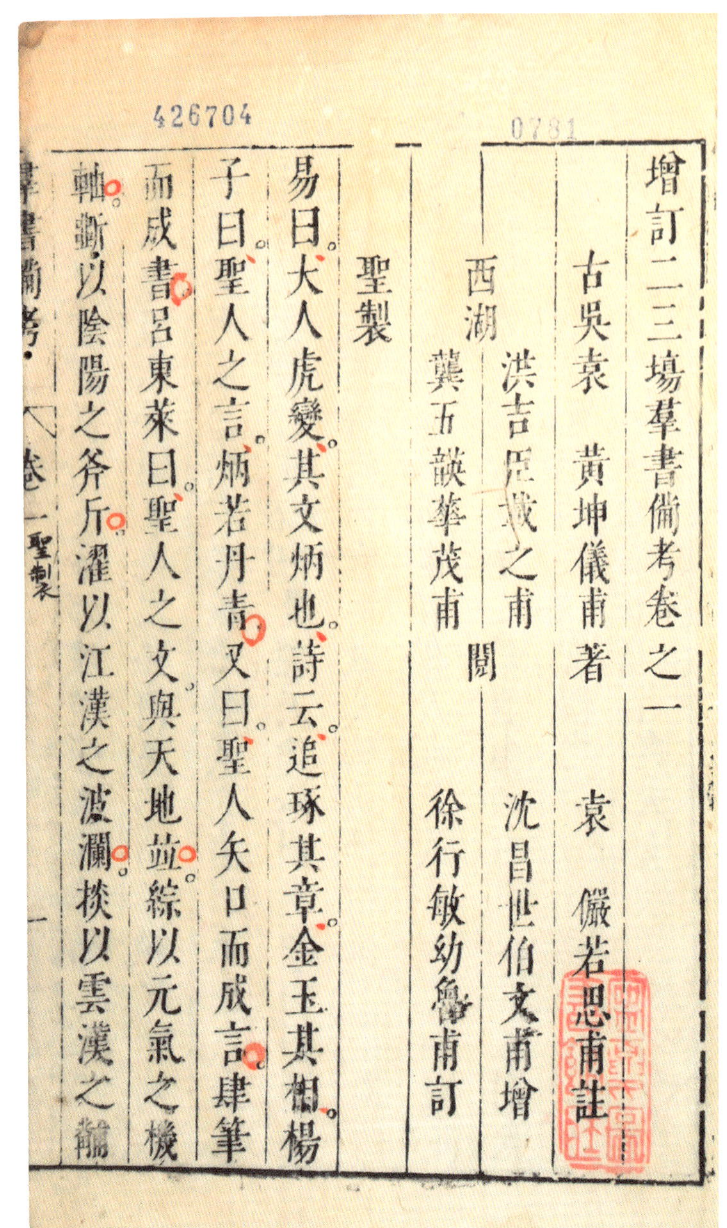

增訂二三場羣書備考卷之一

古吳袁　黃坤儀甫著　袁　儼若思甫註

西湖　洪吉臣越之甫　沈昌世伯文甫增

龔五馥華茂甫　閱　徐行敏幼魯甫訂

聖製

易曰大人虎變其文炳也詩云追琢其章金玉其相楊子曰聖人之言炳若丹青又曰聖人矢口而成言肆筆而成書呂東萊曰聖人之文與天地並綜以元氣之機軸斲以陰陽之斧斤濯以江漢之波瀾揉以雲漢之黼

羣書備考　卷一　聖製　一

增订二三场群书备考四卷

（明）袁黄撰　（明）袁俨注　（明）沈昌世增　明崇祯刻本　四册　宁夏回族自治区图书馆藏

半叶九行二十一字，小字双行同，白口，单白鱼尾，四周单边，版框 20.9 厘米 ×14.2 厘米，开本 24.7 厘米 ×16.2 厘米。

袁黄（1533—1606），字坤仪，号了凡，浙江嘉善人。万历进士。袁俨（1581—1627），字若思，袁黄子。天启进士。沈昌世，生平事迹不详。是书是万历年间编纂的一部类书，为士子科举考试的参考书目，所记之事多属政治、经济、文化、礼教等范围。馆藏是书有朱笔圈点及批校多处。

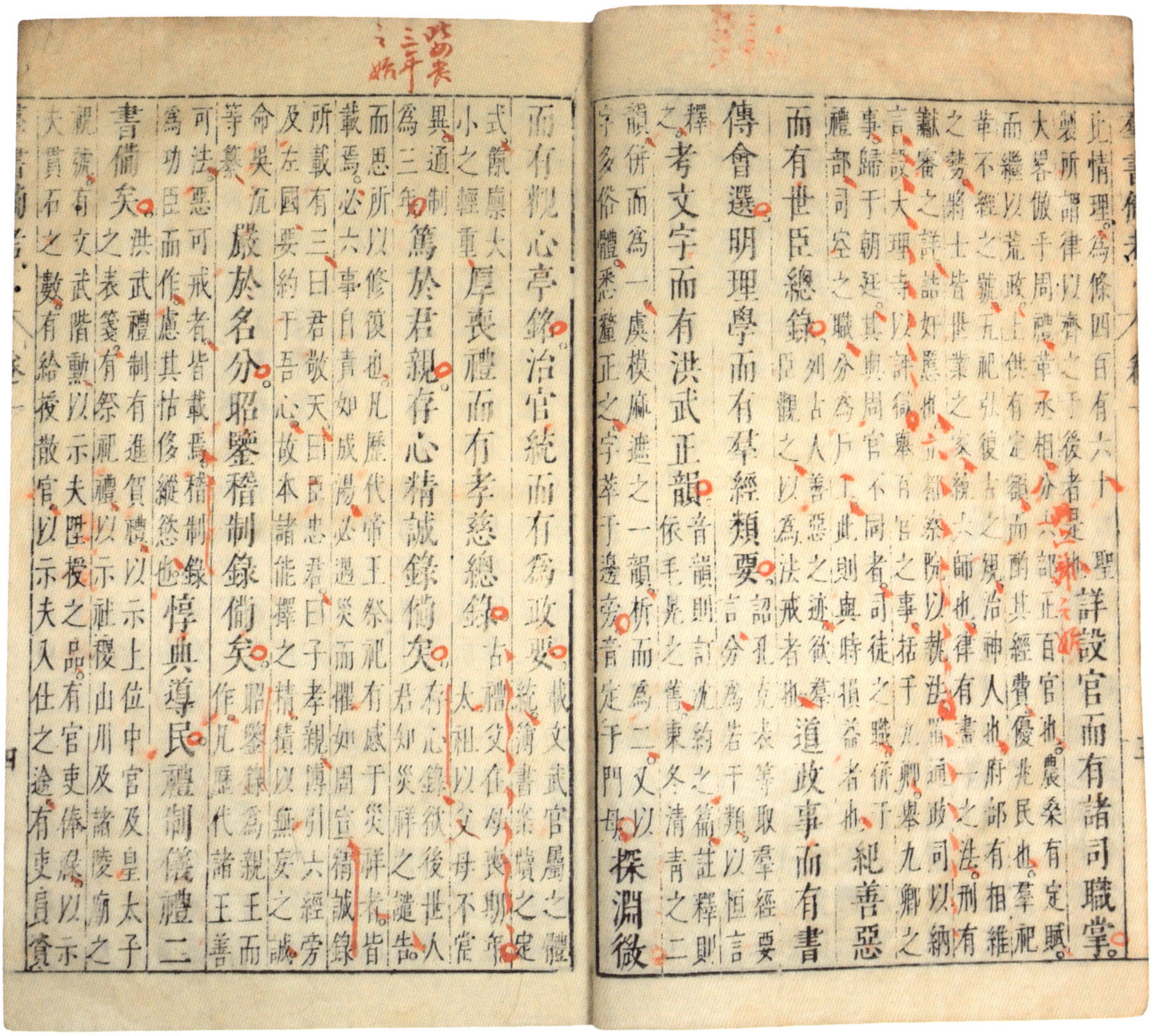

見情理。為條四百有六十襲所謂律以齊之于後者是也。聖詳設官而有諸司職掌。大畧倣乎周禮。革丞相分六部。正百官也。農桑有定賦。而繼以荒政。上供有定額。而酌其經費。優免民也。羣祀革不經之號。五祀弘復古之規。治神人也。府部有相維之勢。將士皆世業之家。籍六師也。律有書一之法。刑有讞審之詳。詰奸慝也。都察院以執法。置通政司以納言。設大理寺以詳讞。稟有官之事。括于九卿。舉九卿之事。歸于朝廷。其與周官不同者。司徒之職。併于禮部。司空之職。分為戶工。此則與時損益者也。紀善惡而有世臣總錄。列古人善惡之迹。欲羣臣觀之以為法戒者也。道政事而有書傳會選。明理學而有羣經類要。詔孔克表等取羣經要言。分為若干類。以恒言釋之。考文字而有洪武正韻。音韻則訂沈約之舛。註釋則依毛晃之舊。東冬清青之二韻併而為一。虞模麻遮之一韻析而為二。又以字多俗體。悉釐正之。字萃于邊旁。音定于門母。探淵微

而有觀心亭銘。治官統而有為政要。載文武官屬之體統。簿書案牘之定式。饑饉大小之輕重。厚喪禮而有孝慈總錄。古禮父在母喪期年。太祖以父母不當異。通制為三年。篤於君親。存心精誠錄備矣。存心錄欲後世人君知災祥之譴告。而思所以修復也。凡歷代帝王祭祀有感于災祥者。皆載焉。必六事自責如成湯。必遇災而懼如周宣。精誠錄所載有三。曰君敬天。曰臣忠君。曰子孝親。博引六經。旁及左國。要約于吾心。故本諸能擇之精。積以無妄之誠。命吳沉等纂。嚴於名分。昭鑒稽制錄備矣。昭鑒錄為親王而作。凡歷代諸王善可法。惡可戒者。皆載焉。稽制錄為功臣而作。慮其怙侈縱慾也。惇典導民。禮制儀禮二書備矣。洪武禮制有進賀禮。以示上位中宮及皇太子之表箋。有祭祀禮。以示社稷山川及諸陵廟之祝號。有文武階勳。以示夫臣授之品。有官吏俸祿。以示大賢否之數。有給授散官。以示夫入仕之途。有吏員資

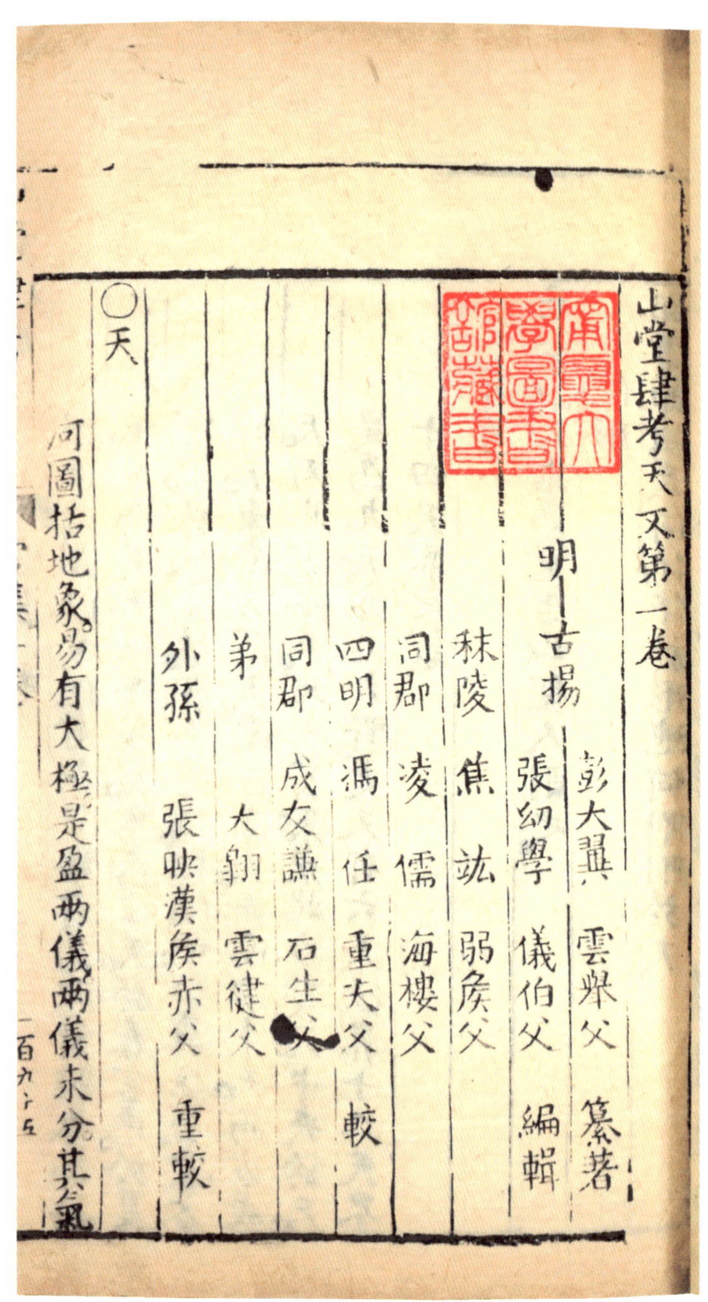

山堂肆考天文第一卷

明 古揚 彭大翼 雲舉父 纂著

張幼學 儀伯父 編輯

秣陵 焦竑 弱侯父

同郡 凌儒 海樓父

四明 馮任 重夫父 較

同郡 成友謙 石生父

弟 大翺 雲健父

外孫 張映漢 庾赤父 重較

○天

河圖括地象易有大極是盈兩儀兩儀未分其氣

山堂肆考二百二十八卷补遗十二卷

（明）彭大翼撰　明万历四十七年（1619）梅墅石渠阁刻本　三十册　宁夏大学图书馆藏

半叶十一行二十二字，白口，单黑鱼尾，四周单边，版框 17.9 厘米×13.1 厘米，开本 23.6 厘米×15.1 厘米。

彭大翼（1552—1643），字云举，又字一鹤，吕四（今江苏吕四港镇）人。是书是成书于明万历年间的一部大型类书，分宫、商、角、徵、羽五集，集下又分天文、时令、地理等 45 门，每门又分若干子目，内容包含历史逸闻、神话故事、名物考证等。馆藏是书钤有“关西杨颙字学公号念亭之章”“耕心堂藏书印”等印。

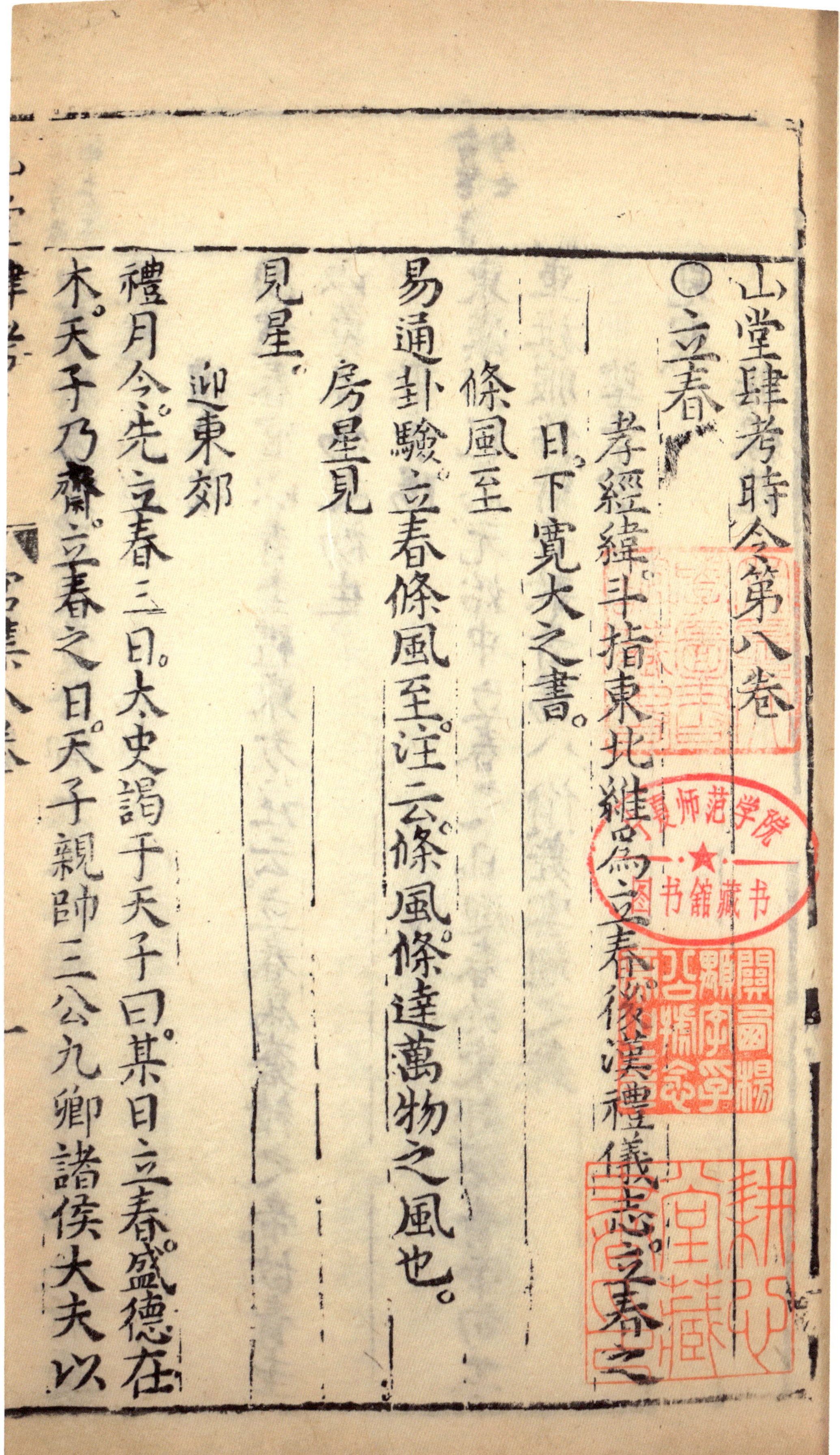

山堂肆考時令第八卷

○立春

孝經緯斗指東北維爲立春後漢禮儀志立春之日下寬大之書。

條風至

易通卦驗立春條風至注云條風條達萬物之風也。

房星見

見星。

迎東郊

禮月令先立春三日太史謁于天子曰某日立春盛德在木天子乃齋立春之日天子親帥三公九卿諸侯大夫以

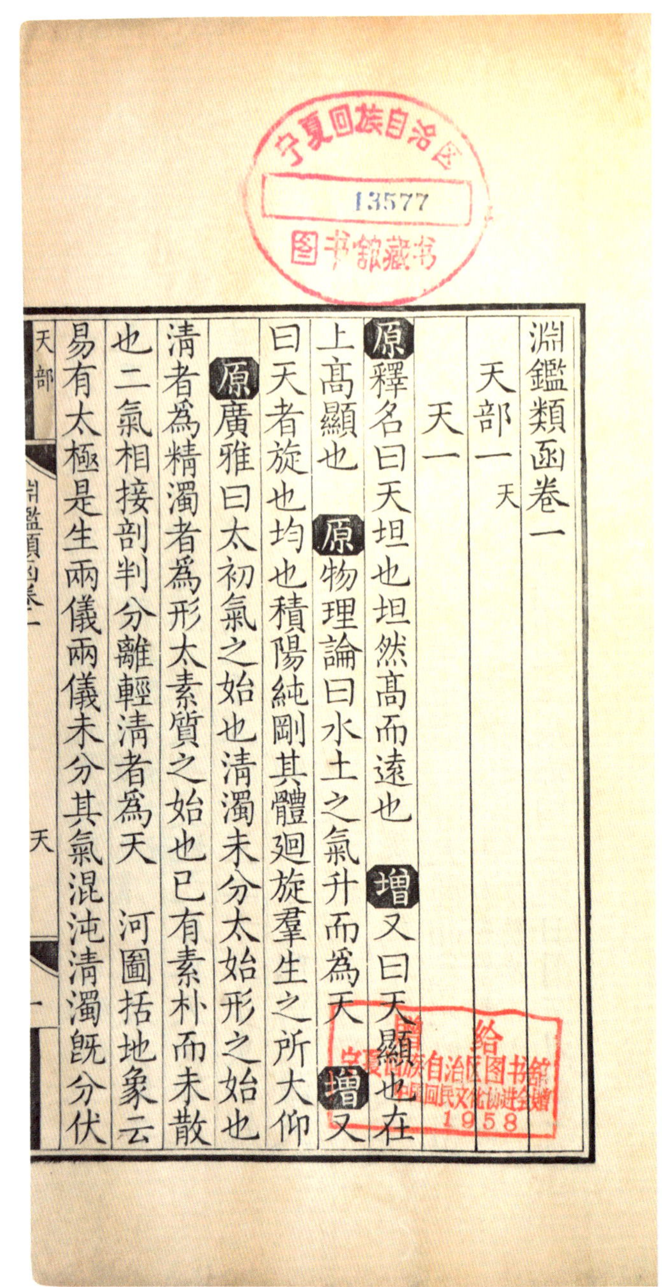

淵鑑類函卷一

天部一 天

天一

原 釋名曰天坦也坦然高而遠也 增 又曰天顯也在上高顯也 原 物理論曰水土之氣升而爲天 增 又曰天者旋也均也積陽純剛其體廻旋羣生之所大仰 原 廣雅曰太初氣之始也清濁未分太始形之始也清者爲精濁者爲形太素質之始也已有素朴而未散也二氣相接剖判分離輕清者爲天 河圖括地象云易有太極是生兩儀兩儀未分其氣混沌清濁既分伏

天部 淵鑑類函卷一 天 一

渊鉴类函四百五十卷目录四卷

（清）张英等纂　清康熙四十九年（1710）内府刻本　一百四十册　宁夏回族自治区图书馆藏

半叶十行二十一字，小字双行同，黑口，双顺黑鱼尾，四周双边，版框17.1厘米×11.7厘米，开本25.5厘米×15.5厘米。

张英（1637—1708），字敦复，号乐圃，安徽桐城人。康熙进士。是书为清代官修大型类书，分天部、岁时部、地部、帝王部、后妃部等45部，每部下又分为若干条目，内容广泛，涉及政治经济、社会生活、天文地理、文学艺术等。

無敢馳驅　又曰謂天蓋高不敢不跼　【原】禮記曰天地之道博也厚也高也明也悠也久也日月星辰繫焉萬物覆焉　【增】又曰天則不言而信天無私覆是天道也無爲而物成　又曰天秉陽垂日星　又曰天不愛其道故天降甘露　又曰天有四時春夏秋冬風雨霜露無非敎也　又曰著不息者天也聖人作樂以應天　又曰孟冬之月天氣上騰地氣下降　又曰清明象天　【原】論語曰天何言哉四時行焉百物生焉　爾雅曰穹蒼蒼天也春爲蒼天夏爲昊天秋爲旻天冬爲上天　禮統曰天地者元氣之所生萬物之祖也　白虎通曰天者何也天之爲言鎭也居高理下爲人鎭也男女總名爲人天地所以無總名何天圓地方不相類也天左旋地右周猶君臣陰陽相對之義　春秋繁露曰天有十端天地陰陽水土金木火人凡十端天亦有喜怒之氣哀樂之心與人相副以類合之天人一也　【增】春秋說題辭曰天羣陽之精合爲太乙分爲殊名　【原】春秋元命苞曰天不足西北陽極於九故天周九九八十一萬里　【增】春秋感精符曰人主與日月同明四海合信故父天母地兄日姊月（父天于圜丘之禮也母地于方澤之祭也兄日于東郊姊月于西郊也）　春秋内事曰天有十二分以日月之所躔

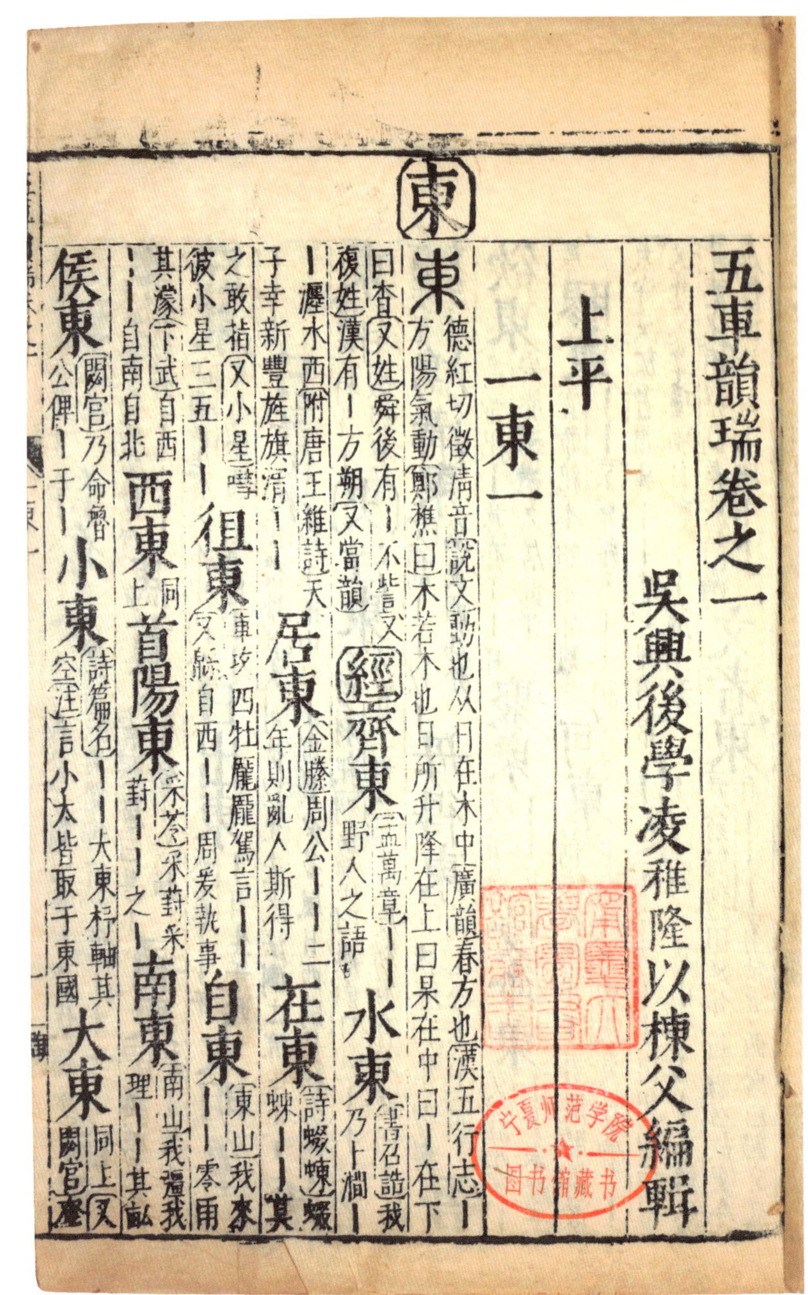
五車韻瑞卷之一

吳興後學凌稚隆以棟父編輯

上平

一東一

東德紅切徵清音說文動也从日在木中廣韻春方也漢五行志丨
方陽氣動鄭樵曰木若木也日所升降在上曰杲在中曰丨在下
曰杳又姓舜後有丨不訾又
復姓漢有丨方朔又當韻
經 齊東孟萬章丨丨
野人之語也
水東書召誥我
乃卜澗丨
丨瀍水西附唐王維詩天
子幸新豐旌旗渭丨丨
居東金縢周公丨丨二
年則亂人斯得
在東詩螮蝀螮
蝀丨丨莫
之敢指又小星嘒
彼小星三五丨丨
徂東車攻四牡龐龐駕言丨丨
又緜自西丨丨周爰執事
自東東山我來
自東零雨
其濛下武自西
丨丨自南自北
西東同
上
首陽東采苓采葑采
葑丨丨之丨
南東南山我疆我
理丨丨其畝
侯東閟宮乃命魯
公俾丨于丨
小東詩篇名丨丨大東杼軸其
空注言小大皆取于東國
大東同上又
閟宮奄

五车韵瑞一百六十卷附洪武正韵一卷

（明）凌稚隆编　明金阊叶瑶池刻本　三十二册　宁夏大学图书馆藏

半叶十行十八字，小字双行二十七字，白口，单黑鱼尾，四周单边，版框22.0厘米×15.9厘米，开本25.8厘米×17.0厘米。

凌稚隆（生卒年不详），字以栋，号磊泉，乌程（今浙江湖州）人。是书为凌稚隆仿元阴时夫《韵府群玉》所作，在原书的基础上有所增补，是一部以韵隶事的类书。全书分经、史、子、集、杂五部，其中杂部大多出自佛教和道教的书籍。馆藏是书钤有“叶氏天禄堂印”“雪峰”“张棻”“靳景颜印”“昔友”等印。

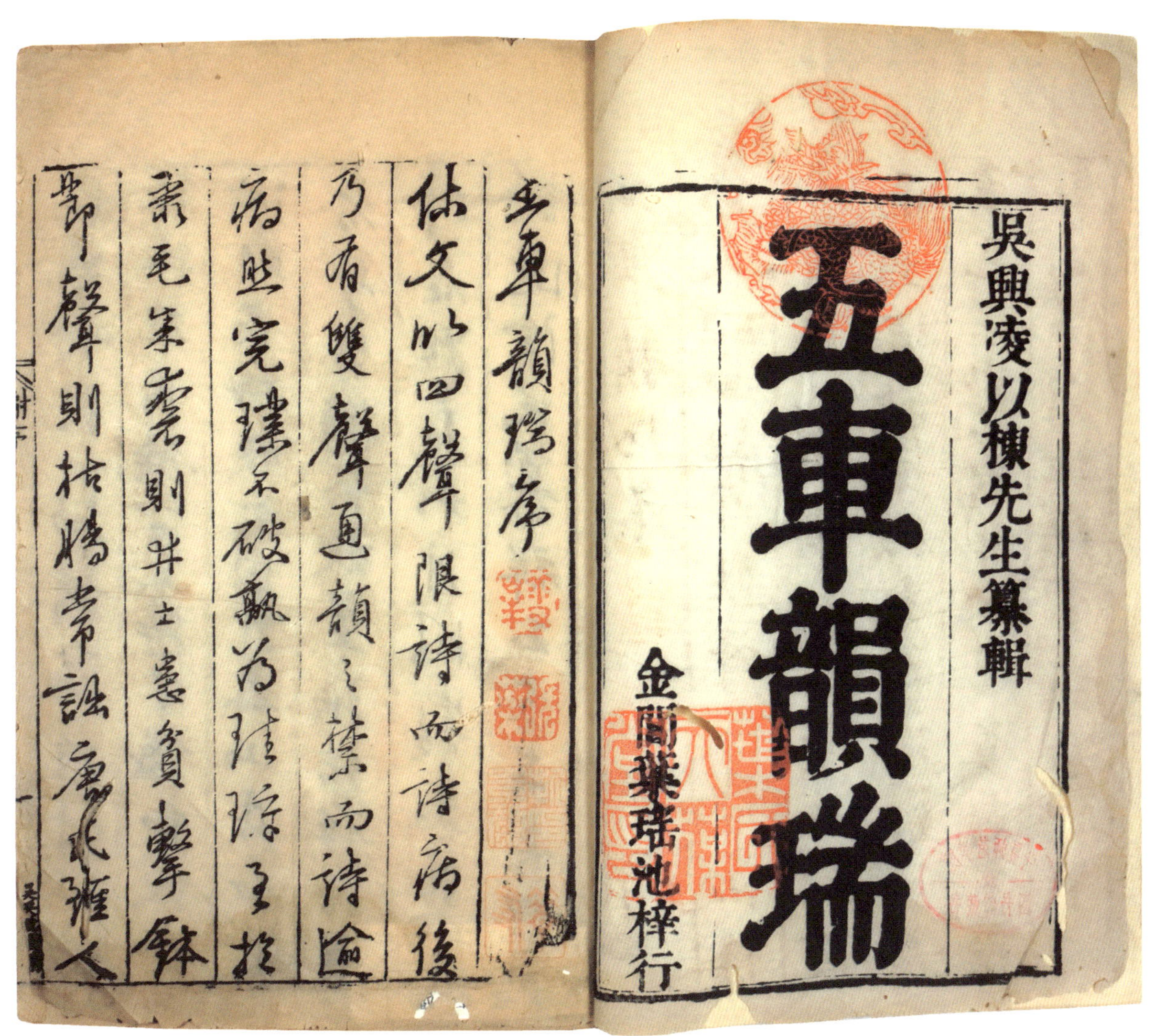

吳興凌以棟先生纂輯

五車韻瑞

金閶葉瑤池梓行

五車韻瑞序

休文以四聲限詩而詩病後

乃有雙聲疊韻之禁而詩愈

病然完璞不破瓢為璉瑚至於

隸毛朱雲則弁士患貧擊缽

鄭聲則枯腸常詘虞雖人

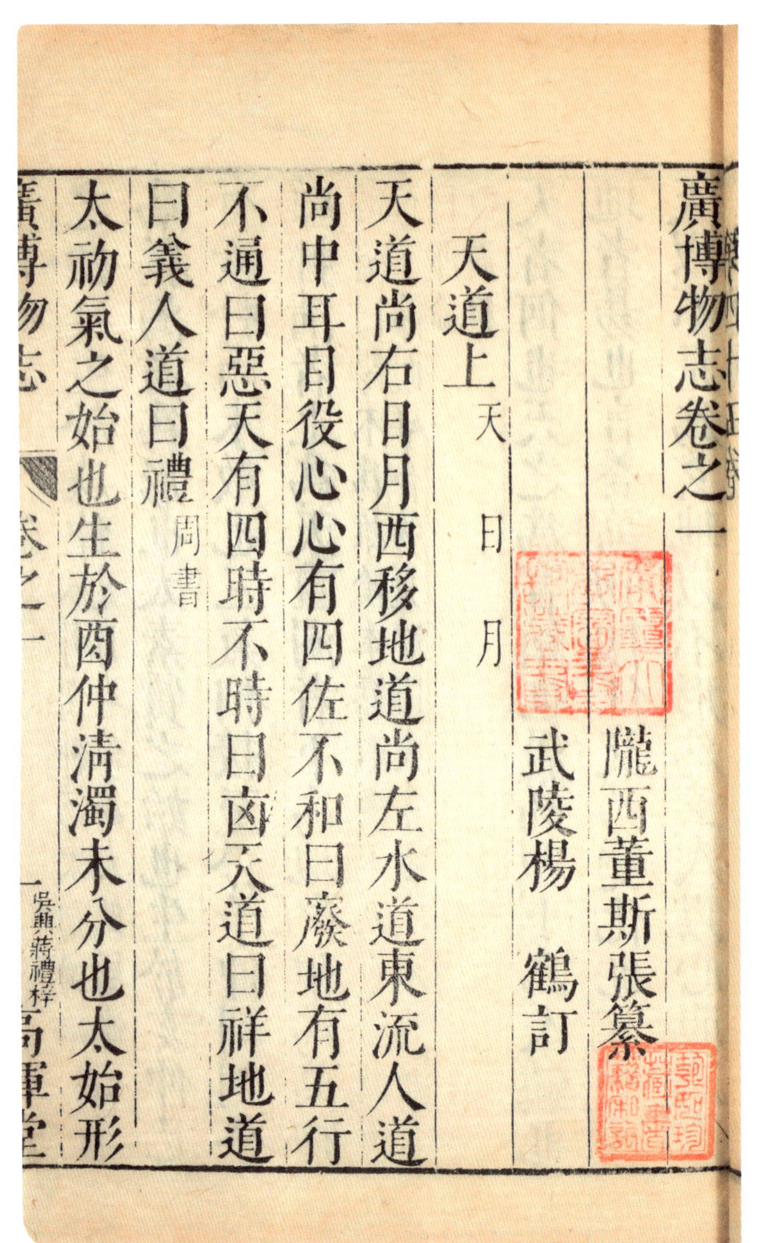
廣博物志卷之一
隴西董斯張纂
武陵楊　鶴訂
天道上　天　日　月
天道尚右日月西移地道尚左水道東流人道尚中耳目役心心有四佐不和曰癈地有五行不通曰惡天有四時不時曰凶天道曰祥地道曰義人道曰禮　周書
太初氣之始也生於酉仲清濁未分也太始形
廣博物志　卷之一　吳興蔣禮梓　高暉堂

广博物志五十卷

（明）董斯张纂　（明）杨鹤订　明万历四十三年（1615）高晖堂刻本　二十册　宁夏大学图书馆藏

半叶九行十八字，小字双行同，白口，单黑鱼尾，四周单边，版框 20.7 厘米 ×15.3 厘米，开本 25.2 厘米 ×16.4 厘米。

董斯张（1586—1628），原名嗣章，字然明，号遐周，又号借庵，乌程（今浙江湖州）人。杨鹤（？—1635），字修龄，武陵（今湖南常德）人。万历进士。是书分天道、时序、地形、职官、形体、艺苑、居处、服饰、器用、食饮、草木、鸟兽、虫鱼等 22 门，所引资料保持古书原貌，并列明出处，可资参考。馆藏是书钤有“匏如珍藏书籍私记”等印。

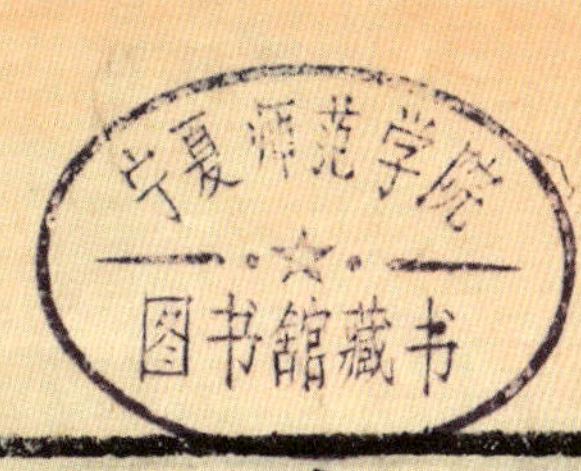

廣博物志序

博物志者南華經之變也莊叟譚理而借物故其言恣肆滉漾期於闡自巳之性靈茂先談物以塈理故其言幽深卓詭期於拓天下萬世之耳目二書互爲表裏皆原本老易孕左史國僑之蓄蘊以河上東方之奇通玄洞眞超然自抒獨解以函天地間一種非子非史之祕闕而後之作者紛如禦寇飄飄猶不失曳尾之致干寶以下詫耳目之新徵變怪之欵其於物理何居

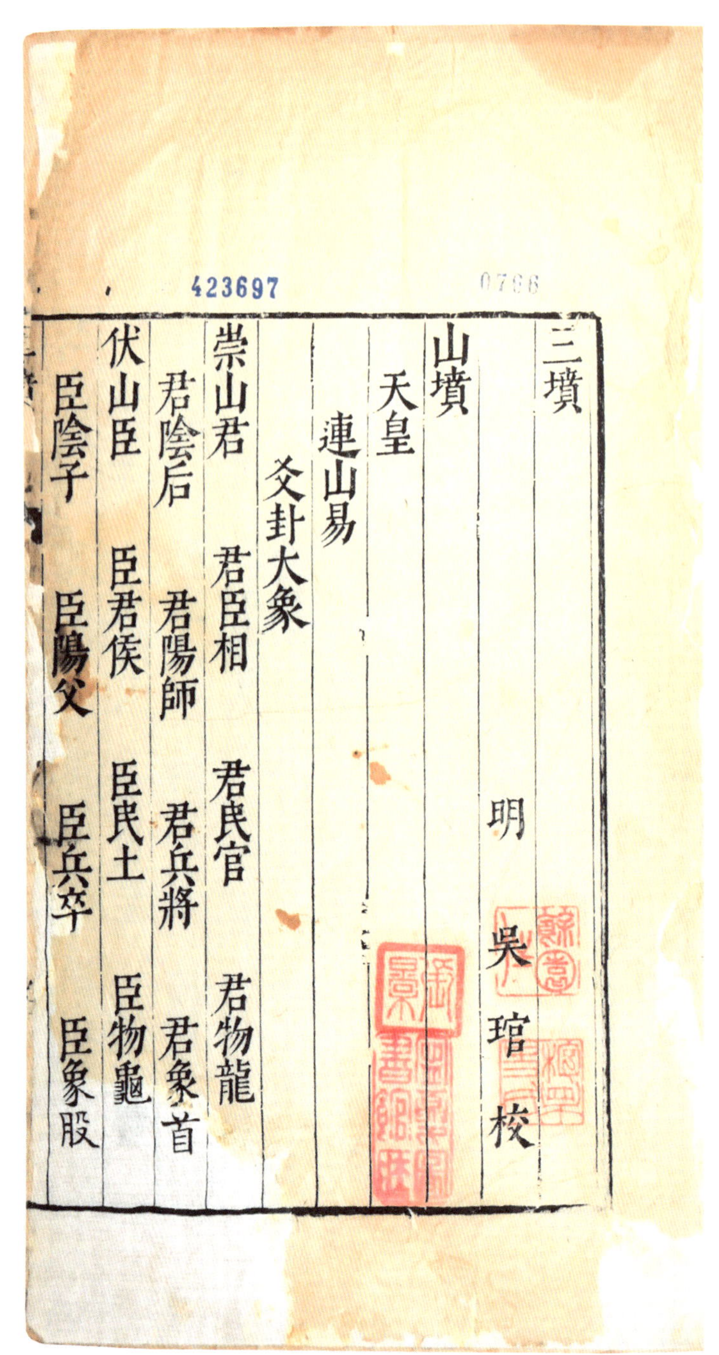

古今逸史五十五种二百二十三卷

（明）吴琯辑　明吴琯刻本　四册　存十一种五十三卷　宁夏回族自治区图书馆藏

半叶十行二十字，小字双行同，白口，单黑鱼尾，左右双边，版框 20.2 厘米×14.0 厘米，开本 29.6 厘米×18.5 厘米。

吴琯（生卒年不详），字孟白，新安（今安徽歙县）人。是书所收多是正史以外的重要史籍，分逸志、逸记两门。逸志又分合志、分志两类，记录风土、地理、宫室等；逸记又分纪、世家、列传三类，多记人物史实。馆藏是书钤有“枹县史氏”等印。

風俗通義序

漢太山太守應　劭

昔仲尼沒而微言闕七十子喪而大義乖重遭戰國約從連橫好惡殊心眞僞紛爭故春秋分爲五詩分爲四易有數家之傳並以諸子百家之言紛然殽亂莫知所從漢興儒者競一本作竟復比誼會意爲之章句家有五六皆析文便辭彌以馳遠綴文之士雜襲龍鱗訓註說難轉相陵高積如丘山可謂繁富者矣而至於俗間行語衆所共傳積非習貫莫能原察今王室大壞九州幅裂亂靡有定生民無幾私懼後進益

易傳卷第一

唐　資州　李鼎祚　集解

☰ 乾下乾上 乾元亨利貞

彖説卦乾健也言天之體以健爲用運行不息應化无窮故聖人則之欲使人法天之用不法天之體故名乾不名天也○子夏傳曰元始也亨通也利和也貞正也言乾稟純陽之性故能首出庶物各得元始開通和諧貞固不失其宜是以君子法乾而行四德故曰元亨利貞矣

初九潛龍勿用

李氏易傳　卷一　一　雅雨堂

雅雨堂丛书十三种一百三十六卷

（清）卢见曾辑　清乾隆二十一年（1756）德州卢见曾雅雨堂刻本　二十八册　存十二种一百三十四卷　宁夏大学图书馆藏

半叶十行二十一字，小字双行同，白口，单黑鱼尾，四周单边，版框 18.6 厘米 ×14.5 厘米，开本 26.6 厘米 ×17.2 厘米。

卢见曾（1690—1768），字抱孙，号澹园、雅雨，山东德州人。康熙进士。是书所收以经部著作和子部笔记杂著类书籍居多，且大多为当时较为罕见之书，因此虽收书较少，但仍有不可忽视的学术价值。馆藏是书钤有“王兆钰”等印，并有王兆钰题记一则，言及所藏是书为初印本。

雅雨堂叢書爲清乾隆年間盧見曾先生輯刊所收之書甚精善近年流行多晚印斷板之本初印極難得以癸未冬承濟南王育德先生讓贈一部雖不整齊然尚屬初印用誌數語以示不忘云耳

癸未冬月記於小書巢

王鍾

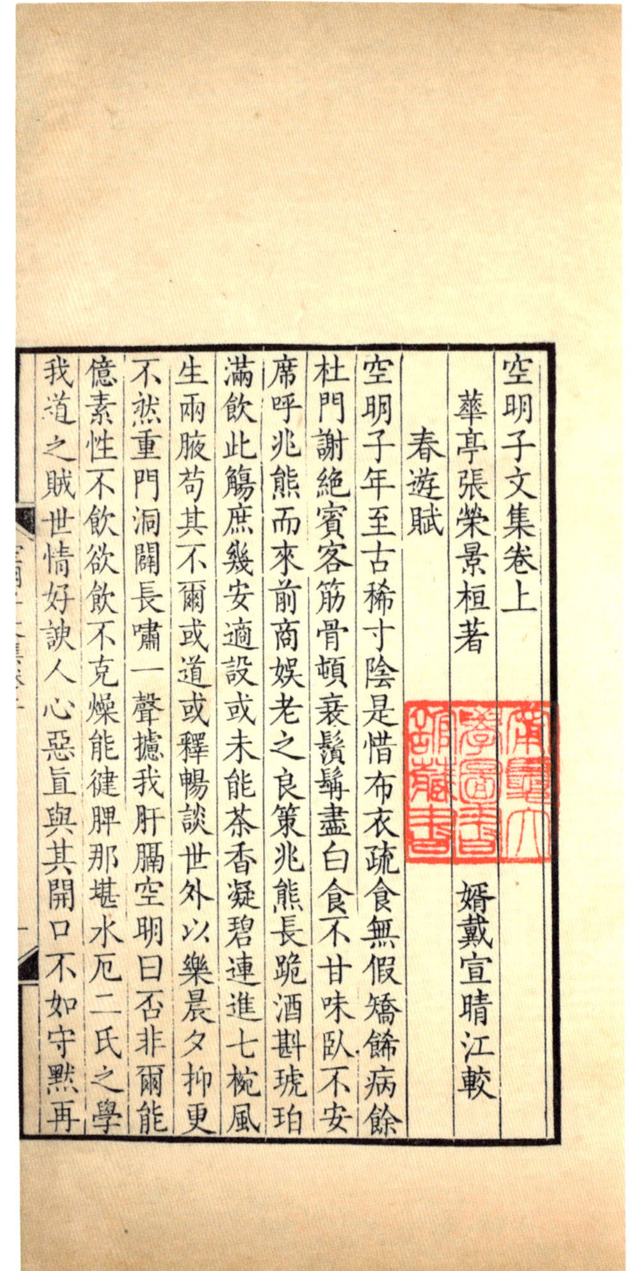
空明子文集卷上

華亭張榮景桓著　壻戴宣晴江較

春遊賦

空明子年至古稀寸陰是惜布衣疏食無假矯飾病餘杜門謝絕賓客筋骨頓衰鬚髯盡白食不甘味臥不安席呼兆熊而來前商娛老之良策兆熊長跪酒斟琥珀滿飲此觴庶幾安適設或未能茶香凝碧連進七椀風生兩腋苟其不爾或道或釋暢談世外以樂晨夕抑更不然重門洞闢長嘯一聲攄我肝膈空明曰否非爾能億素性不飲欲飲不克燥能健脾那堪水厄二氏之學我道之賊世情好諛人心惡直與其開口不如守默再

空明子全集十种

（清）张荣著　清康熙至雍正间谦益堂刻本　八册　存八种十六卷　宁夏大学图书馆藏

半叶十一行二十一字，黑口，双对黑鱼尾，左右双边，版框 16.5 厘米 ×11.7 厘米，开本 26.6 厘米 ×17.0 厘米。

张荣（1659—？），字景桓，号玉峰、空明子，华亭（今上海松江）人。是书由著者平生所得古文杂作、诗、诗余、歌谣等汇编而成。馆藏是书包括诗集八卷、文集二卷、赠言一卷、杂录一卷、家乘私志一卷、张延年小言集一卷、六龄童子赠言一卷，末附刻亡儿允谐年谱传诔言挽章一卷，不全。有“谦益堂”戳记。

册府千華

宁夏回族自治区珍贵古籍特展图录

塞上绝响 秘典重光

塞上绝响
秘典重光

西夏紀事本末卷一

烏程張鑑春治甫著

得姓始末

西夏本魏拓跋氏之後其地則赫連國也當唐僖宗時遠祖拓跋思恭爲夏州偏將以中和元年與太原節度使鄭從讜討黃巢有功受賜姓曰李又與河中節度使王重榮義武軍節度使王處存鄜延節度使李孝章爲朔方軍節度使分京城四面都統拜夏州節度使世有銀夏綏宥靜五州之地思恭卒以其弟思諫爲節度使自唐末天下大亂與元鳳翔邠寧鄜坊河中同華諸州之兵四面並起而交爭獨靈夏未嘗爲唐患亦無大功故其世次功過不顯梁開平二年思諫卒軍中立其子彝昌爲留後尋起復正授旄鉞拜節度使明年其將高宗益作亂殺彝昌時有李仁福者爲蕃

西夏纪事本末三十六卷年表一卷

（清）张鉴撰　清光绪十年（1884）江苏书局刻本　四册　宁夏回族自治区图书馆藏

半叶十二行二十五字，白口，单黑鱼尾，左右双边，版框 20.0 厘米 ×15.0 厘米，开本 27.7 厘米 ×17.4 厘米。

张鉴（1768—1850），字春治，一字苘鹤，号秋水，乌程（今浙江湖州）人。是书系著者从各种史籍、类书、笔记、文集中辑出西夏相关史料编著而成，记录自党项拓跋氏兴起至西夏衰亡的历史。所记以历史事件为主，内附《西夏地形图》等，保存了大量西夏珍贵史料，为后世学者所重。

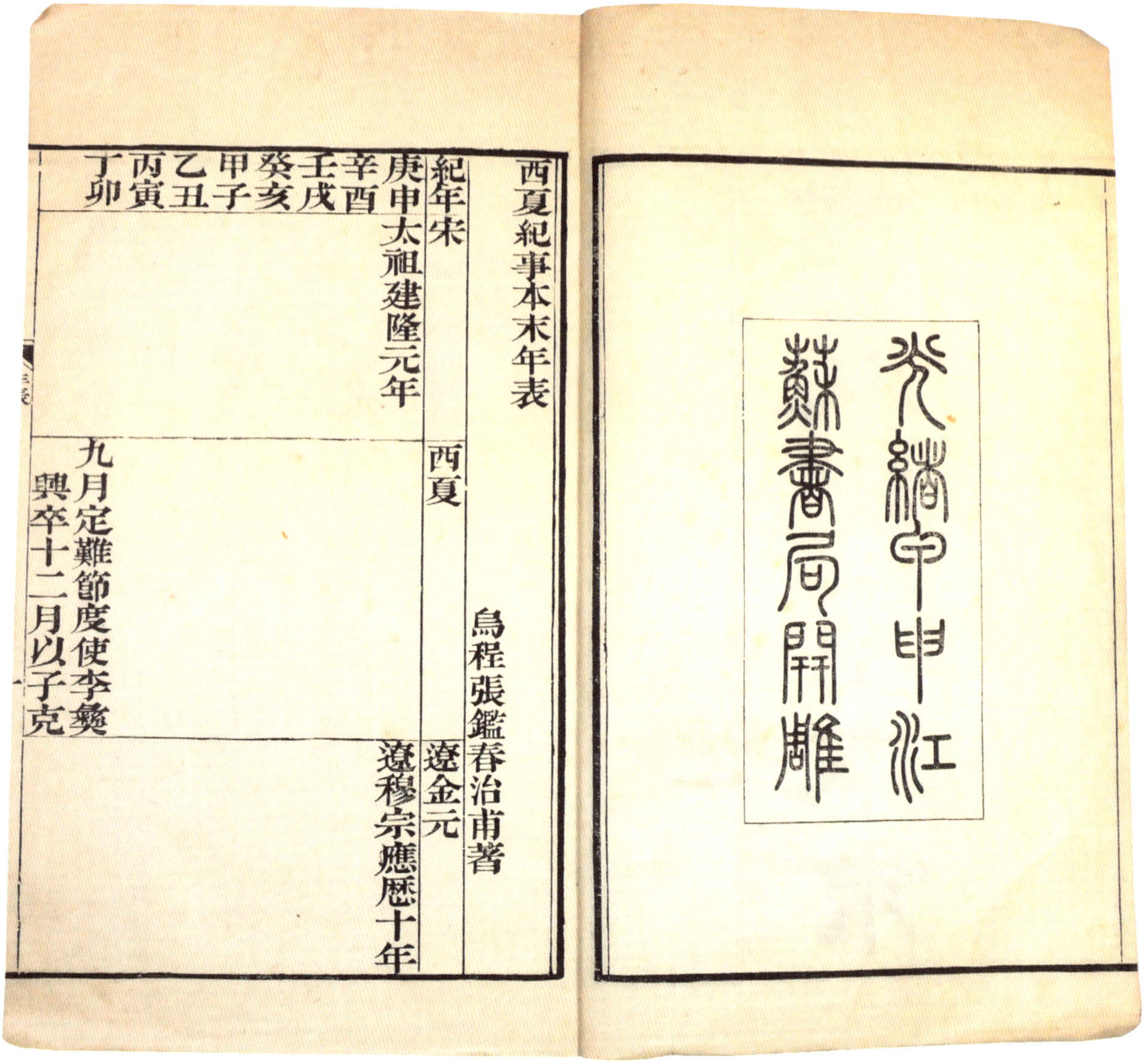

光緒甲申江蘇書局開雕

西夏紀事本末年表

烏程張鑑春治甫著

紀年	宋	西夏	遼金元
庚申	太祖建隆元年		遼穆宗應歷十年
辛酉			
壬戌			
癸亥			
甲子			
乙丑			
丙寅			
丁卯		九月定難節度使李彛興卒十二月以子克	

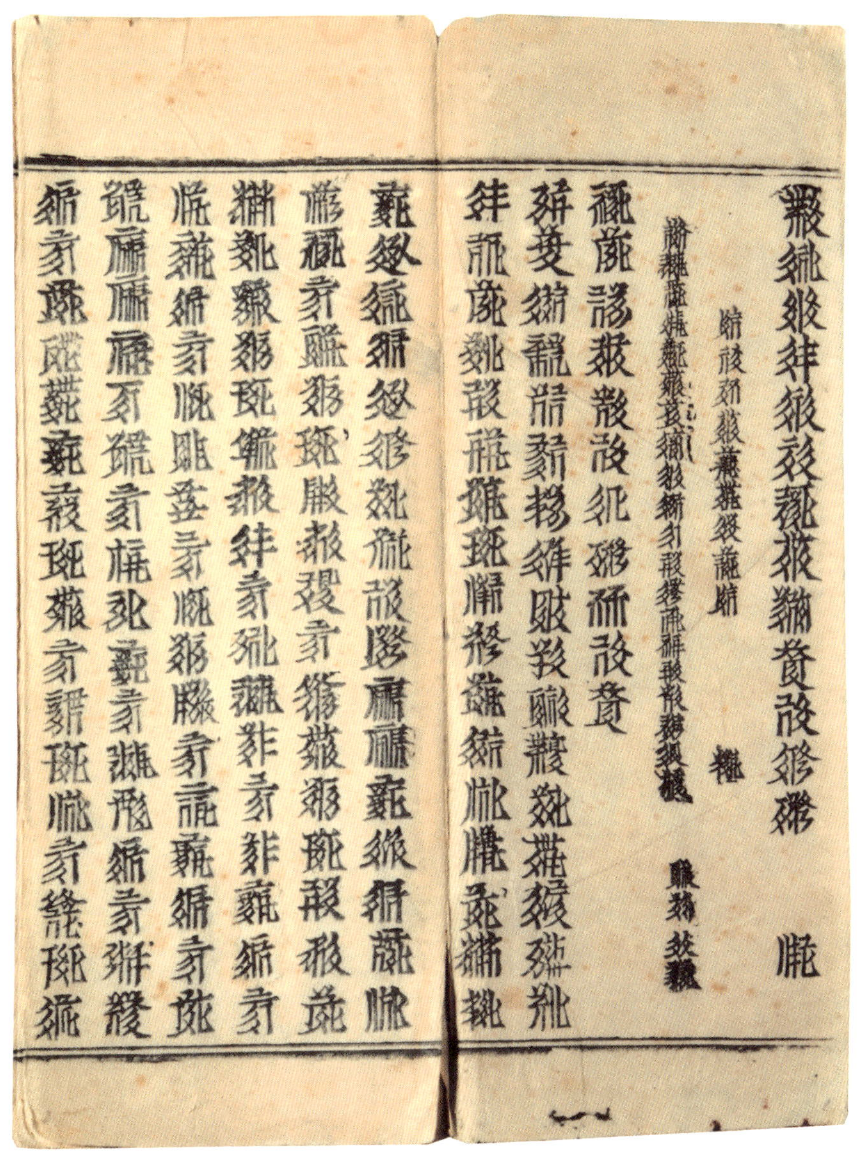

大方广佛华严经八十卷

（唐）释实叉难陀译　西夏文　元木活字印本　一册　存卷七十六　宁夏回族自治区博物馆藏

半叶六行十七字，上下双边，开本 31.7 厘米 × 12.0 厘米。

实叉难陀（652—710），亦称“施乞叉难陀”，于阗（今新疆和田）人。该佛经封皮为厚纸板黄罗装裱，黄罗四边略有残损，封皮底右侧残损更甚。上下边缘有修复的痕迹。封面厚纸板上有经函题签贴于封皮的中部，有回纹花边，题签汉译为《大方广佛华严经契第六·生》。经名后有西夏文题款两行，汉译为“唐于阗三藏实叉难陀译，奉天显道耀武宣文神谋睿智制义去邪惇睦懿恭皇帝御校”。是书是研究西夏文字、佛教及木活字印刷的重要实物证据，同时也证明了西夏时期木活字版刻印技术的精湛。入选第一批《国家珍贵古籍名录》，名录号 02321。

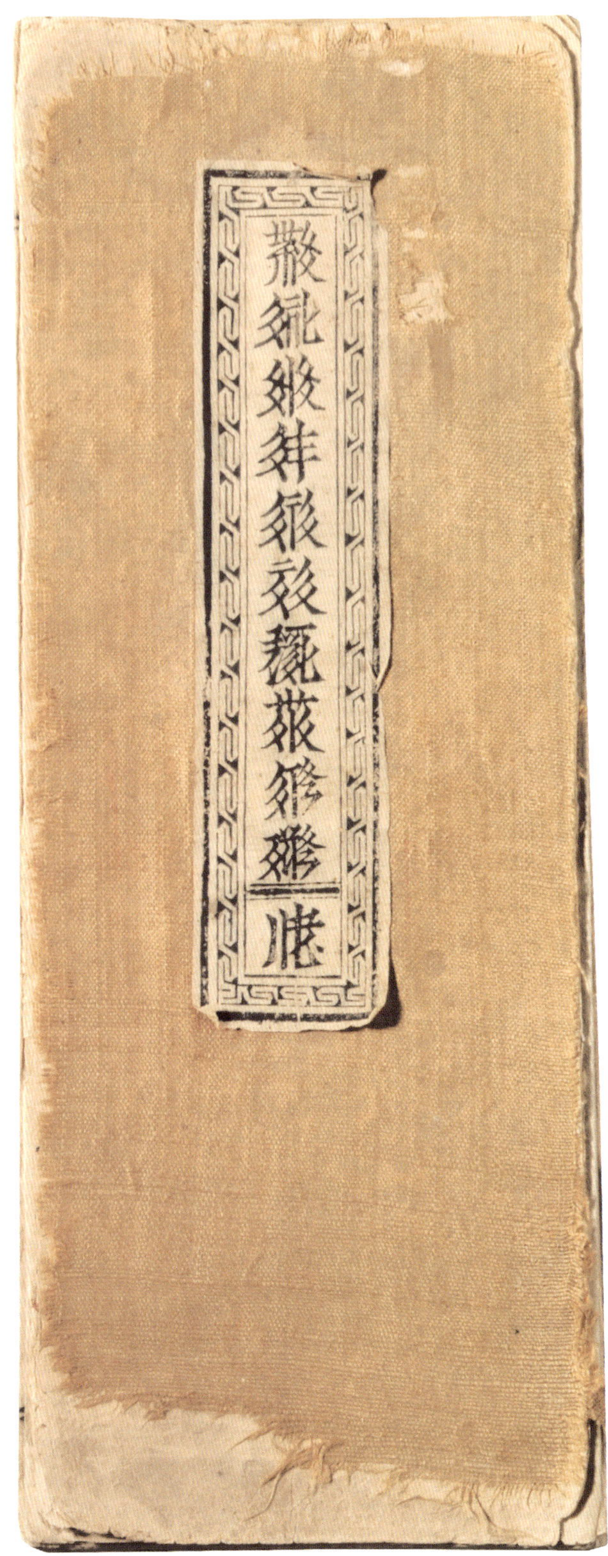

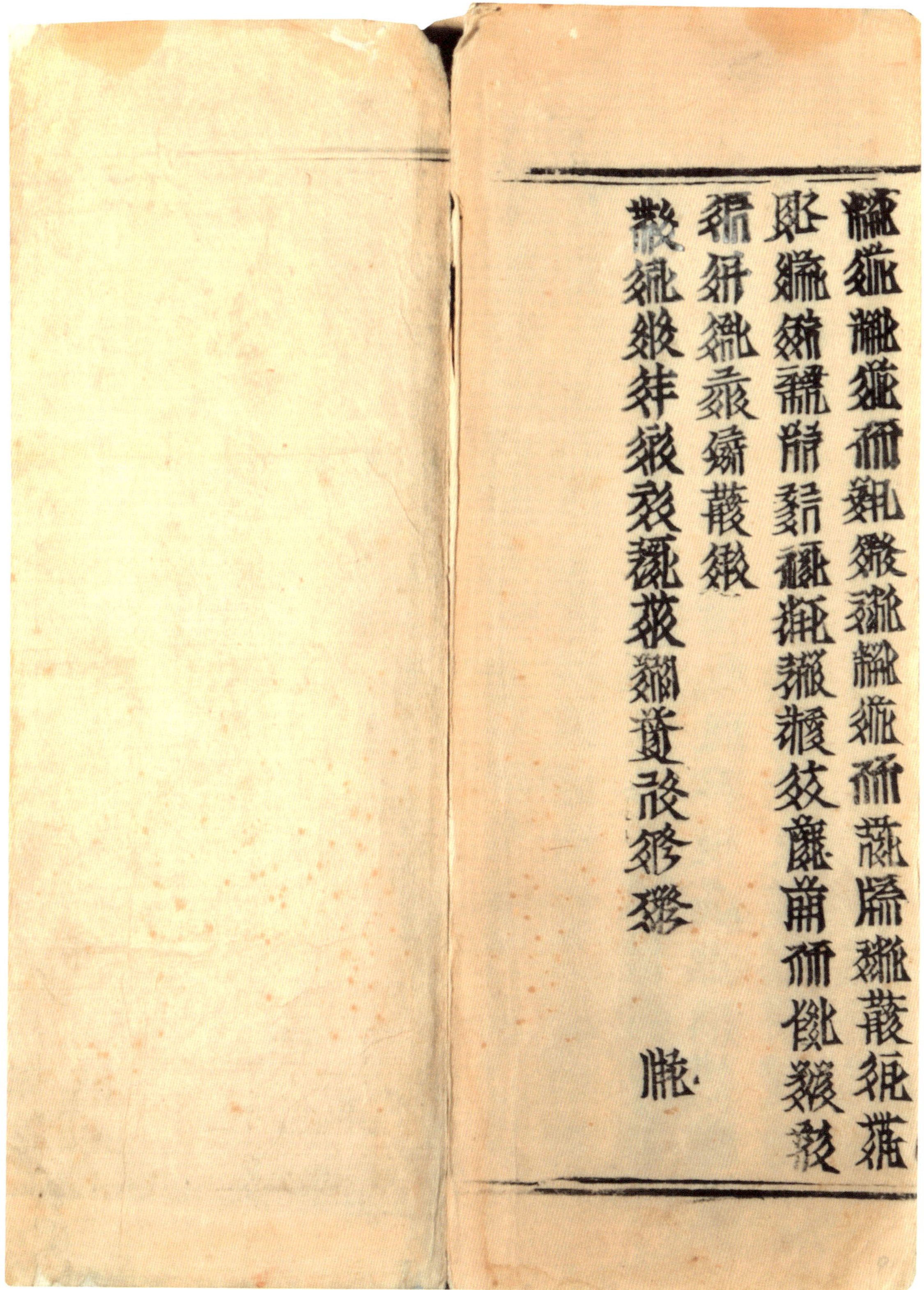

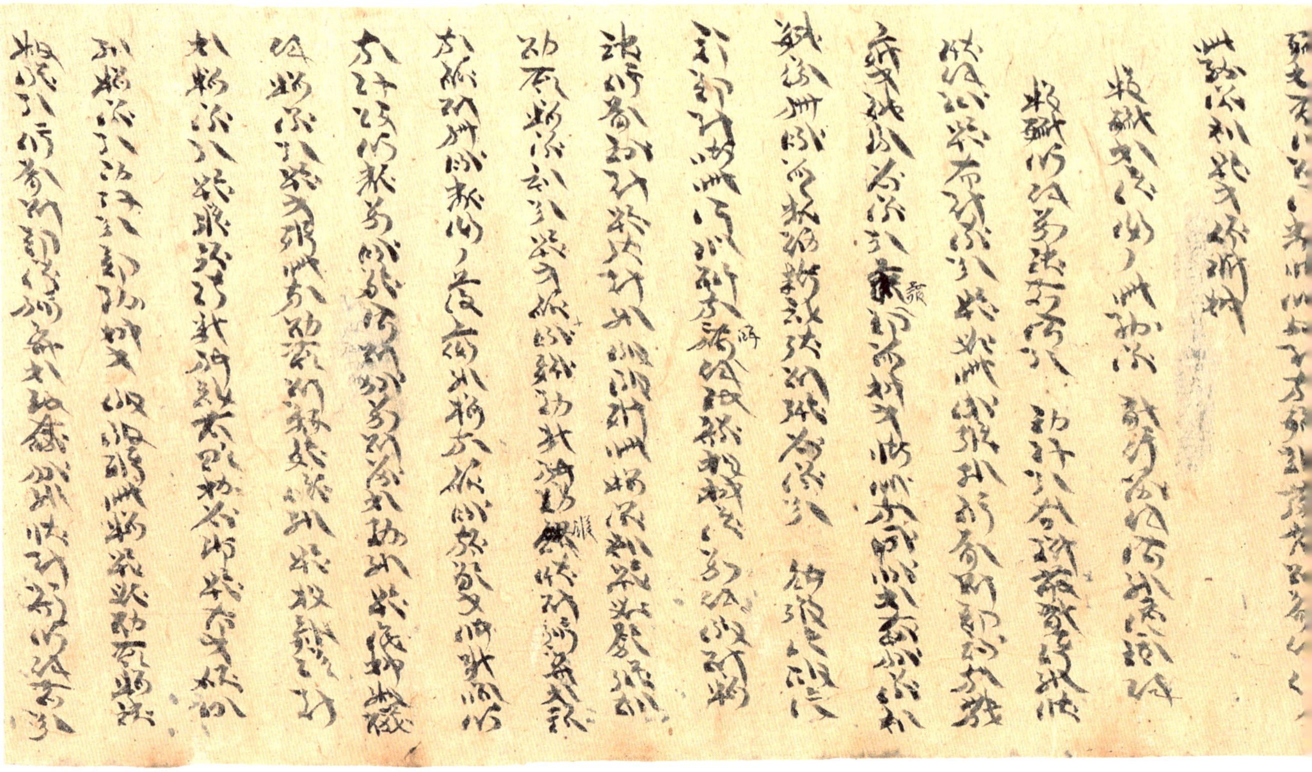

西夏文佛经长卷一卷

西夏写本　一轴　宁夏回族自治区文物考古研究所藏

三百二十四行，七千三百余字，开本 16.0 厘米 × 574.0 厘米。

该佛经为卷轴装，原卷在一起，由九张白麻纸连缀而成，全篇用草书抄写，很难辨认，经名不详。根据文中多次出现的“胜慧”“彼岸”“虚空”“三宝”“法性”“识”“脑”等词，可以推断出该长卷为佛教文献，文中有正文，有偈语。偈语有七言、九言两种。偈语和正文相互发明、证明。是现知国内最长的一件西夏文佛经长卷。入选第三批《国家珍贵古籍名录》，名录号 09678。

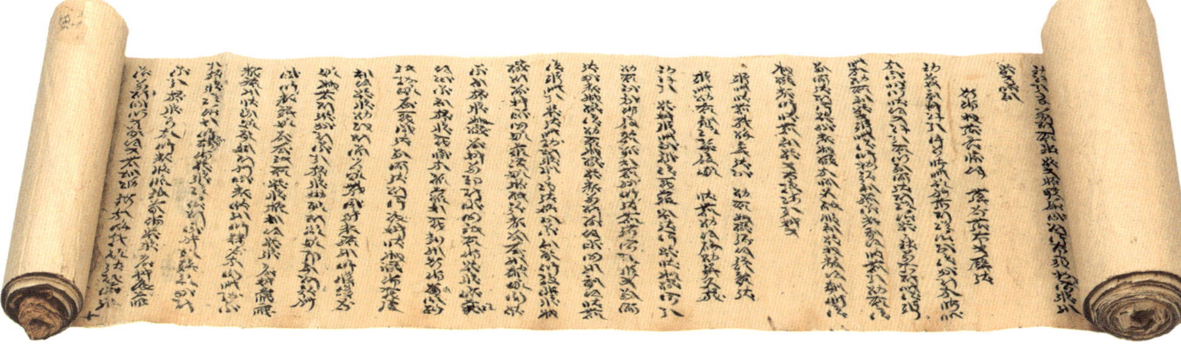

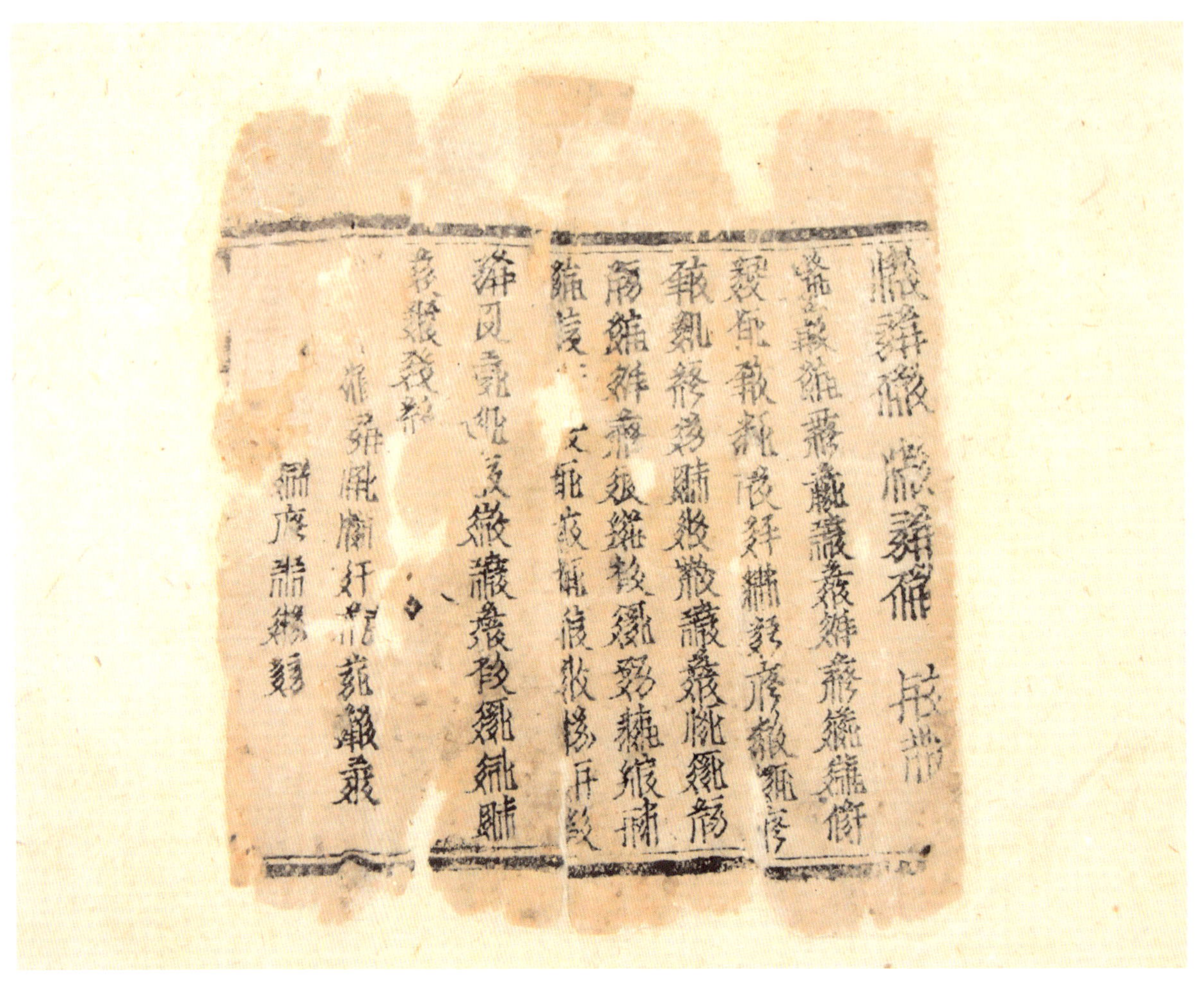

金刚般若经集一卷

西夏文　西夏刻本　六叶　宁夏回族自治区文物考古研究所藏
半叶五行字数不等，上下双边，开本 16.0 厘米 ×7.0 厘米。

该佛经共六纸，其中封面一纸，正文五纸，残损、缺页较重。有尾题，尾题字略小。《金刚般若经》又称《金刚般若波罗蜜多经》，简称《金刚经》，是印度大乘佛教的早期经典——般若类佛经的一种。馆藏此经在历代汉文《大藏经》中未见著录，俄藏黑水城西夏文佛经中有此佛经，两本属同一版本，可参照考阅。此本佛经在国内尚属首次发现，具有特别重要的版本价值。入选第四批《国家珍贵古籍名录》，名录号 11230。

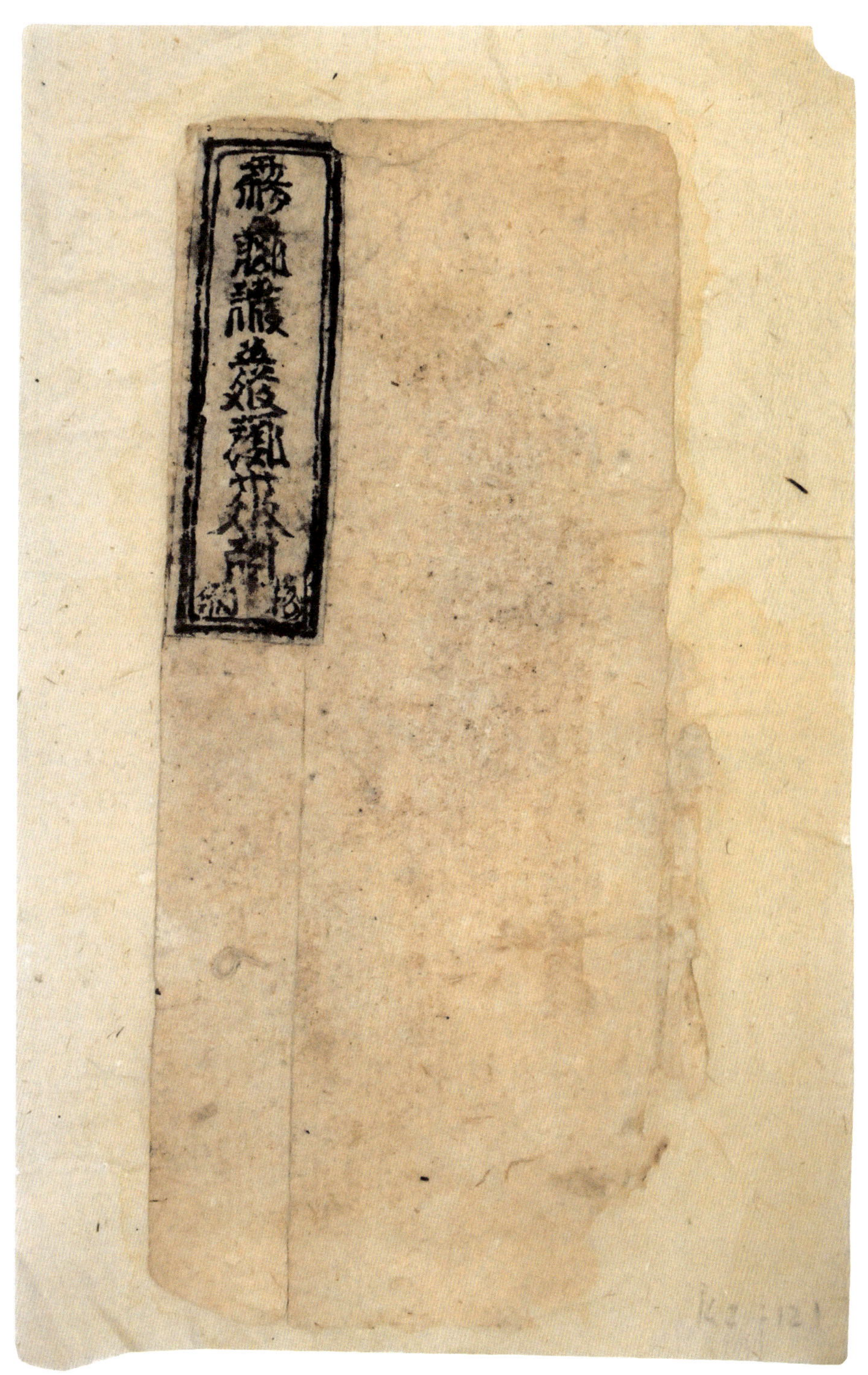

西夏文雕版

西夏雕版　一百二十块　宁夏回族自治区博物馆藏

该批西夏文雕版于1990年7月在宁夏贺兰县西夏古塔宏佛塔天宫中出土，经过考古挖掘，共发现2000余残块，全都火烧炭化变黑。大多为双面版，也有单面版；字号有大中小三种；边栏从残存来看有左右子母栏，也有上下子母栏。保存于宏佛塔的西夏文雕版数量众多，使早期雕版零星传世的局面得以改观，丰富了早期雕版印刷的实物资料，对研究印刷史、佛教传播史等具有很高的价值。

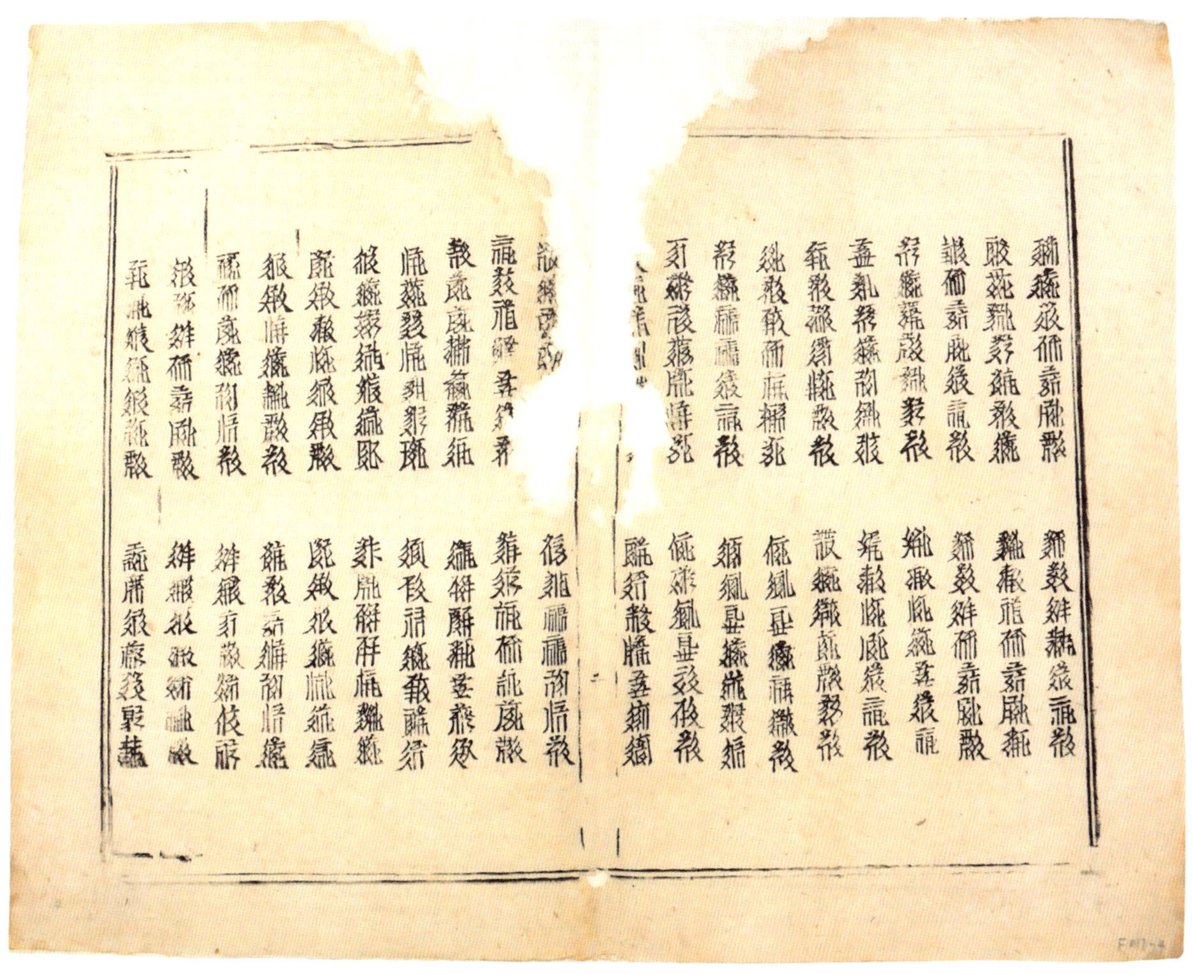

吉祥遍至口合本续□□卷

西夏文　西夏木活字印本　三册　存卷三至五　宁夏回族自治区文物考古研究所藏
半叶十行字数不等，四周双边，版框 24.1 厘米×15.6 厘米，开本 30.7 厘米×19.0 厘米。

是书于 1991 年在宁夏贺兰山拜寺沟方塔废墟中发现。蝴蝶装，出土时有封皮、扉页，封皮左上侧贴有刻印的长条书签，书名外环以边框；封皮纸略厚，呈土黄色，封皮里侧另背一纸，有的纸为佛经废页。通篇字体繁复、周正、秀美。包括《吉祥遍至口合本续》等四种经文，首页载有“集经”“藏译”“番译”者的名字，是一部保存较好的木活字印本西夏文佛经。该经书在印刷中有版框栏线交角处缺口大，版心行线与上下栏线不相接，同一面同一字笔锋形态不一，栏线及版心行线漏排、省排，经名简称和页码用字混乱，以及文字错排、漏排、倒置等活字版印本特征。是书是迄今为止世界上发现的最早的木活字印本，它的发现将木活字的发明和使用时间提早了一个朝代，对研究我国印刷史和古代活字印刷技术具有重大价值。入选第一批《国家珍贵古籍名录》，名录号 02306。

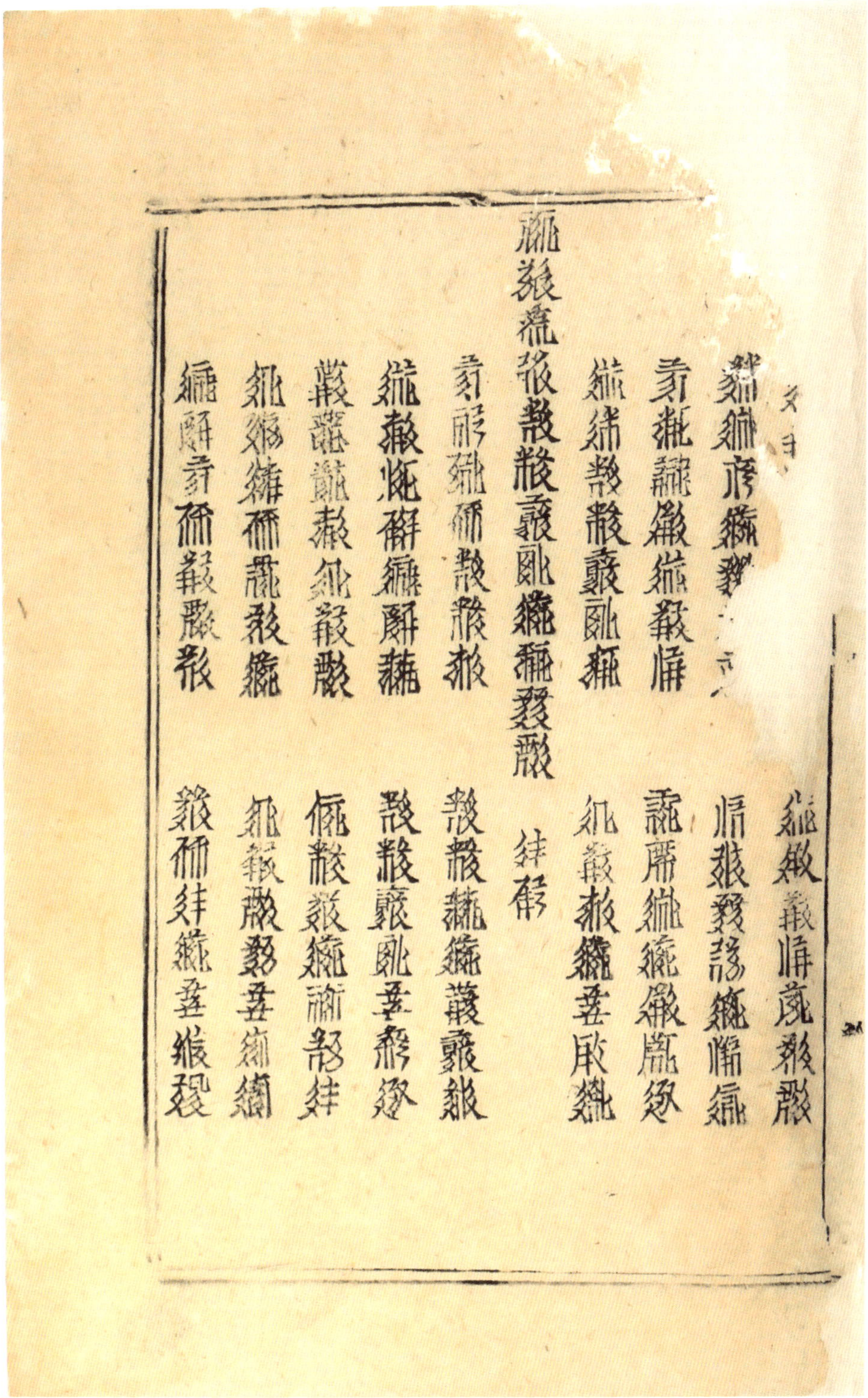

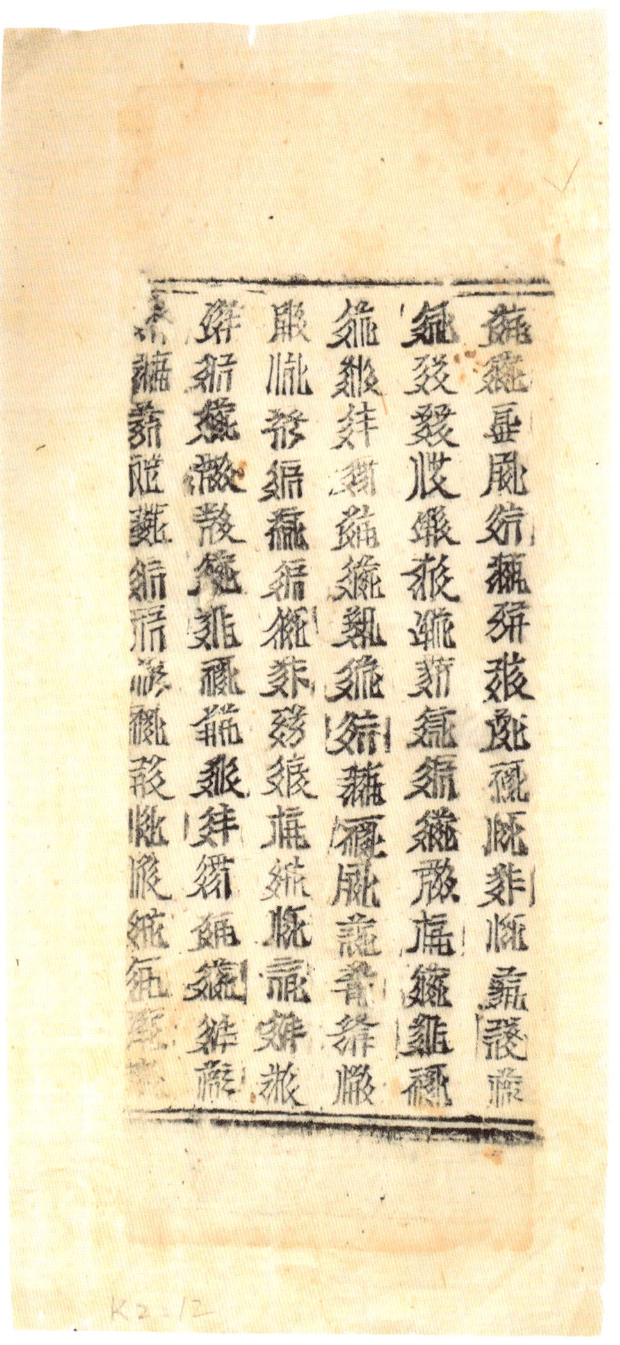

占察善恶业报经不分卷

西夏文　西夏木活字印本　二叶　宁夏回族自治区文物考古研究所藏

半叶六行十六字，上下双边，开本22.0厘米×9.0厘米。

该佛经残存二纸，经折装，无首尾经名。此经译自隋天竺三藏菩提灯翻译的《占察善恶业报经》卷下，是有关地藏菩萨所说投木牌占卜吉凶善恶之法和以示忏悔之法的经典。虽残损甚重，但仍具有十分重要的版本价值。入选第三批《国家珍贵古籍名录》，名录号09681。

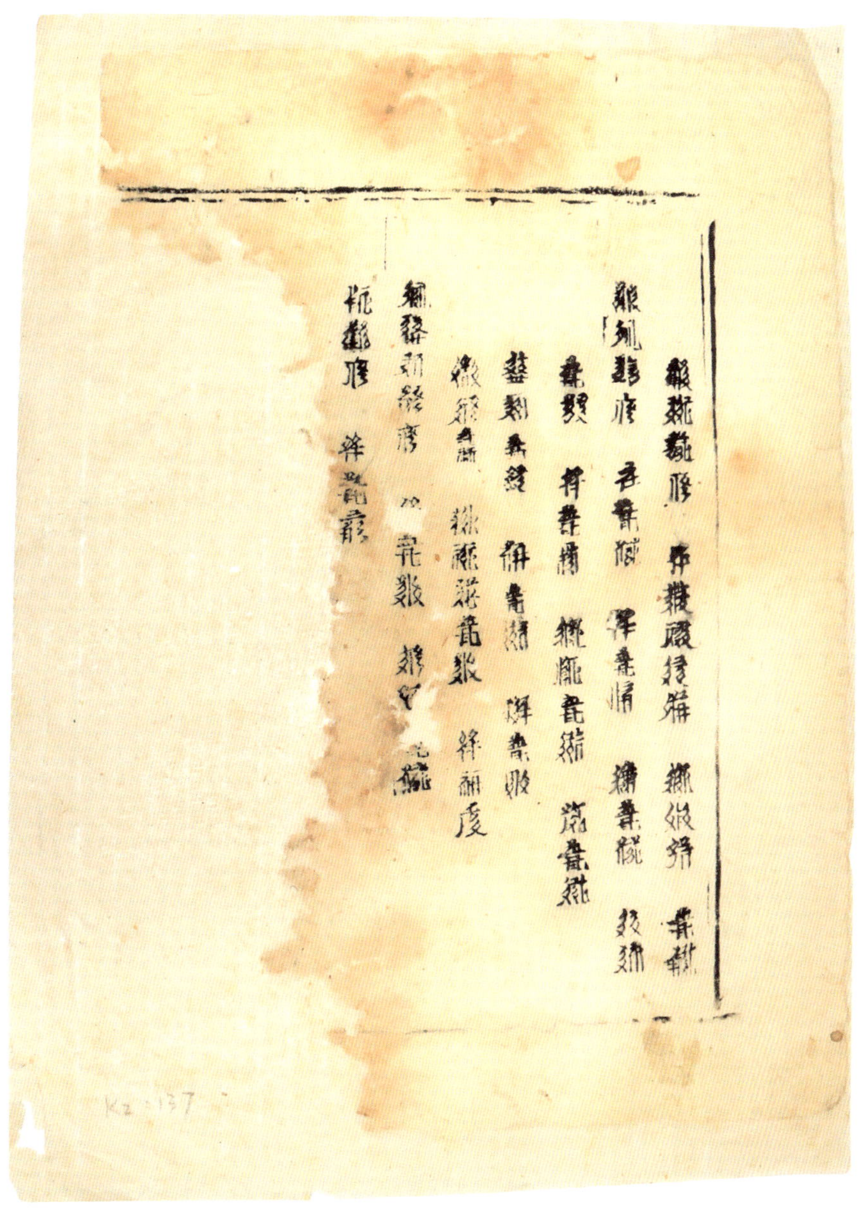

妙法莲华经集要义镜注□□卷

西夏文　西夏泥活字印本　六十八叶　存卷一、五、八、十二　宁夏回族自治区文物考古研究所藏

半叶十行字数不等，四周双边，开本 32.0 厘米 ×21.4 厘米。

是书为集《妙法莲华经》之要义的注疏，是宁夏贺兰山山嘴沟石窟出土文献数量最多的一类，蝴蝶装。卷一封面有经题，汉译文为“妙法莲华经义镜注”，卷八、卷十二经题汉译文则为“妙法莲华经集要义镜注”。版心上部有西夏文“莲花注”及汉文卷次，下部为汉文页码。此经是目前第一部讲述《妙法莲华经》义理的西夏文献，该文献在现存西夏佛经中没有发现，在历代汉文《大藏经》中也未见收录，很可能是西夏人自己编撰的佛教文献。入选三批《国家珍贵古籍名录》，名录号 09679。

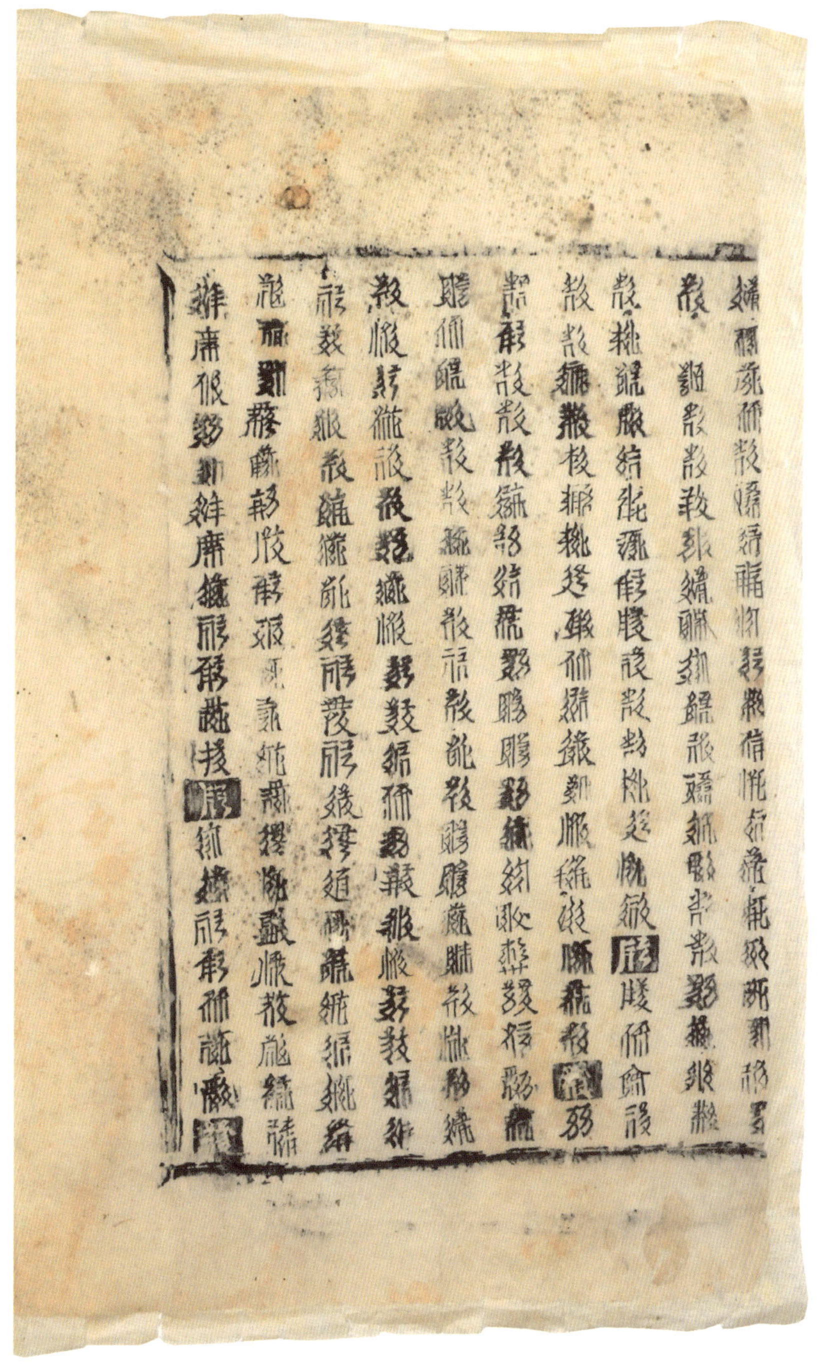

圆觉注之略疏第一上半

西夏文　西夏泥活字印本　十四叶　宁夏回族自治区文物考古研究所藏

半叶十行二十一字，四周双边，版框 23.4 厘米 ×15.8 厘米，开本 40.2 厘米 ×29.5 厘米。

是书存十四纸，残损、缺页较重，有封签。正文有阴文（黑底白文）“注”或“末”。版心上部有汉文卷数，有的还有西夏文“略疏”二字，下部为汉文页码。此经在《碛砂藏》《大正藏》中没有收录，已知的西夏文佛经中也未见，是新发现的一种西夏佛经。入选第三批《国家珍贵古籍名录》，名录号 09680。

“册府千华”珍贵古籍系列展览名单

序号	地区 / 单位	时间	展览名称
1	湖北	2014	册府千华——湖北省藏国家珍贵古籍特展
2	山东	2014	册府千华——山东省藏国家珍贵古籍特展
3	江苏	2014	册府千华——江苏省藏国家珍贵古籍特展
4	湖南	2015	册府千华——湖南省藏国家珍贵古籍特展
5	国家图书馆	2015	册府千华——珍贵古籍雕版特展
6	国家图书馆	2015	册府千华——民间珍贵典籍收藏展
7	浙江	2016	册府千华——浙江省藏国家珍贵古籍特展
8	广东	2016	册府千华——广东省珍贵古籍特展
9	贵州	2017	册府千华——贵州省藏国家珍贵古籍特展
10	内蒙古	2017	册府千华——内蒙古自治区藏国家珍贵古籍特展
11	四川	2017	册府千华——四川省图书馆藏国家珍贵古籍 暨四川省古籍保护十周年成果展
12	河南	2017	册府千华——河南省藏国家珍贵古籍特展
13	云南	2017	册府千华——云南省藏国家珍贵古籍特展
14	青海	2017	册府千华——青海省藏国家珍贵古籍特展
15	江苏	2018	册府千华——2018 江苏省藏国家珍贵古籍特展
16	广西	2018	册府千华——广西壮族自治区藏国家珍贵古籍特展
17	吉林	2018	册府千华——吉林省珍贵古籍特展
18	云南迪庆	2018	册府千华——纳格拉洞藏经修复成果展
19	山西	2018	册府千华　妙手匠心——山西省古籍保护成果展
20	浙江绍兴	2018	册府千华——绍兴市古籍保护成果展
21	山东	2018	册府千华　守望文明：泰山·黄河·孔子——山东珍贵古籍展
22	宁夏	2018	册府千华——宁夏回族自治区珍贵古籍特展
23	黑龙江	2019	册府千华——黑龙江省藏国家珍贵古籍特展
24	辽宁大连	2019	册府千华——大连地区藏国家珍贵古籍特展暨古籍保护成果展
25	重庆	2020	册府千华——重庆市藏国家珍贵古籍特展
26	江西	2020	册府千华——江西省藏国家珍贵古籍特展
27	江苏苏州	2021	册府千华——苏州市藏国家珍贵古籍特展
28	浙江大学	2021	册府千华：中国与亚洲——浙江大学藏中外善本珍本图书
29	南京大学	2021	册府千华·南雍撷珍——南京大学古籍菁华展 暨中国古代套色版画特展